禪의 **황금시대**

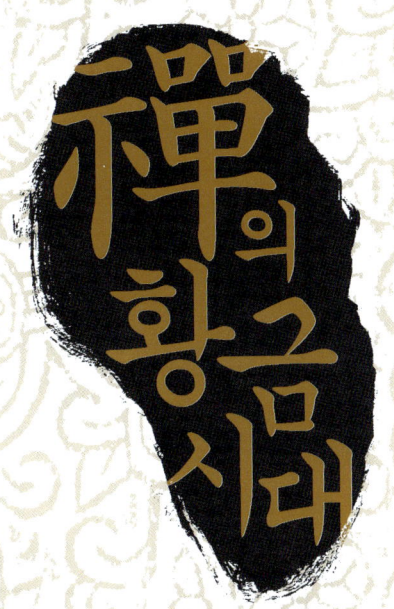

禪의 황금시대

존 C. H. 우 지음
김연수 옮김

한문화

초판 서문

'선의 황금시대'라 함은 위대한 선사禪師들이 많이 나왔던 당唐나라 시대를 뜻한다. 6세기에 보리달마가 중국에 도착하면서 중국 선종禪宗은 시작되었지만, 실제로 그 기초를 견고하게 닦은 사람은 7세기 사람 육조六祖 혜능慧能이었다.

그 뒤를 이어 마조馬祖 도일道一, 석두石頭 희천希遷, 남전南泉 보원普願, 백장百丈 회해懷海, 황벽黃蘗 희운希運, 조주趙州 종심從諗 등의 거물들이 선종의 역사를 더욱 빛나게 만들었다. 9세기부터 선종은 여러 갈래로 나눠지기 시작했다. 후대에 이르면서 원래 선종의 생명력이 약해지긴 했지만, 각 종파를 세운 선사들에게서는 여전히 초기의 힘을 발견할 수 있다.

당나라 이후의 선종에 대해서는 에필로그에 서술해 놓았다. 에필로그에 나오는 사례들은 선종의 절정기는 오래 전에 지나갔어도 선의 정신만은 절대 죽지 않았다는 사실을 보여준다.

토마스 머튼 신부가 쓴 소개글은 선의 본질에 대해서 잘 설명하고 있다. 다른 글과 마찬가지로 머튼 신부는 이 글에서도 핵심을 건드린다.

머튼 신부에 따르면 인간은 모두 하나이며, 하나의 근원에서 모두 귀하게 태어났다. 본문을 읽기 전에 머튼 신부의 소개글을 먼저 읽어볼 것을 독자들에게 권한다. 어떤 의미에서는 머튼 신부가 쓴 소개글에 담긴 심오한 생각에 길게 주석을 달아놓은 것이 이 책의 본문이랄 수도 있다.

귀한 글을 보내주셨을 뿐만 아니라 이 책을 펴내는 데 많은 도움을 주신 머튼 신부님께 감사드린다. 최근 혼자서 지내는 시간이 많은 내게 이 '참된 사람(眞人)'의 우정이 얼마나 소중한지는 이루 말할 수 없다.

작고한 스즈키 다이세츠와의 우정에 대해서는 이 책의 마지막에 덧붙여 두었다. 죽기 전, 몇 달 동안 스즈키 박사가 이 책의 원고를 정독했다는 사실은 내게 무척 소중한 기억이다.

끝으로 중국문화학원의 설립자이자 원장인 창치원의 격려가 없다면 이 책은 출간되기 힘들었을 것이다. 그는 말 그대로 인간미가 철철 넘치는 사람이다. 창치원 원장의 요청으로 나는 중국문화학원에서 선불교에 관한 세미나를 개최한 적이 있었는데, 꽤 즐거웠을 뿐만 아니라 다른 분들과의 토론을 통해 많은 것을 배웠다. 나는 같은 주제로 시튼 홀

대학교에서도 강의했다. 문화적 배경이 다른 학생들의 반응을 서로 비교하는 일은 매우 즐거웠다. 또한 각기 다른 견해가 궁극적으로 같은 신비주의를 말한다는 것도 흥미로웠다.

1967년

존 C.H. 우

제2판 서문

1967년에 출판된 이 책의 초판은 한동안 절판 상태였다. 그리하여 책을 읽고자 하는 독자들의 요구에 부응해 새로운 판본을 출판할 예정이니 이에 동의해 달라는 출판사측의 호의 넘치는 말에 그러겠노라고 말하는 행복한 입장에 놓이게 되었다. 초판본에는 오식誤識이 있어 이번에는 실수를 바로잡기 위해 최대한 노력했다. 이 작업을 하는 동안에는 웨이 타트 박사와 류 치샹 씨에게 많은 도움을 받았다.

1969년 대만에서는 우이 박사가 이 책의 중국 번역본을 출간했다. 이 훌륭한 번역본은 이미 5판을 넘겼다. 이 책에 담긴 메시지가 중국의 젊은 지식인들에게도 충분히 전해졌다는 사실에 나는 안도했다.

끝으로 내 가장 절친한 친구인 토마스 머튼과의 풍요로운 추억에 이 책을 바친다.

1975년 8월 4일

존 C.H. 우

차례

초판 서문 4
제2판 서문 7

제1장 선의 기원과 의미

선禪과 도道 14
마음을 삼감 17 | 완전히 잊음 22 | 꿰뚫어 봄 24

선의 현대적 가치 27

제2장 처음 불 밝힌 사람들

보리달마와 그 제자들 36
미움을 넘어서는 길 40 | 삶에 순응하는 길 41 | 집착을 버리는 길 42
진리(法)에 따라 행동하는 길 43

제3장 **용이 용을 품고 봉황이 봉황이 낳다**

    6대 조사 혜능 52
    혜능의 5대 제자 68

제4장 **마음은 멈추지 않고 다만 흐를 뿐**

    혜능의 근본적 통찰 78
        교외별전敎外別傳 - 경전 밖에서 따로 전한다 79
        불립문자不立文字 - 말과 글로 그 뜻을 세우지 않는다 82
        직지인심直指人心 - 사람의 마음을 곧바로 가리킨다 84
        견성성불見性成佛 - 본성을 꿰뚫고 부처가 된다 90

제5장 선禪의 불꽃을 잇다

없는 것은 부처뿐 • 마조도일 100
선악을 넘어서 • 백장과 황벽 125
뜰 앞의 잣나무 • 조주 종심 146
조주와 그의 모습 170 | "내려놓게!" 171 | 조주의 가풍 171 | 없는 게 있는 거지 172
참사람, 아닌 사람 172 | 누가 너냐? 172 | 장례 행렬에서 173
웃음으로 무마시킨 패배 173 | 대신할 수 없는 일 174 | 선은 공공연한 비밀 174
석두 법통의 뛰어난 선사들 176
천황 도오 176 | 용담 숭신 178 | 덕산 선감 181 | 암두 전활과 설봉 의존 186
깊은 강은 소리 없이 흐른다 • 위산 영우 194
집으로 돌아가라 • 동산 양개 209
차별하지 않는 참사람 • 임제 의현 234
날마다 좋은 날 • 운문 문언 260
한 걸음 한 걸음 거듭거듭 • 법안 문익 282

제6장 에필로그

선의 작은 불꽃들 304

시간과 영원 304 | 하루아침에 바람과 달 306 | 좋은 징조 306
웃음거리가 되는 즐거움 307 | 다 아는 비밀 308 | 진퇴양난에서 빠져나오기 309
위로 가는 길 311 | 벙어리 같으니 313 | 도수와 귀신이 겨룬 일 314
얼룩덜룩 보살 315 | "내가 나를 장사지냈다" 317 | 집을 찾기 위해 집을 떠나다 317
신이 스스로 놀 수 있도록 318 | 스즈키 다이세츠의 선풍 319
홈즈식 선과 만나기 321 | 선의 형이상학적 배경 323 | 당나귀 타고 325
숨기는 일이 중요하다 327 | 신은 누가 만들었지? 335
'나'를 찾아가는 긴 여행 335 | 어디에도 기대지 않는 정신 337
스승의 역할 338 | 선사들의 애송시 339 | 장자와 진리의 눈 342
선禪과 선善 344 | 한산과 습득 347 | "이 사람은 누구인가?" 353
불교식으로 해석한 유교 경전 355 | 깨달음의 계기 355 | 날마다 좋은 날 358

책을 소개하며 - 기독교인이 바라보는 선 362
덧붙이며 - 추억 속의 스즈키 다이세츠 박사 395
선의 불꽃을 이은 사람들 405
참고문헌 406
찾아보기 409

조용한 옛 연못
개구리 한 마리
풍덩 뛰었네

제 1 장

선의 기원과 의미

선禪과 도道

생명력을 잃지 않는 다른 모든 종교들과 마찬가지로 선의 기원 역시 신화와 전설 속에 가려져 있다. 모든 변화는 불교의 창시자인 석가모니로부터 시작된다고 여겨진다.

아주 오래 전, 석가모니는 영산靈山에서 수많은 사람들이 운집한 가운데 설법을 베풀고 있었다. 설법이 끝난 뒤, 석가모니는 아무런 말없이 모인 사람들에게 한 송이 꽃을 들어 보였다. 사람들은 무슨 까닭인지 알 수 없어 입을 다문 채 그 예상치 못한 행동으로 석가모니가 전하려고 하는 바가 무엇인지 따져보고 있었다. 오직 가섭만이 이해하겠다는 듯한 미소를 지을 뿐이었다. 이에 석가모니는 만족해서 다음과 같이 말했다.

"열반涅槃에 이르는 미묘한 마음, 올바른 법안法眼의 비밀을 나는 지녔노라. 이로써 모습을 이루지 않는 모습의 신비로운 광경을 보여주는 문이 열리지만, 말이나 문자에도 의지할 수 없고, 다만 모든 경전의 바깥에서 전해질 뿐이다. 따라서 나는 이 비밀을 가섭에게 맡기노라."

한 송이 꽃과 미소에서 선이 시작됐다는 이 이야기는 합당해 보인다. 실제로 일어난 일이라고 믿기에는 너무 아름다운 이야기가 아니냐고 할 수도 있다. 하지만 이처럼 아름다운 이야기가 실제로 일어나지 않았다고 하는 것도 좀 이상하다. 선의 생명력은 역사적인 사실성을 따지는 데 있지 않다. 누군가가 지어냈다 하더라도 이 이야기에는 꽃이 웃으면서 다시 웃음이 꽃핀다는 선의 본질이 너무나 잘 드러나 있다.

가섭은 인도 선의 개조開祖라 할 수 있다. 가섭의 뒤를 이어서 27명의 종사宗師들이 있었다. 28번째 종사가 보리달마로, 그는 인도 선의 마지막 종사였다. 보리달마는 중국으로 건너가 중국 선의 개조가 되었다. 역사적인 관점에서 보자면, 보리달마 덕분에 중국과 인도 사이에 선의 다리가 놓였다고 할 수 있다.

인도 조사들의 계보는 후대에 와서 만들어진 듯하다. 현존하는 산스크리트 문헌에는 인도 선에 관한 그 같은 기록이 보이지 않기 때문이다. 선이라는 말이 산스크리트 어 '쟈나Dhyana'의 음역이긴 하지만 인도의 '쟈나'와 중국의 '선禪' 사이에는 어마어마한 차이가 있다. '쟈나'는 정신을 모으는 여러 절차를 담은 명상법을 뜻하는 반면, 선은 중국의 선사禪師들이 파악했던 대로, 느닷없이 현실의 본모습을 바로 보게 되는 일, 혹은 자신의 본성을 있는 그대로 바로 보는 일이 핵심적이다. 선사들은 기회가 닿을 때마다 명상하거나 따져 본다고 해서 선을 잡을 수는 없다고 일깨워 왔다.

후스胡適 박사는 "중국의 선은 인도의 요가, 즉 '쟈나'에서 비롯한 게 아니라 그에 대한 반동으로 일어났다"고까지 말하기도 했다. 선을 '쟈나'에 대한 계획적인 반동이라고 부르기는 곤란하고, 아마도 '쟈나'의 무의식적인 변형 정도는 될 듯하다. 하지만 선을 '쟈나'에 대한 반동으로 부르든 변형으로 부르든, 선이 '쟈나'와 다른 종류의 것이라는 것만은 분명하다. 스즈키 다이세츠鈴木大拙는 "인도에는 그런 종류의 선이 없었다. 그러니까 오늘날 우리가 아는 형태의 선 말이다"라고 했다. 스즈키는 선이란 '깨달음에 대한 중국식 해석'이라고 생각했다. 또한 그것은 창조적인 해석이었다는 점을 덧붙이고 있다. 중국 선사들은 깨달음의 교리를 따르되, 맞지도 않는 인도 불교를 그대로 받아들일 생각은 없었기 때문이었다.

"중국인들의 실용적인 상상력 덕분에 선이 만들어졌다. 그들은 최선을 다해 자신들의 종교적 요구에 맞는 형태로 선을 발전시켰다."

나는 대승 불교가 가져온 광범위한 충격으로부터 선종禪宗의 활력이 시작되었다고 생각한다. 그렇지 않았다면 노자老子와 장자莊子가 중심이 되었던 본래의 도교가 부흥했다는 사실을 감안하더라도 그처럼 활발하고 역동적인 종교적 움직임은 생겨나지도 않았을 것이다. 말이 안 되는 얘기처럼 들리겠지만, 선이라는 형태로 노장 특유의 통찰을 그대로 되살리고 발전시키게 된 원인은 대승 불교의 충격 때문이었다. 토마스 머튼이 예리한 통찰력으로 참되게 관찰한 바와 같이, "장자의 사상과 정신을 진정으로 이어받은 사람들은 당나라 때의 중국 선사들이다."

현실을 바라보는 선사들의 방식이 근본적으로 노장老莊과 일치한다는 것은 두말할 나위가 없다. 《도덕경道德經》의 1장과 2장은 선의 형이상학적인 배경 설명으로 이루어져 있다. 선과 장자 사이의 관계에 대해서는 스즈키가 다음과 같이 엄격하고도 명확하게 밝혀 놓았다.

"선의 가장 뚜렷한 특징은, 한 존재의 중심에 깊이 가닿을 수 있는 내적인 지각 능력을 강조하는 데에 있다. 이는 《장자》에 나오는 '마음을 삼감心齋', '완전히 잊음坐忘', '꿰뚫어 봄朝徹'에 해당한다." 이 사실이 맞다면 – 편견이 없는 사람들이라면 누구나 그렇다고 하겠지만 – 이는 장자의 중심 사상이 선의 핵심에 해당한다는 뜻이다. 차이점이 있다면, 장자의 사상은 순수한 통찰로 남게 된 반면, 선에서는 이 통찰이 '가장 중요한 수련'이 되었다는 점이다. 현대 일본의 선은 이런 식의 수련법을 발전시키는 데 가장 큰 기여를 했다.

'마음을 삼감', '완전히 잊음', '꿰뚫어 봄' 등을 통해 장자가 무엇을 말하고자 했는지 분명히 파악하게 되면 근본적으로 선이 무엇인지 이해하는 데 큰 도움을 얻게 될 것이다. 그럼 순서대로 설명해 보도록 하자.

마음을 삼감心齋

이 말은 《장자》의 〈인간세人間世〉에 나온다. 공자孔子와 안회顔回 사이에 오간 가상의 대화 중에 나오는 말이다. 안회는 학정에 시달리는 위나라 백성들을 구하고 포악한 왕자를 제도하기 위해 위나라로 들어갈 뜻을 품고 있었다. 떠나기 전에 안회는 공자에게 길을 떠나는 목적을 다음과 같이 설명한다.

"스승님께서는 이렇게 말씀하셨습니다. '선정이 베풀어지는 나라 말고 불의가 횡행하는 곳으로 가라. 의사가 머물 곳은 병자들 사이니라.' 저는 스승님의 가르침에 따르고자 떠나는 것입니다. 가서 그 나라의 병을 모두 고치겠습니다."

공자는 다음과 같이 말하며 제자의 자비로운 마음의 불에 찬물을 끼얹는다.

"슬프도다! 가봐야 너는 고생만 할 뿐이로다! 도를 행하는 일은 복잡해서는 안 되는 법. 복잡하다는 것은 다채롭다는 것이 아니겠느냐? 다채로움은 결국 혼란을 낳을 것이며 혼란은 불안과 걱정을 야기하는 법이라네. 불안과 걱정에 끌려 다니는 사람이 다른 사람에게 도움이 될 리는 만무하다네. 도를 아는 선현들은 먼저 자신을 돌본 뒤에야 다른 사람들을 살필 여력을 지녔다네. 스스로 알아차리지 못한다면 어찌 분별없는 자들의 행실을 견디며 다른 사람들에게 도를 전할 수 있겠는가?

게다가 자네는 무엇이 덕을 없애고 무엇이 궁리를 발달시키는지 아는가? 이름에 대한 애착 때문에 덕은 사라지는 것이며, 싸움으로부터 궁리가 생겨난다네. 이름과 싸움은 악의 도구이니, 결단코 궁극적으로 규범적인 행실을 가져올 수가 없다네. 자네에게 많은 덕과 참된 성실함이 있다고 하더라도, 자네가 이름과 명성을 갈구하지 않는다고 하더라도, 자신의 이 좋은 자질이 다른 사람들의 마음과 서로 통하지 않는 한에는, 자네가 아무리 사악한 자들에게 인의仁義를 강요한다고 하더라도 이는 자네의 강직함으로써 그들의 사악함을 드러내는 일과 다를 바가 없지 않은가. 이로써 다른 자들에게는 낭패가 아니고 무엇이겠는가? 다른 사람들에게 해를 끼치는 사람이라면 다른 사람이라고 그 사람에게 해를 끼치지 않겠는가. 이런 일이 자네 앞에 기다리고 있을 테니 어찌 걱정하지 않겠는가!"

그 말에 꺾이지 않고 안회가 말한다.

"의를 따라 행동하고 마음으로 자신을 낮춘다면, 몸과 마음을 다해 처음 마음을 잃지 않는다면, 어떻겠습니까?"

이 말에도 공자는 못마땅했다. 공자는 안과 밖을 분명하게 구분하는 것에 대해 이의를 제기했다.

그러자 안회는 심중의 말을 내뱉는다.

"그렇다면 안으로 떳떳하되 밖으로 굽히기를 마다하지 않아 선현의 지당한 말씀을 통해서만 제 뜻을 펼친다면 어떻겠습니까? 그러니까, 안으로 떳떳하다는 말은 하늘을 벗 삼는다는 뜻이올시다. 하늘의 벗은 천자天子처럼 조물주의 진실된 아이라는 것을 마음 깊이 간직하고 있습니다. 조물주의 아들이 어찌 사람의 행동 하나하나에 일희일비할 수 있겠습니까? 이런 사람이야말로 참으로 순진한 아이, 하늘의 벗이라 부를 수 있습니다.

밖으로 굽힌다는 것은 사람의 벗이 된다는 뜻입니다. 절하는 일, 무릎을 꿇는 일, 몸을 굽히는 일은 반드시 신하의 예절에 속합니다. 다른 사람들이 하듯이 저도 할 것입니다. 다른 사람들처럼 행하는 자는 어떤 비난도 받지 않을 것입니다. 제가 사람들의 벗이 되겠다는 말은 이를 뜻합니다. 또한, 선현의 지당한 말씀을 통해 제 뜻을 펼친다는 것은 선현의 벗이 된다는 뜻입니다. 선현의 말씀이 그 왕자의 행실을 비난하는 것이라 하더라도, 그 말씀은 오랜 시간을 견뎌낸 진실을 담고 있는 것이지, 제 개인적인 소견이 아니올시다. 이렇게 하면 곧은 저로서도 잘 해내지 않겠습니까? 선현의 벗이 된다는 말은 이를 이릅니다. 이 정도면 어떻겠습니까?"

그 말에 공자는 "쳇!"이라고 대꾸했다.

"그렇게 될 것 같으냐? 방법도 가지가지이고 수단도 가지가지인데 마음의 평화란 하나도 없구나. 그럭저럭 해낼 수는 있겠지만, 그것이 전부다. 다른 사람을 바꾼다는 것은 어림도 없는 수작이지. 자신의 마음으로부터 나아갈 바를 찾고 있다는 것이 문제니라."

안회가 말했다.

"더 이상 어찌해야 할지 모르겠습니다. 길을 가르쳐 주십시오."

"삼가라."

공자는 대답했다.

"그 다음에 내가 길을 가르쳐 주겠노라. 하지만 자네가 길을 안다고 해도 그 길을 따라 행하는 일이 어찌 쉽겠는가? 그 길이 쉽다고 여기는 사람은 밝은 하늘의 호응을 받지 못할 걸세."

이에 안회가 말했다.

"저희 집은 가난하여 몇 달이나 술도 고기도 맛보지 못했습니다. 이 정도면 충분히 삼간 게 아니겠습니까?"

공자는 대답했다.

"그건 계율에 따라서 삼간 것에 불과하다. 내가 말하는 것은 마음을 삼간다는 뜻이니라."

"마음을 삼간다는 것이 무슨 뜻입니까?"

안회가 물었다. 이에 공자가 대답했다.

"네 뜻을 하나로 모아라. 귀로 듣지 말고 마음으로 들어라. 마음으로 듣지 말고 영혼으로 들어라. 귀의 작용은 듣는 것에 그치며, 마음의 작용은 형상과 관념에만 그친다. 영혼은 비어 있으면서도 모든 것에 반응한다. 도는 이 빈 곳에 거처하니, 비우는 것이야말로 마음을 삼가는 일이니라."

이에, 안회는 깨닫게 되었는데, 그 사실을 우리는 다음과 같은 그의 말에서 알아차릴 수 있다.

"내가 마음을 삼가는 법을 익히는 것을 가로막았던 것은 나 자신 안에 있었을 뿐입니다. 마음 삼가는 법을 수련하자마자, 저는 나 자신이라는 것이 애당초 없었음을 알게 되었습니다. 비운다는 것이 바로 이를 뜻하는 것입니까?"

공자가 대답했다.

"옳도다. 바로 그것일 뿐이로다! 이제 자네는 어떤 이름으로도 훼손되지 않은 채 어디든 들어갈 준비를 갖춘 셈이라고 할 수 있네. 거기에 잘 듣는 귀가 있다면 노래를 부르게. 그렇지 않다면 입을 다물어. 자네 영혼을 위해서 오직 하나의 거처만 마련하되, 주위의 필요성이 자네를 이끄는 곳이 모두 그런 곳이네. 이 길을 따를 때 자네는 목표에서 멀어지지 않을 걸세. 발자국을 남기지 않고 걷는 일은 어렵지 않으나, 발을 딛지 않고 걷는 일은 힘들다네. 사람의 뜻을 전하는 사람은 인간의 책략과

속임수에 쉽사리 의지하지만, 하늘의 뜻을 전하는 사람은 그런 인위적인 수단을 구하지 않는다네. 날개로 나는 일에 대해서는 들어본 바가 있겠지만, 날개 없이 나는 바에 대해서는 자네도 들어 보지 못했을 거야. 지식을 통해 아는 일에 대해서는 들어 보았을 테지만, 무지를 통해 아는 일에 대해서는 못 들어 보았을 것이네.

비운다는 것이 무슨 뜻일지 생각해 보게. 빈 방만이 빛을 부를 수 있으며 더없이 즐거운 것들을 죄다 불러들일 수 있다네. 뿐만 아니라 그로부터 사방으로 빛과 행복이 쏟아지는 것이네. 그리하여 가만히 머물러 있는 동안에도, 천리마처럼 달릴 수 있는 것이네. 진실로 자네가 귀와 눈을 안으로 돌릴 수 있고 모든 분별심을 버릴 수 있다면, 귀신조차도 자네 안에 거할 테니 사람은 더 말할 것도 없다네. 그럴 때 모든 것들이 바뀌게 될 것이네."

완전히 잊음 坐忘

한문의 '좌망坐忘'을 레그는 "나는 앉아서 모든 것을 망각한다"로, 가일즈와 린위탕林語堂은 "나는 앉아서 자신을 망각한다"로, 펑여우란馮友蘭은 "나는 모든 것을 망각한다"로, 스즈키는 "심망心忘"으로 번역했다. 내가 보기에 여기에 나오는 '좌坐'라는 글자는 뜻 그대로 받아들이기보다는 비유적으로 받아들여야 할 것 같다. 내 생각에 이는 '망각 속에 앉아 있다, 혹은 빠져들다'라는 뜻이다. 이 망각은 포괄하는 범위가 너무나 넓다. 자신을 잊고 일체를 잊는다. 하지만 자신과 일체를 망각하는 일은 앉아 있을 때만 일어나는 게 아니라 어떤 순간이나 어떤 환경에서도 일어난다는 게 중요하다.

늘 그렇듯이 장자는 이야기를 빌어 자신의 가르침을 전한다. 안회가 공자에게 이렇게 말했다.

"저는 나아가고 있습니다."

"어떤 길로 말이냐?"

"저는 인의를 잊어버렸습니다."

안회가 말했다.

"아주 좋구나. 하지만 그것으로는 부족하다."

공자가 말했다.

다음날 예악禮樂을 잊었노라고 안회가 말했다. 하지만 그 대답도 공자의 마음에 흡족하지는 않았다. 셋째날 안회는 "망각 속에 빠져들었다"고 공자에게 말했다. 이번에는 공자도 마음에 들어 그게 무슨 뜻이냐고 묻자 안회가 대답했다.

"몸뚱어리와 사지를 버렸으며 지각知覺을 내던졌습니다. 육체와 지식에서 자유로워지면서 저는 무한과 하나가 되었습니다. 망각 속에 빠져들었다는 것, 곧 '좌망'이란 이를 이르는 말입니다."

그러자 공자가 말했다.

"무한과 하나가 되었다는 것은 호오好惡가 그쳤다는 뜻이다. 일체 변화한다는 것은 매이는 것이 없다는 뜻이다. 그리하여 자네가 내 앞에 가게 되었네. 나는 그대의 발자국을 따르리라."

꿰뚫어 봄 朝徹

이 구절은, 뛰어난 어린 제자를 가르치는 한 도인의 수련법에 관한 장자의 유명한 이야기에 나온다. 누군가 여우女偊 도사에게 이렇게 말했다.

"도사님은 수십 년 나이가 들었음에도 여전히 아이의 얼굴이십니다. 비법이라도 있습니까?"

여우가 이렇게 말했다.

"글쎄다. 도를 연마했을 뿐이로다."

"배워서 도를 얻을 수 있습니까?"

그 사람이 물었다.

"당연히 불가능하도다."

도사가 말했다.

"너는 그럴 위인이 못 된다. 복량의卜梁倚의 경우에는 성인의 자질은 많았지만, 성인으로 가는 길을 얻지는 못했다. 내 경우를 들자면, 나는 성인으로 가는 길은 알고 있지만, 성인의 자질은 갖추지 못했다. 그래서 나는 그 자질을 실현시키겠다는 부푼 꿈을 안고 복량의에게 그 길을 가르치느라 몸이 단 것이다. 하지만 성인의 자질을 갖춘 사람이니까 그 길을 가는 일이 쉬울 것이라고 생각해서는 안 되느니라. 그의 경우에도 가르칠 수 있는 적당한 시간이 언제가 될지 기다려야 했다. 그렇게 사흘을 가르쳤더니 그는 세상에서 벗어났다. 이것을 해낸 뒤, 다시 지켜보면서 인도했더니 7일 뒤에는 감각과 물질의 세계에서 벗어났다. 또 다시 9일 동안 지켜보면서 인도했더니 그는 삶에 대한 집착에서 벗어났다. 삶에 대한 집착에서 벗어났을 때만이 우리는 꿰뚫어 볼 수 있다. 꿰뚫어 보면, 그는 오직 하나를 보게 된다. 오직 하나를 보게 될 때, 그 사람은 과거와 현재를 초월하느니라. 과거와 현재를 초월하게 되면 죽음도 없고 탄생도 없는 세계로 들어가게 된다. 그 자신이 죽지도, 또 애당초 나지도 않을 때 그는 모든 것들의 죽음과 삶을 없앨 수 있노라. 사람이 이런 경지에 들게 되면, 무너지든 쌓이든 모든 것을 받아들이고 모든 것을 환영하며 모든 일을 동등하게 대하며 외부의 것들과 무한히 조응하게 되느니라. 이것을 바로 '시련과 고통 속의 평화'라고 한다. 어떻게 시련과 고통 속에서 평화를 지킨다는 말인가? 바로 이런 것들을 통해야만 평화가 온전해지기 때문이다."

이 세 가지 구절 속에 나중에 선으로 피어날 여러 사상들이 많이 담겨 있기 때문에 지금까지 상세하게 소개했다. 이렇게 설명한다고 해서 선사들이 불교를 믿었다는 사실을 부정하려는 뜻은 아니다. 다만 그들이 노자와 장자의 통찰을 편애했기 때문에 그들의 취향에 맞도록 비슷한 불교 사상을 택하게 되었다는 말을 하고 싶다.

또한 '참된 사람(眞人)' 이라든가 '자기 발견' 등과 같은 장자의 사상은 모든 선사들에게 심대한 영향을 끼쳤다. 특히 임제臨齊의 가르침에서 그 영향력을 발견할 수 있다.

장자는 "참된 사람만이 진리를 얻는다夫有眞人而後有眞知"라는 심오한 가르침을 남겼다. 이는 무엇을 아느냐보다 어떻게 사느냐를 강조한 이야기다. 선의 독특한 특징도 여기에 있다. 사는 게 먼저이고 그 다음에 알게 된다. 선에서는 "나는 생각한다, 그러므로 존재한다Cogito, ergo sum" 라고 하지 않고, "나는 존재한다, 그러므로 생각한다Sum, ergo cogito"라고 말한다.

선의 현대적 가치

윌리엄 C. 맥파든은 〈마음을 괴롭히는 것〉이라는 기사에서 대학에 들어온 학생들이 느끼는 스트레스를 주제로 열린 사흘짜리 학술회의를 소개하고 있다. 나는 특히 다음과 같은 부분에 주목했다.

스트레스의 원인들이 철저하게 규명되고 난 뒤에도 한 학생은, "그게 다일 수 있고, 그 무엇도 아닐 수도 있어요. 뭔가 다른 게 있어요"라고 말했다. 다른 학생도 맞장구를 치며 "여전히 제 마음을 괴롭히는 문제는 남습니다"라고 대답했다. 또 다른 학생은 그 뭔가에 대해 알고 싶다고 말했다. 그들은 결핍 혹은 허무에 대해 말하는 것처럼 보이지만, 이에 대해서는 마땅히 설명할 방법이 없다. 그 결핍 인자가 진리라는 사람도 있었고, 아름다움이라고 말하는 사람도 있었지만, 즉시 학생들은 두 견해 모두 인정하지 않았다. 그들이 말하는 '무언가'는 그보다 더 모호하고 규정하기 어려운 것이었다. 마이크라는 이름의 학생은 설득력 있는 발표의 말미에 이를 다음과 같이 잘 표현했다. "심장(마음)이 너무 좁아서 숨을 쉴 수가 없습니다!"

여기에 대한 맥파든의 다음과 같은 언급은 놀랄 만하다.

오래 전부터 인간은 쉼 없는 마음의 움직임에 익숙해져 있었다. 철학자들은 절대적인 것을 찾아 헤맸다. 인간은 반드시 죽으므로 불멸을 갈구했다. 인간은 순간에서 벗어날 수 없으므로 영원에 뿌리박기를 원했다. 인간은 유한하므로 무한을 향해 손을 내뻗는다.
하지만 절대적인 것은 무한하다는 그 사실 때문에 모호하고 규정하기 어려워질 수밖에 없으며, 결핍 혹은 허무처럼 보이는 '무언가'라고 할 수밖에 없다. 분명하게 규정할 때, 무한은 더 이상 무한이 아닐 테니까.

도교나 선을 염두에 두고 한 말은 아니었다. 하지만 맥파든은 지금 이 시대의 영적 상황에 대해 매우 중요한 점을 지적하고 있다. 이를 통해 나는 왜 서구의 젊은 세대들이 도교와 선에 그토록 끌리는지 이해할 수 있었다. 그들은 도교적 역설과 선적 수수께끼 안에서 자신들을 괴롭히는 '무언가'를 찾으려는 셈이다. 그들로서는 모든 것을 깔끔하게 정의하는 서구 종교의 사상과 교리가 불편하기만 하다. 그들이 보기에 서구의 신학은 기하학과 마찬가지로 확실한 것들로 가득 차 있다. 서구 신학은 영적인 것이라고 하더라도 말로 전할 수 있는 것들만 중요하게 여길 뿐, 말로 전할 수 없는 것들에 대해서는 완전히 무시해 왔다. 바로 이런 틈새로 도교와 선이 들어가는 것이다. 도교와 선은 말로 전할 수 없는 것들을 말로 표현하려는 노력 대신에 스스로 일깨울 수 있도록 만든다. 이를 통해 마음의 지평은 넓어지고 심장이 숨 쉴 수 있는 공간이 생겨난다.

중국인들의 심성 중 가장 눈에 띄는 특징은 어떤 생각을 표현할 때 조직적이고 체계적인 접근보다는 암시적이고 깨달음을 던지는 방법을 더 선호한다는 점이다. 가장 매력적인 중국의 시는 4행시인 '절구絶句'인데, 이에 대해서는 "문장은 끝이 나되 뜻은 끝나지 않았다"는 말이 있다. 언어로, 빛깔로, 소리로 표현해 보아야 실제의 모습에는 미치지 못한다는 것을 잘 알고 있기 때문에 중국인들은 심정적으로 언어, 빛깔, 소리 너머의 것들에 더 익숙하다.

중국인들의 심성에서 보자면 언어는 말로 표현할 수 없는 것들을, 소리는 침묵을, 빛깔은 무형의 공空을 불러일으키는 것들이다. 그러므로 모든 물질적인 것들이란 영혼을 일깨우는 도구다.

허버트 자일즈가 번역한 한시漢詩를 리뷰하는 글에서 리튼 스트래치는 고대 그리스와 중국의 예술과 시가 어떻게 다른지 다음과 같이 설명했다.

여러 가지 의미에서 그리스 예술은 가장 완결적이다. 그리스 예술은 언제나 하나의 완벽한 작품을 추구한다. 그런 까닭에 고대 그리스의 서정시 명편들은 기본적으로 에피그램epigram(사람의 마음을 찌르는 짤막

한 풍자시, 기발하고 기지에 찬 2행 또는 4행의 간결한 시)들이다. 이는 중국 서정시의 느낌과는 참으로 다르다. 중국 서정시는 에피그램과는 정반대다. 중국 서정시는 완결적인 것과는 거리가 먼, 앞으로 전개될 일련의 기나긴 통찰력과 느낌으로 이끄는 서막에 불과한 인상을 자아내는 것이 목표다. 중국 시는 경이를 암시할 뿐, 절대로 완결된 형태의 시적 감흥을 던져주지 않는다. 이 시는 규정할 수 없는 인간의 미묘한 사상이라는 외피에 둘러싸여 있다.

그 예로 이백李白의 다음과 같은 오언절구를 예로 들 수 있다.

아름다운 여인이 주렴을 걷고	美人捲珠簾
눈썹을 찌푸리며 슬프게 앉아 있네	深坐顰蛾眉
보이나니, 눈물 흘러간 흔적일 뿐	但見淚痕濕
누구를 탓하는 마음인지 알 수 없어라	不知心恨誰

스트래치는 이 시를 이렇게 설명했다.
"주렴이 걷히는 바로 그 순간, 우리는 어떤 광경을 힐끔 보게 된다. 그로부터 상상력의 광활한 강을 따라 떠나는 신비한 여행이 시작된다. 대부분의 이런 시들은 피사체의 자연현상에 직접 참여하고 있다. 그러나 사진을 찍듯이 외따로 떨어진 것들을 그대로 담는 것은 아니다. 이 시들은 생생하게 느낀 경험들을 섬세하게 표현한 파스텔화라고 할 수 있다."
중국의 시와 그림과 삶의 방식은 바로 이런 식이다. 또한 이는 선의 방식이기도 하다. 이런 관점에서 선은 중국의 정신을 가장 전형적으로 보여준다.

서구 문화는 반대로 고대 그리스가 만들어낸 정신세계의 산물이라고 할 수 있다. 서구 문화는 이제 포화 상태에 도달했기 때문에 서양인들은 한계를 느끼기 시작했고, 이에 호응해 동양 문화의 좋은 점들에 주목하기 시작했다. 이런 까닭에 서양의 기술 문명을 따라잡는 데 혈안이 된 동양의 지식인들보다 서양인들이 선에 몰두하는 이상야릇한 일이 일어나게 되었다.

그렇긴 해도 서양 지식계에서 가장 앞서 나가는 사람들이 선에 관심을 둔다는 사실 자체가 결국 동양에 영향을 미칠 수밖에 없다. 인간은 결국 같은 존재이기 때문에 서양과 동양의 경계를 뛰어넘는다. 경계를 둔 상태에서 동양과 서양이 서로 하나가 된다는 것은 불가능하다. 누구도 말할 수 없는 일을 감히 말하자면, 이런 살아 있는 결합은 서양에서 먼저 이루어질 것이다. 하지만 일단 그런 일이 일어나면, 이는 온 세계에 영향을 미칠 것이다.

앨런 워트가 날카롭게 지적한 바와 같이, 선의 주요한 원천인 장자의 철학이 그냥 평범한 그 자체로도 '곤경에 처한 현대인들에게 놀랄 만한 처방'이 된다는 점을 동양인들은 기억해야 한다. 우주를 하나의 유기적인 통일체로 본다는 점에서 장자와 테이야르 드 샤르댕 사이에는 공통점이 많다고 워트는 생각했다. 이런 견해는 "근본적으로 우주를 '당구공과 같은' 원자들의 상호 작용으로 바라보는 기계적인 뉴턴의 세계관보다 20세기 과학과 더 많은 친화력을" 지니고 있다

반면 서양인들은 그 광기와 혼란 속에도 엄연히 질서와 법칙이 존재하는 선을 두고 완전히 비이성적이고 불규칙한 것이라고 생각해서는 안 된다. 이에 대해서는 토마스 머튼이 가장 훌륭하게 말했다.

서구인들에게 선이란 정신적인 혁명이나 갱신을 위해 필요한 혼란의 한 형태로 받아들여진다. 관습적인 종교 형태, 그리고 윤리적·종교적 형식주의에 대한 당연한 불만을 선이 대변하는 셈이다. 이는 자신들이 만들어 놓은 정교하고 인위적인, 하지만 영적으로 공허한 세계 안에서 서구인들이 자생력과 정신적인 깊이를 찾으려는 간절한 욕구를 잘 보여 준다. 그러나 순수한 감각적 경험을 되찾고자 하는 노력의 과정에서 서구인들은 선을 즉흥적이고 실험적인 것으로 여기는데, 이런 식의 도덕적 혼란 상태는 중국과 일본에서 선이 발달하는 과정에서 얼마나 혹독한 수행과 엄격한 전통이 있었는지를 무시하는 일이다.

장자의 경우도 마찬가지다. 오늘날 장자는 방종과 무법으로 읽혀지기 십상이다. 장자는 먼저 자신이 원하는 게 무엇인지도 모르는 사람들에게 그들이 원하는 것을 다 해보라고 말할 수는 없는 법이라고 말한 사람이다. 그리고 또한 유교에 대한 장자의 비판에는 비종교적이고 세속적인 면이 있기는 하지만 본질적으로 장자의 철학은 종교적이고 신비적이다. 장자의 글은 종교를 통해 삶 전체를 바라보던 사회를 염두에 두고 읽어야만 한다.

선의 참된 모습을 보여 주고자 나는 이 책을 쓰기 시작했다. 당나라 때의 선사들만 다루기로 했는데, 왜냐하면 그들이 낯선 직관과 강한 개성으로 선종을 만든 사람들이기 때문이다.

선종이 그 모습을 드러낸 것은 육조六祖 혜능慧能 덕분이었다. 그 뒤를 이어 남악南嶽 회양懷讓, 청원靑原 행사行思, 마조馬祖 도일道一, 석두石頭 희천希遷, 백장百丈 회해懷海, 남전南泉 보원普願, 조주趙州 종심從諗, 약산藥山 유엄惟儼, 황벽黃檗 희운希運 등의 걸출한 선사들이 나타나 선종을 발전시키는 동시에 이를 더욱 새롭고 다채롭게 해 선종을 다섯 개의 종宗으로 나누었다. 사실상 이 다섯 종파는 기원과 목적을 공유한다. 저마다 그 길과 방편이 다르기는 하지만, 이 다섯 갈래는 모두 혜능에게서 나왔으며 노자와 장자의 도교 사상에 근원을 두고 있다.

위앙종潙仰宗은 숨어 있는 것과 드러나는 것, 개념적인 것과 경험적인 것('믿음의 차원'과 '인간의 차원'), 문자와 영혼 사이에 분명히 차별이 존재한다고 강조한다. 진리를 구했으면 말은 버려야 한다는 점에서 위앙종은 장자와 뜻을 같이한다. 조동종曹洞宗은 점진적으로 자신을 버린다는 말로 자신을 얻어가는 과정을 표현한다. 임제종臨濟宗은 모든 사람들의 참된 자아인 '구애받지 않는 참된 사람無位眞人'에 초점을 맞춘다. 운문종雲門宗은 가 닿을 수 없는 궁극의 경지로 우리를 잡아끈 뒤, 상대성의 영역인 물질세계로 돌아가는 길을 보여준다. 마지막으로 법안종法眼宗은 "하늘과 땅과 내가 한 가지 뿌리에서 나왔으니 삼라만상이 나와 하나다"라는 장자의 근본 취지에서 출발한다.

그러므로 선은 서로 비슷한 불교적 직관과 진리를 추구하는 종교적 열징의 힘을 도교와 접목시켜 한껏 발전시킨 형태라고 할 수 있다. 불교를 아버지로 본다면, 이 엄청난 아이의 어머니는 바로 도교다. 그렇지만 이 아이가 아버지보다는 어머니를 더 많이 닮았다는 사실은 부정할 수 없다.

제 2 장
처음 불 밝힌 사람들

보리달마와 그 제자들

알다시피 선종은 육조 혜능이 일으켰다. 하지만 혜능이 있기까지 전설적인 보리달마와 그 제자들이 있었다는 것을 기억해야 한다. 혜능은 그 후계자였다. 중국에 남은 보리달마에 대한 기록을 살펴보면 그 주장이 서로 엇갈리는 경우가 많기 때문에 현재로서는 보리달마가 누구였으며 언제 중국으로 왔는지 정확하게 말할 수 있는 학자가 없다. 어떤 설명에 따르면, 보리달마는 페르시아의 승려로 480년경에 중국에 도착했다고 한다. 다른 기록에는 인도 남부 브라만 계급 출신인 보리달마는 527년에 중국으로 건너가 536년에 죽었다고 되어 있다.

    어느 기록을 선택하는 것이 더 나을지 따져보는 일은 이 책의 목적과는 어울리지 않는다. 다만 보리달마와 양무제梁武帝의 만남을 사실로 언급한 바 있는 혜능 당대에는 두 번째 기록을 정설로 받아들였다는 것이 중요하다. 이 만남을 포함해 보리달마에 대해 전해오는 이야기들이 역사적인 사실인지는 알 방법이 없다. 분명한 것은 당나라 때 선종을 일으킨 선사들은 보리달마 전설을 사실로 신봉했다는 점인데, 이때는 이미 하나의 전통이 되어 있었다.

이에 따르면 보리달마는 527년 중국 남쪽 지방에 도착하자마자 양무제의 초대를 받아 도읍이었던 난징南京으로 갔다. 독실한 불교 신자였던 양무제는 보리달마에게 이렇게 물었다고 전해진다.

"옥좌에 오른 뒤로 짐은 셀 수 없이 많은 사찰을 건립했으며 경전을 수없이 간행했고, 또한 수많은 승려들을 먹여 살렸노라. 이만하면 꽤 공덕을 쌓은 편이 아닌가?"

"아무 공덕도 되지 못하오!"

인도에서 온 손님은 뜻밖의 대답을 내놓았다.

"어째서 그렇단 말인가?"

양무제가 물었다.

"그런 것들은 모두 사람과 신이 하는 작은 일들에 불과할 뿐 응보의 원인이 드러나는 것으로, 이는 몸이 가면 그림자가 따르는 것이나 마찬가지오. 그림자는 분명히 존재하지만, 진짜는 아니오."

보리달마가 대답했다.

"그렇다면 참된 공덕이란 무엇인가?"

"참된 공덕은 맑은 지혜를 아는 일과 같되, 그 지혜는 말이 없고 텅 비어 있소. 그러므로 세속의 방식으로 이 공덕을 구할 수는 없는 법이오."

황제가 더 물었다.

"성스러운 말씀의 그 첫 번째는 무엇인가?"

대답은 다음과 같았다.

"아무것도 없으니, 거기에 성스러운 것은 단 하나도 없소!"

황제가 마침내 물었다.

"내 앞에 선 너는 누구냐?"

"오직 모를 뿐!"

보리달마는 그 말과 함께 떠나버렸다.

황제가 자신과는 인연이 없다는 사실을 깨닫게 된 보리달마는 양자강을 건너 호남성에 있는 숭산嵩山으로 가 소림사少林寺에 거처했다. 보리달마는 벽을 마주하고 앉아 하루 종일 말없이 좌선만 했다고 전해진다. 그 모습이 지켜보는 자 모두를 감복시켜 사람들은 그를 가리켜 '면벽바라문面壁婆羅門'이라고 불렀다.

사람들은 '면벽'이라는 용어를 문자 그대로 받아들인다. 하지만 '벽'이라는 단어를 외부의 산만하고 어지러운 것들을 차단하는 뜻으로 해석하는 사람들도 있다. 스즈키 다이세츠는 이런 맥락에서 다음과 같이 말하기도 했다.

"고도의 정신 집중으로 엄격하게 모든 사념과 감각을 버리는 선사들의 마음 상태에서 '면벽 수행'이라는 말의 숨은 뜻을 이해할 수 있다."

스즈키 다이세츠는 '면벽'이 《금강경》에 나오는 '각관覺觀', 즉 '밝게, 혹은 깨어서 바라보는 상태'와 같다고 했다. 내게는 '벽'이란 단어가 조금 다른 영상으로 다가온다. 예컨대 보통의 방법으로는 기어오르거나 넘어갈 수 없는 가파르고 험준한 무언가가 우리 앞에 서 있다고 할 수 있다. 이는 또한 공자의 제자인 안회顔回의 탄식을 떠올리게 한다. 스승을 따라 차근차근 공부를 해나가되 결국 할 수 있는 모든 노력을 다한 뒤에도 갑자기 넘을 수 없는 절벽이 불쑥 솟아나는 듯한 느낌을 받은 그는 스승을 따라 가고자 하나 더 이상 갈 수 없다고 했다旣竭吾才 如有所立卓爾 雖欲從之 末由也已. 가톨릭 신부들의 교리에도 영적 생활에서 나타나는 이런 절체절명의 위기는 자연적 상태에서 초자연적 상태로, 혹은 자발적 명상에서 수동적 명상으로 전환되는 순간을 나타낸다고 나와 있다.

문자 그대로 이해하든, 그 뜻을 헤아려 이해하든 '면벽'이란 그 둘 모두에 해당할 것이니 굳이 어느 한쪽에 국한시켜 이해할 필요는 없다.

보리달마가 경전 공부를 꺼리긴 했어도 절대로 그런 것만은 아니었다는 것을 알아둘 필요가 있다. 실제로 보리달마는 상당히 추상적이고 철학적인 경전인《능가경楞伽經》을 공부하라고 권하기도 했다. 보리달마는 인도인의 심성으로 힌두교의 가장 좋은 점들을 깊이 이해하는 불교도였다. 그를 가리켜 '바라문브라만'이라고 부른 것은 다 이유가 있었던 셈이다.

그에게서 나왔다고 알려진 유일한 글은 도道에 이르는 두 개의 길에 관한 것이다. 이 글의 형식과 특징은 후대의 선사들이 쓴 독특한 선의 향기를 지닌 글들과는 사뭇 다르다. 하지만 이 글의 밑바탕에 깔린 생각들은 훗날 선이 발전하는 데 배경으로 작용했다. 여기 그 전문을 옮길 이유는 충분하다고 생각한디.

도에 이르는 길은 수없이 많으나, 근본적으로 그 길들은 두 가지 안에 다 들어간다. '지知의 길'과 '행行의 길'이다.

'지의 길을 통해 들어간다'는 말은 곧 경전 공부를 통해 근본적인 교의를 이해한다는 뜻이다. 이는 모든 중생들이 '참된 본성'과 하나라는 믿음을 깨치는 일이다. 이 믿음은 자기 바깥의 사물과 그릇된 생각들로 뒤덮여 쉽게 그 모습을 드러내지 않는다. 만약 거짓을 버리고 진실로 돌아가 마음을 모아 흐트러지는 일 없이 순수하게 바라볼 수 있다면, 우리는 거기에는 나와 남의 구분이 없고, 성聖과 속俗이 하나라는 걸 깨닫게 될 것이다. 또한 만약 이 믿음을 끝끝내 놓지 않고 거기에서 벗어나지도 않게 된다면, 우리는 다시는 경전의 자구에 얽매이지 않게 되어 지知 그 자체와 신비한 교감을 이룰 것이며 분별심에서 해방될 것이다. 이렇게 해서 우리는 평정과 자연스러움을 누리게 된다. 이를 가리켜 '지의 길을 통해 들어간다'고 일컫는다.

'행의 길을 통해 들어간다'는 말은 다른 모든 방법을 포괄하는 다음 네 가지 방법과 관계가 있다.

미움을 넘어서는 길

고통과 시련에 직면했을 때, 구도자는 다음과 같이 생각하고 말해야 한다.

"수만 겁의 전생을 거쳐 오는 동안, 나는 근본적인 것을 버리고 찰나의 일에만 정신을 빼앗겨 고해의 바다에서 일어나는 파도 속에서 쉼 없이 흔들리며 남을 미워하고 그릇된 마음을 품고 악행을 저지르기만 했다. 지금의 이 고통은 이 생에서 내가 저지른 일들의 결과가 아니라 전생에 내가 뿌린 죄악의 씨앗이 지금 열매를 맺은 것이다. 이는 누가 나를 괴롭히기 때문에 생겨난 고통이 아니다. 그러므로 그 누구에 대한 불평이나 원망 없이 내가 만든 이 쓰디쓴 열매를 달게 견디며 맛보기를 바라노라."

경전은 우리에게 힘든 일들에 마음을 빼앗겨서는 안 된다고 말한다. 인간의 고통이 어디에서 비롯하는 것인지 꿰뚫어 보기 때문이다. 이렇게 깨친 마음은 매사에 이성적으로 다가가게 되며, 그리하여 다른 사람들의 미움을 옳게 사용하는 방법을 익히게 되고 이를 통해 도를 향해 조금 더 다가가게 된다. 이를 가리켜 '미움을 넘어서는 길'이라고 한다.

삶에 순응하는 길

우리는 모든 중생들이란 인과응보에 따라 생겨난 것으로 거기에는 참된 실체가 없다는 것을 알아야 한다. 즐거움과 고통의 실타래가 서로 꼬이면서 원인의 동아줄을 만들어 낸다. 그러므로 만약 내가 재산과 명예 등의 기쁨을 누리도록 되어 있다면, 이는 전생에서 행한 일들이 이 생에서 그 결실을 맺는 것이라는 걸 인식해야 한다. 하지만 이렇게 전제된 원인이 모두 소멸하면, 그 결과도 다 사라진다. 우리가 으스댈 이유는 하나도 없는 셈이다. 그러므로 얻고 잃는 모든 것들이 결코 영원할 수 없는 삶의 다양한 조건과 환경에 따라 왔다가 가도록 할 일이다. 마음 그 자체는 얻는 것으로 늘어나지도, 잃는 것으로 줄어들지도 않으니 말이다. 이렇게 하면 스스로 떠들썩하게 만족하는 일도 없을 것이며 마음은 늘 도와 함께할 것이다. 이를 두고 '삶에 순응하는 길'이라고 한다.

집착을 버리는 길

속세의 인간들은 사는 동안 잠들어 있다. 세상 어느 곳이나 인간들은 갈망과 소망에서 벗어나지 못한다. 이를 가리켜 '집착'이라고 한다. 그러나 깨친 자菩薩는 진리를 알고 있어 이성적으로 그런 세속적인 일을 멀리한다. 깨친 자는 마음의 평화와 완전한 초월을 누린다. 깨친 자는 재물이 들고 남에 따라 자유자재로 순응하면서도 물질세계의 공허함을 항상 꿰뚫어보아 거기에는 갈망할 것도 없고 즐거워할 일도 전혀 없다는 것을 알게 된다. 빛과 어둠이 서로 뒤엉키는 것처럼 좋은 것과 나쁜 것이 서로를 넘나든다.

삼세三世에 너무 오래 머무는 것은 불난 집에서 사는 것과 마찬가지다. 육신을 지닌 한, 모든 이들은 고통을 물려받을 것이며 평화에서 멀어진다. 이 점을 잘 알고 있기에 깨친 자는 눈에 보이는 세계를 멀리하고 마음에서 욕망과 갈망을 떨쳐 낸다. 경전에 나와 있는 바와 같이 '집착할 때 고통이 생기고 집착을 버릴 때 참된 즐거움이 나타난다.' 집착을 버려서 얻을 수 있는 지복의 상태를 맑게 아는 것은 도의 길을 걷는다는 뜻이다. 이것이 바로 '집착을 버리는 길'이다.

진리法에 따라 행동하는 길

진리는 순수한 이성을 본질로 한다. 모든 형상을 갖춘 것들 중에서 이 순수한 이성은 형상을 갖추지 않은 형상이다. 따라서 이 순수한 이성은 모든 더러움과 집착에서 자유로우며 '나'와 '남'을 구별하지 않는다. 경전에도 있듯이, '진리에는 중생들이 없다. 이는 곧 진리는 중생의 얼룩에서 자유롭다는 뜻이다. 진리에는 '나'가 없다. 이는 곧 진리는 '나'의 얼룩에서 자유롭다는 뜻이다.' 이 진리를 구한 자들은 진리와 어긋남이 없이 살아갈 수 있다.

진리의 몸(法身)에는 한 치의 머뭇거림도 없으므로 깨친 자는 자비를 베풀기 위해서라면 조금도 아까워하거나 불평하지 않고 몸과 삶과 재물을 내놓을 준비가 되어 있다. 삼세가 모두 텅 비어 있다는 것을 꿰뚫어 보기 때문에 깨친 자는 더 이상 집착하지도, 의존하지도 않는다. 살아 있는 모든 것들을 바르게 인도할 때도 깨친 자는 세상의 때를 씻어주는 데 골몰할 뿐이다.

깨친 자는 중생으로서 중생과 함께 있을 때, 소유하려는 마음으로 사랑을 더럽히지 않으려고 노력한다. 이런 식으로 깨친 자는 스스로 풍부해지는 동시에 다른 이들에게 도움을 준다. 또한 이를 통해 깨친 자들은 진정한 깨달음의 드를 보여 준다. 자비의 공덕과 함께하는 다른 다섯 개의 공덕을 일컬어 반야바라밀般若波羅蜜이라고 한다. 깨친 자들은 이 여섯 가지의 공덕을 수행하면서 어지러운 생각을 떨쳐버리지만 딱히 자랑할 것도 없는 일인 것처럼 여긴다. 이것이야말로 "진리에 따라 행동하는 길"이라 할 수 있다.

이 글은 종교 문헌으로서는 최고라 할 수 있다. 글로 살펴 보면 이 글을 지은 사람은 불교와 힌두교의 숭고한 뜻을 잘 알고 있다. 이 글에 나오는 두 가지 길은 기독교에서 말하는 '실천의 길' 과 '묵상의 길' 등과 정확하게 일치한다. 불교와 힌두교는 모두 업보와 윤회를 신앙의 영역에서 받아들인다. 이를 미리 염두에 둔다면 이 글은 누구라도 생각할 수 있는 내용을 담고 있다.

'행의 길을 통해 들어간다' 는 보리달마의 방법론은 특히 주목할 만한데, 이는 우선 이 방법론이 실생활에 바로 적용할 수 있는 것이라는 점 때문이며, 더 나아가 그 과정에서 끊임없이 이성과 진실을 언급하면서 결국 지와 행이 사실은 하나의 길이라는 점을 보여 주기 때문이다. 관념과 실재를 적절히 뒤섞는 까닭은 아마도 보리달마의 사상과 중국적 사고 방식이 적절하게 융합되었기 때문일 것이다.

하지만 이 글이 심오한 종교 문헌이기는 하지만, 선의 특징을 잘 보여 준다고 말하기는 어렵다. 여기에는 깜짝 놀랄 만한 비약도, 눈을 멀게 하는 섬광도, 귀를 막아 버리는 고함도, 머리를 두들기는 폭발도, 신비롭기만 한 화두도, 이성의 경계를 찢어발기는 행동도, 사람의 애를 태우는 유머와 기행도, 영문을 알 수 없는 매질도 없다. 이런 것을 찾으려면 선에 관한 글들을 읽어야 한다.

보리달마와 후대의 선사들 사이에 공통점이 있다면 보리달마가 제자들을 가르칠 때 사용한 것처럼 부정을 통한 깨침이다. 예컨대 혜가慧可는 "제 마음 안에는 평화가 없습니다. 스승이시여, 제 마음을 평화롭게 해주소서."라고 말했다. 이에 보리달마는 "어디, 네 마음을 여기 꺼내 보아라. 그러면 평화롭게 해주겠노라."고 대답했다. 긴 침묵이 흐른 뒤, 혜가는 자기 마음이 어디 있는지 찾아보았으나 결국 찾지 못했노라고 스승에게 말했다. 그러자 보리달마가 말하기를, "이미 네 마음을 평화롭게 만들었노라." 하였다.

이렇게 해서 처음으로 등불을 전하기 시작했으니(傳燈) 보리달마는 중국 선종의 문을 연 사람이 되었다. 그는 흔히 부정의 방법으로 제자들을 깨쳤는데 이는 선의 전통에서는 쉽게 찾아볼 수 있는 특징이다. 후대의 다른 선사들도 마찬가지지만, 보리달마가 마음이 존재하지 않는다고 생각한 것은 절대 아니다. 다만 혜가가 평화로우면 좋겠다고 생각해서 악착같이 찾아다니는 '마음'은 진짜 마음이 아니라 그저 그 희미한 그림자에 불과하다는 것을 보여 주기 위해서였다.

진짜 마음이라면 언제나 평화롭다. 진짜 마음이 평화롭지 않을 리 없다. 게다가 그런 생각을 하는 주체가 바로 진짜 마음이다. 마음에 대해 생각하거나, 그 마음을 두고 뭔가를 해야겠다고 나서는 순간, 마음은 주체가 아니라 대상이 되므로 이는 진짜 마음이랄 수 없다. 이미 그 마음을 평화롭게 만들었다고 말할 때, 보리달마는 평화로워질 필요가 없이 언제나 평화로운 진짜 마음을 언급하고 있는 것이다. 마음을 꺼내 놓으라는 말은 그렇게 꺼내 놓을 수 있는 마음이란 환영에 불과하다는 사실을 제자 스스로 깨치도록 하기 위해서 나왔다. 스승은 예기치 않은 말을 꺼냄으로써 제자가 다른 어떤 것을 거치지 않고 직접 진짜 마음을 찾을 수 있도록 도와준 셈이다.

536년 이제 세상을 떠나야 할 시간이 임박했음을 알게 된 보리달마는 네 명의 제자를 불러 각자 깨달은 바를 말해 보도록 했다. 도부道副가 먼저 나섰다.

"저는 이렇게 봅니다. 말과 문자에 매달리지도, 벗어나지도 말아야 하며 다만 방편으로만 삼아야 합니다."

"너는 내 가죽을 얻었노라."

보리달마가 말했다.

이어 총지聰持라는 비구니가 나섰다.

"지금의 제 총기로 말씀드리자면 아난다가 아촉 부처님(석가 여래 이전의 부처)의 불국토를 한 번 보고는 다시는 보지 못한 것과 같습니다."

"너는 내 살을 얻었노라."

스승이 말했다.

도육道育은 이렇게 말했다.

"세상을 이루는 네 개의 근본 물, 불, 공기, 흙은 비어 있으며, 눈, 귀, 코, 혀, 몸은 애초부터 실재하지 않습니다. 제가 선 자리에서 바라보면 눈에 보이는 것이 하나도 없습니다."

"너는 내 뼈를 가졌노라."

스승이 말했다.

마지막으로 혜가가 깨달은 바를 드러낼 차례가 되었다. 하지만 혜가는 입을 열지 않았다. 스승을 향해 깊이 고개를 숙인 뒤, 혜가는 가만히 서 있기만 했다. 스승이 이를 알아보고 말했다.

"너는 내 골수를 지녔노라."

그리하여 혜가는 제2대 조사가 되었다.

이 장면은 《도덕경》의 다음과 같은 문장을 해설하는 주석과 같다.

아는 자는 말하지 못하고　　　知者不言
말하는 자는 알지 못한다.　　　言者不知

보리달마의 이야기에 등장하는 내용들 중에서 중국인들이 만들어 낸 것이 무엇이고 실제로 보리달마와 함께 인도에서 넘어온 것이 무엇인지 알아내는 것은 불가능하다. 여기서 확실하게 말할 수 있는 것은 다만 그 두 요소가 서로 뒤섞였다는 점이다. 인도의 정신이 추진력이 되어서 중국의 독특한 스타일이 생겨났다. 후대의 선사들이 보리달마의 개성과 사상에 영향을 받았다는 것은 두말할 나위가 없다. 한편으로 중국에 머무는 동안 보리달마도 거의 중국인과 비슷하게 변했다는 것 역시 분명하다. 예컨대 제자들이 깨달은 바를 평가할 때의 그의 태도는 중국 사람들에게는 매우 익숙한 것인데, 이는 《맹자》에 나오는 문장과 매우 흡사하다. 즉 《맹자》에는 공자의 제자들이 저마다 스승의 일부분만을 얻었을 뿐인데, 오직 안회를 비롯한 두 제자만이 작기는 하지만 스승의 몸 전체를 얻었다고 되어 있다.

혜가가 법통을 계승한 뒤의 일이다. 마흔이 넘은 신도 하나가 그를 찾아와 이상한 청을 올렸다. 그는 혜가에게 자기 죄를 씻어달라고 간청했다. 혜가는 그에게 죄를 꺼내 놓으면 그걸 깨끗하게 씻어 주겠다고 말했다. 잠시 침묵이 흐른 뒤, 그 신도가 말했다.
"죄를 찾아보았지만, 그 죄가 있는 곳을 알 도리가 없습니다."
그러자, 혜가가 말했다.
"보라, 나는 네 죄를 씻어 주었노라!"
그 신도는 불교에 귀의해 승찬僧璨이란 법명을 받았고 후에 제3대 조사가 되었다.

법통을 이어받은 승찬은 스승들과 꼭 같은 그릇이라는 것이 밝혀졌다. 하루는 젊은 중이 찾아와 절하며 이렇게 말했다.
"청하옵건대 스승이시여, 자비를 베푸사 저를 해탈의 문으로 이끄소서."
"누가 너를 묶어 놓았느냐?"
승찬이 물었다.
"누구도 저를 묶어 놓지는 않았습니다."
젊은 중이 대답했다.
"그렇다면 왜 해탈해야만 한단 말이냐?"
스승이 말했다. 젊은 중은 그 말에 크게 깨쳤다. 이 사람이 바로 도신道信으로 네 번째 조사가 된다. 승찬은 오늘날 많은 사람들이 아는 《신심명信心銘》이란 글을 썼다. 이 글은 현실을 포괄하는 도교적 세계관을 불교의 입장에서 재해석한 것으로 여겨진다. 다음과 같은 구절들은 특히 눈여겨 볼 필요가 있다.

도에 이르는 길은 어렵지 않다.	至道無難
차별하는 마음을 꺼리고	惟嫌揀擇
증오와 사랑에서 자유로워질 때	但莫憎愛
그 길은 밝은 낮처럼 또렷해진다.	洞然明白
드러난 굴레를 좇지 말고	莫逐有緣
빈 속에 머무르지 말며	勿住空忍
모든 것을 하나의 뜻으로 온전하게 품으면	一種平懷
저절로 자취 없이 사라져 버릴 것이니.	泯然自盡
멈추기 위해 움직임을 멈추지만	止動歸止
멈추게 되면 다시 움직임이 시작되노라.	止更彌動
두 기슭에 머물러 있으니	惟滯兩邊
어찌 하나를 알겠는가.	寧知一種
너는 나로 인하여 말미암고	境由能境
나는 너로 인하여 말미암으니	能由境能

그 둘을 모두 알려고 하나　　　　　　欲知兩段

원래 그 둘은 하나로 비어 있도다.　　原是一空

제 3 장

용이 용을 품고 봉황이 봉황을 낳다

6대 조사 혜능

제멋대로 부는 바람과 같이 천재들은 가끔 전혀 뜻하지 않은 곳에서 등장한다. 혜능(638~713)이 바로 그런 경우다. 혜능은 중국에서 제일가는 천재라 할 수 있다. 노자, 공자, 맹자, 장자 등에 견주어도 부족함이 없다. 제자들이 혜능의 설법과 대화를 기록하고 모아서 간행한 《법보단경法寶壇經》은 중국인이 쓴 최고의 불교 문헌이다. 중국의 불교 관련서 중에서 이 작은 책만이 '경經'이란 이름을 얻게 된 것은 우연한 일이 아니다. 게다가 많은 '경經'들, 예컨대 《금강경金剛經》, 《법화경法華經》, 《유마경維摩經》 중에서도 《법보단경》은 최고의 수준을 보여준다.

《법보단경》은 책상머리에서 짜낸 학자의 책이 아니다. 이 책은 충만한 마음으로 말하는 진정한 현자의 작품이다. 혜능의 말은 마치 분수가 살아 있어 물줄기를 토해내는 것과 같다. 이 물줄기를 맛보는 사람들은 누구나 그 물이 영혼을 깨끗하게 씻긴다는 것을 즉시 알아챌 것이다. 또한 그 물줄기의 원천이 부처의 말들이 나온 곳과 같다는 사실을 실감할 것이다. 부처를 알아보려면 먼저 부처가 되어야 한다. 부처만이 자신과 모든 중생 안에 깃든 불성을 알아볼 수 있다.

공자와 맹자처럼 혜능도 어린 시절에 아버지를 여의고 어머니 슬하에서 힘들고 가난한 시절을 보냈다. 혜능은 638년 광동의 영남嶺南에서 태어났으며 성은 노盧씨었다. 태어나자마자 혜능의 집은 남해南海로 이사했다. 어린 시절에 혜능은 시장에서 땔감을 팔아 가사를 도와야 했기에 읽고 쓰기를 배울 만한 기회가 없었다.

어느 날, 혜능에게 땔감을 구입한 손님이 자신의 가게까지 배달해 달라고 말했다. 땔감을 배달한 뒤 돈을 받고 돌아서던 혜능은 문간에서 경전을 외던 사람과 우연히 마주치게 되었는데 듣자마자 곧바로 그 뜻을 깨쳤다. 경전의 이름을 물어본 혜능은 그것이 바로 《금강경》임을 알게 되었다. 혜능은 그 사람에게서 남해에서 멀리 떨어진 호북성湖北省의 황매산黃梅山에서 설법을 펼치던 5대 조사 홍인弘忍의 이름도 듣게 되었다. 혜능 자신은 전생의 인연 덕분이라고 했지만, 어쨌든 기이한 우연으로 또 다른 귀인이 나타나 그에게 황매산에 가서 5대 조사를 만나 보라고 했다. 고맙게도 그 귀인이 그가 없는 동안 어머니의 생활비 조로 은 열 냥을 내놓았기 때문에 혜능은 황매산으로 떠날 수 있었다. 어머니에게 하직을 고한 혜능은 한 달이 넘는 긴 여행 끝에야 황매산에 도착할 수 있었다. 그를 보자마자 홍인은 이렇게 물었다.

"웬 놈이 무슨 꿍꿍이로 여기까지 찾아 왔느냐?"

혜능이 대답했다.

"스님, 소인은 영남 신주新州에 사는 미천한 몸이온대 오직 부처가 되겠다는 일념으로 그 먼 길을 달려와 스님께 절을 올리는 것입니다."

홍인은 느닷없이 들이닥친 혜능의 꾸밈없는 솔직한 태도에 빠져들었지만, 제자를 기르는 스승으로서 모욕을 주어 그를 한번 시험해 보겠노라고 마음먹었다.

"영남에서 왔다니 오랑캐가 아니겠느냐! 오랑캐 주제에 무슨 수로 부처가 된단 말이냐?"

이 말에 혜능이 쏘아붙였다.

"속세에서야 남쪽 놈과 북쪽 놈이 다르겠지만, 불성이 어찌 남북을 알겠습니까? 오랑캐의 몸이야 스님의 몸과는 다르겠지만, 불성에서 보자면 다를 바가 어디 있겠습니까?"

이 '오랑캐'가 진짜 그릇임을 알아본 홍인은 혜능과 격의 없이 더 많은 이야기를 나누고 싶었으나 주위에 둘러선 제자들이 혜능을 질투할까 두려워 주저할 수밖에 없었다. 당연한 일이었지만, 그 제자들은 제대로 배우지 못한 혜능의 자질을 전혀 알아보지 못했다. 그래서 홍인은 혜능에게 막일이나 하라고 일렀다. 하지만 스승의 사려 깊은 배려를 알아차리지 못한 혜능은 계속 말을 이었다.

"스님! 마음에서 한없이 지혜가 샘솟으니 그 본성을 잃지 않는 것만으로도 기쁨의 밭을 일굴 수 있는데, 도대체 제게 또 무슨 일을 하시라는 말씀입니까?"

홍인은 혜능의 말을 싹둑 잘라버렸다.

"이 놈의 오랑캐 녀석, 생긴 바가 참으로 모질구나. 잔말 말아라!"
이렇게 하여 혜능은 뒷간 방앗간에서 방아 찧는 일을 하게 되었다.

그로부터 여덟 달이 지난 뒤, 홍인은 혜능을 찾아가 말했다.
"나는 네 뜻을 능히 짐작하고도 남음이 있으되 못된 놈들이 너를 질시하여 해를 끼칠까 걱정되어 너를 가까이하는 걸 삼갔노라. 이를 헤아리겠느냐?"
혜능이 대답했다.
"스님, 저는 이미 알고 있었습니다. 제가 법당까지 나아가지 않은 까닭도 그처럼 다른 사람들이 의혹의 마음을 먹지 않게 하기 위해서였습니다."

그러던 어느 날, 법통을 전수할 시간이 되었음을 느낀 홍인은 모든 제자들을 한 곳에 모으고 말했다.
"모두 내 말을 들으라. 속세를 살아가는 모든 이들에게 생사만큼 중요한 문제는 없다. 종일토록 너희들은 행복을 구하지만, 정작 나고 죽는 일의 고통스러운 바다에서 벗어나려는 사람은 없도다. 하지만 참된 본성을 속이고 사는 한, 그 어떤 행복도 있을 수 없다. 그러므로 너희들은 내면에 감추어진 지혜로 돌아갈 것을 명하노라. 각자의 마음속에 숨겨진 지혜를 두루 살피고 이를 시로 써서 내게 바치도록 하라. 근본이 되는 지혜를 이해한 자에게 내 옷과 밥그릇을 전해 6대 조사로 삼겠노라. 지금 당장 돌아가 그 즉시 시를 쓰도록 하라. 그 뜻을 바로 찾아내는 데 생각하고 따져볼 시간은 없다. 자기 본성을 본 자에게는 여러 말이 필요치 않다. 전쟁이 벌어진다고 해도 그는 똑바로 볼 것이다."

그 말에 따라 모든 제자들은 거처로 돌아갔다. 제자들은 이렇게 떠들었다.

"우리 모두가 시를 짓느라 골머리를 썩힐 필요가 어디 있겠냔 말이야. 강사講師로 있는 신수神秀 큰스님이 법통을 이을 게 분명한데. 이미 정해 놓은 일을 두고 그릇도 안 되는 우리가 시를 짓느라고 끙끙대는 일만큼 한심한 일이 또 있겠느냔 말이야."

사실 대부분의 제자들은 신수를 새로운 조사로 따르는 데 그 어떤 이견도 없었다.

한편 신수는 정신적 깊이가 있는, 견실한 신심을 지닌 고결한 사람이었다. 자신이 가르치던 제자들 중에서 조사가 되겠노라고 시를 내놓을 사람이 하나도 없다는 사실을 알고 있었지만, 법통을 잇겠다는 욕심 때문이 아니라 스승의 뜻을 거역하지 않겠다는 마음으로 시를 한 수 지었다. 신수의 솔직한 마음은 다음과 같았다.

"내가 시를 바치지 않는다면, 스승께서 어찌 내 공부의 깊이를 알 수 있겠는가? 시를 내놓는다고 하더라도 내가 불법을 구하는 한 그 동기는 순수한 것일진대 만약 조사 자리를 얻으려고 한다면 그 얼마나 비열한 짓인가. 이는 속된 야심으로 성스러운 지위를 낚아채려는 것과 같도다. 하지만 시를 바치지 않는다면 법을 잇지 못하게 되니 참으로 난처한 처지로다!"

이 말에는 분명히 그의 솔직함과 진실이 담겨 있다. 게다가 말을 전한 사람이 혜능 자신이라는 사실을 기억하면 훗날 선종이 남북 두 파로 나뉘어져 서로 논쟁을 벌이게 된 데 대해 혜능과 신수의 책임은 전혀 없다는 사실을 장담할 수 있다.

스승 홍인이 볼 수 있도록 벽에다 붙여놓은 신수의 시를 살펴보자. 시는 다음과 같다.

몸은 지혜의 나무	身是菩提樹
마음은 맑은 거울의 틀	心如明鏡臺
쉬지 않고 털고 닦아	時時勤拂拭
티끌도 없게 하여라	勿使惹塵埃

홍인은 그 시를 보자마자 신수가 지었다는 것을 알아차렸고 매우 실망했다. 하지만 신수의 제자들도 있었기에, 이 시는 마음 깊이 새겨서 따를 필요가 있으니 이 시의 내용을 배우고 익히면 사악한 길로 빠지지 않을 수 있다는 식의, 형식적인 칭찬을 했다. 그날 저녁에 홍인은 신수를 불러 이렇게 말했다.

"네가 쓴 시로 보건대 너는 아직 본성을 깨치지 못했느니라. 문지방까지는 왔는데, 방으로 들어가지는 못했다. 나쁜 길로 접어들던 중생들은 네 시를 통해 구제받을 수 있을 것이다. 하지만 더 높은 지혜를 얻고자 한다면 그걸로는 부족하다. 최고의 지혜를 얻으려면 곧바로 자기 마음을 알아차려야 하고 나고 죽는 일을 넘어선 본성을 이해해야 하느니라. 자신을 아는 일만이 영원하며 모든 생각들을 지배하니, 세상 그 무엇도 이를 믹아설 수 있는 것은 없도다. 하나를 깨치는 일이 곧 전부를 깨치는 일이다. 그 때에 이르러서야 너는 한없이 덧없고 무상한 세상의 일들이 실은 한결 같은 상태에 머문다는 것을 알게 된다. 진실이란 한결 같은(如如) 마음 안에 들어 있는 것에 불과하노라. 이렇게 꿰뚫어보는 일이야말로 바로 최상의 지혜로 깨칠 수 있는 본성이니라."

홍인은 신수에게 다른 시를 바치라고 명했다. 하지만 며칠이 지나도록 신수의 마음은 편안해지지 않았고 결국 그는 다른 시를 쓸 수 없었다.

그러는 동안, 사미승 하나가 큰소리로 신수의 시를 외며 방앗간을 지나갔다. 그 시를 들은 혜능은 시를 지은 사람이 아직 본성을 깨치지 못했다는 것을 단박에 알아차렸다. 혜능이 그 사미승을 불러 누가 지은 시인지 묻자 사미승이 말했다.

"무식한 놈 같으니라고! 여태 소식을 듣지 못했단 말이냐?"

사미승이 혜능에게 그간의 일들을 들려주자 혜능은 말했다.

"스님, 보시다시피 소인이야 여덟 달째 본당 근처에도 가보지 못하고 여기서 방아질이나 하고 있습니다. 괜찮으시다면 저도 그 시를 한 번 보고 싶으니 어디에 붙어 있는지 가르쳐 주시겠습니까?"

시가 붙은 장소에 도착했을 때, 혜능이 사미승에게 말했다.

"소인은 일자무식이니, 제 대신에 좀 읽어 주시겠습니까?"

마침 지방 관리 한 명도 그곳에 들러 신수의 시를 크게 따라 외고 있었다. 그가 외는 시를 듣고 난 혜능은 관리에게 자신에게도 바칠 시가 하나 있으니 대신 써줄 수 없겠느냐고 물었다.

"뭐라고! 네 놈이 시를 지었다고? 같잖은 소리 그만 하거라!"

지방 관리가 이렇게 대답하자 혜능이 매섭게 받아쳤다.

"최고의 지혜를 얻고자 하는 사람이라면 걸음마를 내딛는 자라도 깔보지 않는 법이지요. 가장 미천한 사람들이라 해도 최고의 지혜를 가질 수 있으며 가장 고귀한 사람들이라 해도 허망한 지혜가 깃들 수 있습니다. 사람을 깔보는 일이야말로 무엇으로도 잴 수 없는 죄악을 뒤집어쓰는 일이지요."

이 꾸짖음에 부끄러워진 관리는 혜능이 불러주는 시를 글로 옮겼다. 이 시는 다음과 같다.

지혜에는 본래 나무가 없고	菩提本無樹
맑은 거울 또한 틀이 아니라네	明鏡亦非臺
처음 오기를 한 물건도 없었으니	本來無一物
어느 곳에 티끌이 낀단 말인가	何處惹塵埃

이 시를 본 중들은 모두 깜짝 놀라고 말았다. 탄성을 내지르며 중들은 이렇게 떠들어댔다.

"대단하구먼! 생긴 것과는 아주 딴판이야. 생불生佛이네, 생불! 저런 사람을 그동안 머슴 삼아 부렸으니 이를 어떻게 하나?"

이 같은 야단법석을 목격한 홍인은 혹시 혜능을 해치려는 사람이 있을까 두려워 그 시를 신발로 문질러 지우며 이렇게 말했다.

"이 시도 본성을 보지 못하긴 마찬가지야."

그러자 소동은 곧 가라앉았다.

다음날, 홍인은 은밀히 방앗간으로 찾아갔다. 방앗돌과 자신의 허리를 끈으로 묶고 열심히 일하고 있는 혜능을 지켜본 홍인은 혜능을 불러 큰소리로 말했다.

"진리를 얻고자 하는 사람이라면 꼭 그렇게 자기 몸을 잊어야만 하지 않겠느냐?"

그러고는 혜능에게 물었다.

"방아는 다 찧었느냐?"

"이미 오래 전에 다 찧었고 이제는 체로 거를 준비만 하고 있습니다."

혜능이 대답했다. 홍인은 지팡이로 방아공이를 세 번 두들겼다. 이는 곧 야반삼경에 자신의 방으로 오라는 신호였는데, 혜능은 이를 알아듣고 그리하겠다는 몸짓을 했다. 고요한 밤, 두 사람이 함께 마주 앉게 되자, 홍인은 혜능에게《금강경》을 자세히 설명하기 시작했다. 그러다 "마땅히 어디에도 머무름이 없이 그 마음을 살아 있게 하라(應無所住而生其心)"라는 구절에 이르러 혜능이 크게 깨쳐 모든 불법이 본성과 하나라는 것을 인식하게 되었다. 무아지경에 빠진 상태로 혜능이 홍인에게 이렇게 외쳤다.

"본래 내가 이토록 순수하고 고요한 것이었다니! 태어나지도 않고 죽지도 않는 것이 바로 나의 본래 성질이라니 이를 내가 어찌 알 수 있었으리오! 스스로 넘쳐 흘러 부족함이 없으니 나는 변하지도 않고 흔들리지도 않으리다. 바로 이런 나의 본래 모습으로부터 모든 불법이 비롯한다는 것을 이제야 알겠습니다."

혜능이 자신의 참모습을 옳게 이해했다는 사실을 알게 된 홍인은 이렇게 말했다.

"마음의 참모습이 무엇인지 모르는 사람은 제 아무리 불법을 공부해도 소용이 닿지 않느니라. 마음의 참모습을 알고 참된 자신을 찾은 사람은 사람됨을 깨달은 자, 신과 인간을 가르치는 사람, 곧 부처이니라."

홍인이 혜능에게 옷과 밥그릇을 전해준 것은 그 깊은 밤이었다. 물론 지극한 깨달음의 교의도 함께. 홍인은 이렇게 말했다.

"이제 자네가 제6대 조사가 되었네. 자중자애하고 많은 중생들을 구제할 것이며 끊이지 않는 물줄기처럼 후대에 부처님의 가르침을 전하도록 하게나. 이제 내가 시를 읊겠노라."

뜻이 있어 씨가 뿌려지고	有情來下種
인연 맺은 땅에서 열매가 생겨나네	因地果還生
뜻이 없다면 처음부터 씨가 없는 법	無情旣無種
본성이 없다면 역시 삶도 없나니	無性亦無生

이 모든 일이 일어난 것은 661년, 그러니까 혜능이 이제 겨우 23살의 평범한 젊은이로 속세에 있을 때였다. 선과 불교 전반에 대해 아무런 교육도 받지 않고 글자도 익히지 못한, 남쪽 끝에서 온 젊은이를 자신의 후계자로 지목했으니 홍인으로서는 상당한 용기가 필요했을 것이다. 하지만 홍인은 용감하기도 했으며 생각도 깊었다. 홍인은 혜능이 완전히 깨달았다는 사실을 알고 있었지만, 한편으로는 제자들에게 자신이 직접 선택한 후계자를 존중하라고 요구하는 일이 힘들 것이라는 것도 알고 있었다. 그래서 홍인은 비밀리에 혜능을 자신의 고향으로 보낸 뒤, 거기서

어느 정도 숨어 지내다가 제6대 조사로서 활동하라고 일렀다. 옷과 밥그릇(衣鉢)의 전수가 다툼의 원인이 되는 일이 잦다는 사실을 알고 있었던 홍인은 혜능에게 이후로는 옷과 밥그릇으로 뜻을 전하지 말고 마음과 마음으로 전하라고 말했다. 그리고 나서 두 사람은 나룻배를 타고 양자강 남쪽으로 건너갔다. 혜능에게는 손님인 것처럼 가만히 앉아 있으라고 말한 뒤, 나이 든 홍인이 노를 잡았다. 하지만 혜능으로서는 가당치 않은 일이어서 그는 자신이 노를 젓고 스승께서 앉아야 한다고 우겼다. 하지만 홍인은 말했다.

"너를 저편으로 건네주는 건 내 몫이니라."

혜능이 대답했다.

"온갖 미망 속에 있는 제자를 다른 기슭으로 건네주는 건 스승의 몫이옵니다. 하지만 깨친 자는 스스로 다른 기슭으로 건너가는 것이 옳습니다."

이 말에 홍인은 크게 기뻐했다.

"머지않아 너로 인하여 불법이 크게 융성할 것이니라."

그렇게 두 사람은 헤어졌고 같은 생에서는 다시 만나지 못했다. 제5대 조사 홍인은 절로 돌아가 3년 뒤 세상을 떠났다. 새로운 조사는 남쪽 멀리까지 내려갔다. 그 다음 15년 동안 혜능이 무얼 하면서 살았는지 아는 사람은 없다. 아마도 명상을 통해 더 깊은 시야를 키웠을 테고 앞날을 위해 경전 공부를 하면서 글을 깨쳤을 것이다. 혜능의 말에 따르면 얼마간은 사냥꾼들 틈에서 지냈다고 한다. 신분을 속이고 그들과 함께 지내면서 혜능은 기회가 있을 때마다 그들에게 불법을 전하려고 애썼다. 이따금 사냥꾼들은 덫을 보고 오는 일을 혜능에게 맡기곤 했는데, 그때마다 혜능은 붙잡힌 짐승들을 풀어 주었다. 식사시간에는 사냥꾼들이 고기 요리를 만드는 냄비에다가 준비한 야채를 집어넣고는 자신은 고기보다는 야채가 더 맛있다고 말하기도 했다.

혜능은 676년, 그의 나이 마흔 살이 될 때까지 신분을 속이고 살았다. 그리고 그 해의 어느 날, 혜능은 이제 자신의 신분을 드러내고 불법을 펼칠 때가 왔다는 것을 느끼게 되었다. 드디어 그는 산골에서 나와 광주廣州의 법성사法性寺로 갔다. 법성사에서는 인종법사印宗法師가《열반경涅槃經》을 강론하고 있었다. 어느 날, 두 승려가 바람에 흔들리는 깃발을 바라보며 열띤 토론을 벌이고 있었다. 한 사람은 바람이 움직이는 것이라고 우겼고, 다른 사람은 깃발이 움직이는 것이라고 주장했다. 혜능이 끼어들며 말했다.

"움직이는 것은 바람도 깃발도 아니오. 다만 당신들의 마음일 뿐."

그 자리에 있던 모든 사람들은 이 말에 놀랐다. 이 말에 끌린 인종은 혜능과 경전의 가르침에 담긴 심오한 도리를 토론했다. 새로 온 이 손님의 단순명쾌한 말이나 한눈에 꿰뚫어보는 통찰력은 단순히 책만 들여다본다고 익힐 수는 없었다. 깊은 인상을 받은 인종은 다음과 같이 물었다.

"속인이라고 하나 필시 범상한 분이 아니오. 오래 전에 황매산의 의발과 불법을 전해 받은 이가 남쪽으로 내려왔다는 이야기를 들은 적이 있소. 혹시 그 분이 아니시오?"

혜능은 너무 겸손해 "그렇다"라고 말할 수노 없었고, 또 너무 솔직해

"아니다"라고 말할 수도 없었다. 그래서 혜능은 격식을 갖춘 중국의 어투로는 긍정을 뜻하는 말인 "부끄럽습니다!"로 대답을 대신했다. 그러자 인종은 정식으로 예를 갖춰 절한 뒤, 모든 대중들이 전수받은 옷과 밥그릇을 볼 수 있는 즐거움을 누리도록 해주십사고 혜능에게 청을 올렸다.

제5조 선사께서 특별히 전해준 방법이 있는지 인종이 물었을 때, 혜능은 이렇게 대답했다.

"특별한 방법이 있지는 않고, 그저 언제나 삼라만상의 본성을 보라고 말씀하셨소. 스승께서는 선정禪定을 통한 해탈 같은 것도 언급하시지 않았소."

혜능은 선정에 드는 수련을 통한 해탈을 언급하게 되면 이는 이원론적인 불법을 끌어들이는 것이 되므로 진정한 불법이 아니라고 설명했다. 왜냐하면 부처의 불법이란 이원론이 아니기 때문이었다. 혜능은 《열반경》에 나오는 바, '불성을 이해하는 일'이라는 구절을 지적하며 이것만이 비이원론적인 부처의 불법이라고 설명했다. 이어 혜능은 《열반경》에서 석가모니가 어떤 보살의 질문에 답한 다음과 같은 구절을 예로 들었다.

"좋은 근기는 두 종류다. 변함없는 것과 변하는 것. 그러나 불성은 변하는 것도 변함없는 것도 아니지, 결코 다할 날이 없도다."

혜능에 따르면 불성은 변함없는 것과 변하는 것, 선과 악, 내용과 형태의 경계 너머에 존재한다. 혜능이 "불성의 근본적인 비이원론적인 성질"이라고 말하는 것은 이를 뜻한다. 혜능의 가르침을 듣고 기쁜 나머지 인종은 두 손을 모으고 절하며 다음과 같이 말했다.

"경전에 대한 제 가르침이 벽돌과 기왓장에 불과하다면, 그 뜻에 대한 높으신 설법은 고귀한 황금과 같습니다."

그리하여 인종은 혜능의 머리를 깎아주고 오히려 그의 제자가 되기를 청했다.

그 다음해인 677년, 혜능은 조계曹溪로 가 보림사寶林寺를 세웠다. 이때, 그를 따르는 많은 신도들이 아낌없는 도움을 베풀었다. 혜능은 36년 동안 보림사에 머물면서 설법을 베푼 뒤, 713년 운명했다. 그곳의 지방 관리 중에 위거韋據라는 사람이 있었는데, 그 역시 혜능의 속가 제자가 되었다. 오늘날 우리가 읽는 《법보단경》의 대부분은 위거가 혜능에게 요청한 설법들이다. 《법보단경》의 나머지 부분은 새로 절을 찾아온 제자나 방문자들이 깨달음을 얻을 수 있도록 그들과 나눈 대화로 구성되었다. 말한 바와 같이 《법보단경》은 육조의 선법禪法과 선수행禪修行에 관한 대화로 이루어졌다. 하지만 선법과 선수행은 근본적으로 하나의 것이니 이는 몸과 그 움직임이 하나인 것과 같다.

705년, 황제였던 중종中宗은 혜능을 궁궐로 초대한다는 칙령을 내리고 특사를 보냈다. 혜능은 늙고 병들었다는 핑계로 이를 거절했다. 그런데 여기서 흥미로운 것은 칙령에 두 사람의 대사大師들이 언급되어 있다는 점이다. 혜안慧安과 신수인데, 두 사람 모두 '홍인선사의 의발과 적통을 이어받은 사람'으로 혜능을 가리켰다. 이는 신수가 혜능을 얼마나 높이 평가했는지 보여주는 동시에 신수 자신 또한 얼마나 덕이 높은 사람인지 알려준다. 혜능 역시 신수의 가르침에 대해서는 정당한 평가를 내렸다. 이 두 사람의 대선사 사이에 차이점이 있다면, 신수는 점진적인 깨달음을 가르친 반면에 혜능은 즉각적인 깨달음을 가르쳤다는 점이다. 신수가 가르친 도덕적 계戒, 정定, 혜慧 등은 《법구경法句經》에 나오는 다음과 같은 유명한 구절에서 기인했다.

어떤 죄라도 짓지 말며	諸惡莫作
무릇 선이란 받들고 행하며	衆善奉行
스스로 그 마음을 깨끗하게 한다면	自淨其心
그것이 바로 부처님이 가르친 모든 바라	是諸佛敎

신수는 여기에 불교의 심오한 뜻이 있다고 보았다. '계戒'란 죄를 짓지 않는 일과 다를 것이 무엇이겠는가? 착한 일을 하려는 것이 '혜慧'가 아니겠는가? '정定'이란 곧 마음을 깨끗하게 하는 일이 분명하지 않은가? 신수는 점진적으로 깨달음을 얻어가는 데는 이처럼 세 가지 단계가 있다고 보았다. 혜능도 이 가르침을 부정하지는 않는다. 혜능은 신수의 제자에게 "계·정·혜에 대한 자네 스승의 강론은 대단히 심오하다"라고 말한 바 있다. 그것은 '대승大乘'의 사람에게만은 의미 있는 지침이지만, 혜능이 말하는 즉각적인 깨달음은 '최상승最上乘'의 사람을 위한 것이다. 혜능에게 중요한 것은 오직 본성을 아는 일뿐이니 계·정·혜와 같은 불법들은 모두 그 본성의 작용들일 뿐이다. 이런 관점에서 보자면, 계·정·혜는 지혜의 유일한 원천인 본성에서 물이 흘러내리는 것과 같으니 영적인 삶의 단계란 많지 않다. 모든 것은 깨어나는 일에 달려 있다. 본성을 깨친 자는 누가 뭐라고 하지 않아도 죄를 피하고 선을 행하게

된다. 깨친 자는 형언할 수 없는 자유와 평화를 누리게 되고 자기 안에 마르지 않는 지혜의 원천을 지니게 된다.

그러므로 혜능의 길은 명백하게 최고의 정신적 재능을 갖춘 자들에게 열려 있다. 하지만 인류를 놓고 보자면 '최상승'의 사람은 고사하고 '대승'의 사람도 지극히 드물다는 것을 인정할 수밖에 없다. 실로 수많은 승려와 불자들이 즉각적인 깨달음(頓悟)을 주장하는 남종의 일원을 자처했지만, 혜능이 생각했던 최상승의 인간이 그 중 몇이나 되었을지는 궁금하지 않을 수 없다.

혜능의 5대 제자

혜능의 직계 제자 중에서도 흔히 뛰어난 제자로 꼽는 이는 다섯 명뿐이다. 이제 그들의 면면을 간략하게 살펴보자.

첫째는 남악南嶽 회양懷讓(677~744)으로 그는 율종律宗 계통으로 출가해 697년 계를 받았다. 한동안 회양은 계율의 수행에 몰두하다가 얼마 뒤, 자기 공부의 한계를 뛰어넘고자 숭산嵩山에 있는 혜안慧安 선사를 찾아갔다. 혜안은 그에게 마음의 지평을 넓힐 수 있는 몇 가지 기본적인 가르침을 내린 뒤, 남녘 조계에 있는 혜능을 찾아가라고 권했다. 회양이 찾아오자, 혜능은 어디서 오는 길이냐고 물었다. 회양이 숭산에서 왔다고 대답하자 혜능이 다시 물었다.

"어떤 물건이 이렇게 왔는고?"

회양이 대답했다.

"한 물건이라고 하시면 엇나간 것이지요."

혜능이 재차 물었다.

"그 놈이 아직 갈고닦을 여지가 있더냐?"

회양이 대답했다.

"갈고닦을 게 없다고는 말하지 않겠습니다만, 본래 더럽혀질 수 없었던 것이외다."

그 대답에 크게 기뻐한 혜능은 다음과 같이 외쳤다.

"그 때 묻지 않은 것이야말로 모든 부처들이 한결같이 지키고자 하는 것이로다. 자네에게도 그러하거니와 내게도 마찬가지다."

회양은 15년간 스승 곁에 머물면서 시봉하며 심오한 깨달음의 이치를 익혀 나갔다. 뒤에 그는 남악으로 가 선을 널리 퍼뜨렸다. 그가 배출한 제자 중에는 마조馬祖 도일道一이 유명한데, 그에 대해서는 뒤에서 자세히 서술하기로 하자.

회양만큼 중요한 제자가 바로 청원靑原 행사行思(?~740)다. 그의 생애에 관해서는 어린 시절에 절로 들어갔으며 천성이 과묵했다는 정도만 알려져 있다. 혜능 조사를 처음 만난 자리에서 행사는 이렇게 물었다.

"분별심에 빠지지 않으려면 어떻게 해야 합니까?"

조사가 다음과 같이 되물었다.

"무얼 했기에 지금 와서 그런 소리냐?"

"저는 사성제四聖諦도 수행해 본 바 없습니다."

"그렇다면 네 놈의 마음은 어디까지 가보았더냐?"

조사의 물음에 행사가 이렇게 대답했다.

"사성제도 익혀보지 못한 몸으로 어찌 제 마음이 가닿는 자리를 논하겠습니까?"

혜능은 그 깊이를 알아보고 행사에게 절의 안팎을 이끌도록 했다. 후에 그는 조계의 청원산으로 가 불법과 혜능의 가르침을 널리 퍼뜨렸다. 기록이 전하는 바에 따르면, 행사에게는 제자가 석두石頭 희천希遷(700~790) 한 명뿐이었다. 하지만 청원 행사 자신은 "뿔 달린 짐승이야 수없이 많겠지만, 뿔 하나 달린 놈 하나면 충분하다"고 했다.

혜능의 제자 중에는 또《증도가證道歌》로 유명한 영가永嘉 현각玄覺(665~713)이 있다. 현각은 천태종天台宗에서 공부를 시작했으며 선시禪詩에 깊이 매료되었다. 육조 혜능을 비롯한 다른 선사들과는 인연을 맺지 않은 상태로 현각은 선의 법통을 따라 상당히 깊이 있게 공부했다. 하지만 함께 선을 공부하던 친구들의 권유로 자기 공부가 어디쯤 왔는지 가늠해볼 마음으로 혜능을 찾아갔다. 찾아간 자리에서 현각은 혜능의 주위를 세 번 돈 뒤, 지팡이를 움켜쥐고 혜능의 앞에 꼿꼿이 섰다. 현각의 공부를 떠볼 작정으로 혜능이 물었다.

"중이라면 무릇 3천 가지 예법과 8만 가지 소소한 예절을 익혀야만 하는 법이니라. 이 훌륭한 분은 어디서 오셨기에 이처럼 무례하고 거만한고?"

혜능의 질문은 무시한 채, 현각은 이렇게 말했다.

"태어나고 죽는 문제가 제일 중요하오. 모든 것은 반드시 죽으니 덧없을 뿐이오."

"그렇다면 태어나지 않는 일을 몸에 익힐 것이고 덧없지 않음을 깨치면 될 게 아니냐?"

혜능 조사가 이렇게 묻자, 현각이 대답했다.

"몸에 익히는 일이야말로 태어나지도 않은 것이며 덧없지 않은 일은 오직 깨침뿐이지요."

나와 남이 서로 하나가 된 현각의 경지에 혜능 조사는 마음 깊이 탄복해 소리쳤다.

"옳거니, 옳거니!"

그러고 나서 현각은 예를 갖추어 혜능 조사에게 절한 뒤, 떠나기를 청했다.

"왜 그렇게 서둘러 돌아가려고 하느냐?"

혜능의 물음에 현각은 다음과 같이 대답했다.

"본디 저는 전혀 움직이지 않는 몸인데, 어찌 서두름이 있겠습니까?"

혜능이 재차 물었다.

"자네가 움직이지 않는다는 것을 아는 사람은 또 누구인가?"

"조사께서는 헛되이 분별하고 계십니다!"

혜능이 말했다.

"자네는 '태어나지 않음'의 의미를 꽉 틀어쥐고 앉았구먼."

"'태어나지 않음'에 어찌 의미가 있겠습니까?"

"의미가 없다면 그걸 어찌 판별하겠느냐?"

혜능이 따져 묻자, 현각이 받아쳤다.

"판별 그 자체가 이미 아무런 의미가 없소이다."

혜능은 "좋구나, 좋다!"라며 외쳤다. 혜능은 현각을 붙잡고 하룻밤을 더 보냈다. 사람들이 현각을 가리켜 "하룻밤 동안 깨친 사람(一宿覺)"이라고 부르게 된 까닭이 여기에 있다.

　　남양南陽 혜충慧忠(677~775)은 언제 조사를 찾아갔으며 어떻게 깨달음을 얻었는지에 대한 기록이 전혀 남아 있지 않음에도 혜능의 5대 제자 중 하나로 늘 거론된다. 지금 알 수 있는 것이라고는 그가 혜능에게서 인가를 받은 뒤, 남양의 백애산白崖山으로 들어가 한 번도 산에서 내려오지 않고 40여 년간 머물렀다는 사실뿐이다. 761년 혜충은 숙종肅宗의 청을 받아 서울로 가서 국사國師로 추대되었다. 숙종을 알현한 자리에서 혜충은 많은 질문을 받았지만, 숙종에게는 눈길 한 번 주지 않았다. 숙종은 마침내 화가 나서 소리쳤다.

　　"짐은 대당大唐의 황제니라! 국사라면 마땅히 한 번이라도 눈길을 주어야만 하지 않겠느냐?"

　　혜충은 숙종에게 다음과 같이 물었다.

　　"폐하는 저 허공이 보이십니까?"

　　"그렇다."

　　"저 허공이 폐하에게 눈길을 보내던가요?"

　　이로써 대화는 끝났다.

　　혜충은 매우 엄한 스승이었는데 그의 시자인 탐원耽源을 다룬 방법을 보면 알 수 있다. 하루는 혜충의 후배인 단하丹霞가 찾아왔다. 마침 혜충은 낮잠을 자고 있었다. 스님은 절에 계시느냐고 단하가 탐원에게 물었는데, 막 선을 익히기 시작하던 탐원이 이렇게 말했다.

　　"절에는 계시오나 어떤 손님도 볼 수는 없는 상태일 뿐입니다."

이에 단하가 말했다.

"뜻이 심오하고도 요원하도다."

"부처의 눈이라고 하더라도 스님을 뵐 수는 없습니다."

탐원이 덧붙였다. 그러자 단하가 비꼬듯 말했다.

"참으로 용이 용을 품고, 봉황이 봉황을 낳는도다!"

그러고 나서 단하는 가버렸다. 스승이 깨어났을 때, 탐원은 단하가 찾아와 자신과 이런 대화를 나누었다고 소상히 알렸다. 그러자 뜻밖에도 혜충은 탐원을 지팡이로 스무 대 후려친 뒤, 문밖으로 쫓아버렸다. 이 이야기를 전해들은 단하는 "혜충이 공짜로 국사가 된 것은 아니었구나!"라고 말했다. 이 일화에는 선을 공부하는 사람들이 경계해야 하는 것이 무엇인지 잘 보여준다. 선의 직관은 그 자체로는 값진 것이지만, 초심자가 직관을 흉내 낼 때는 세 살배기가 면도칼을 가지고 놀면서 손닿는 것은 죄다 잘라버리다가 종내 제 손가락에 상처를 입히는 것과 마찬가지다. 탐원은 이 같은 혹독한 수련을 거쳐 현명해졌으므로 마침내 혜충의 도를 전해 받았다.

혜능의 5대 제자 중 마지막은 하택荷澤 신회神會(670~758)다. 선종의 전통 안에서는 그다지 중요한 위치를 차지하지 못하는 사람이긴 하지만, 이 세상에 혜능의 존재를 널리 알리고 지킨 것으로는 둘째가라면 서러울 사람이다. 순간적인 깨달음을 주장한 남파가 점진적인 성취를 주장한 북파를 능가할 수 있었던 것은 그가 보여준 불굴의 노력과 분투 덕분이다. 하지만 우리에게 흥미로운 것은 신회와 스승 혜능의 만남이다.

신회는 670년에 태어났는데 처음으로 혜능을 찾아간 것은 682년의 일이었다. 당시 겨우 열두 살에 불과했던 신회는 다른 절에서 온 신출내기에 불과했다. 혜능이 말했다.

"귀하께서는 천리 길을 걸어왔으니 참으로 고된 여정이었겠구먼. 그런데 '근본'은 데리고 오셨는가? '근본'을 지니고 있다면, 그 놈이 주인의 것인지 손님의 것인지 알겠구먼. 어디 한 번 말해보게나."

신회가 대답했다.

"근본이라는 것은 거처하는 곳이 없을 따름입니다. 그러니 손님이라는 것도 보는 것에 다르지 않습니다."

"어린 중놈이 입심이 대단하구나!"

조사가 말하자, 신회가 되물었다.

"스님께서 좌선하실 때, 거기에는 보는 것이 있습니까, 보지 않는 것이 있습니까?"

그러자 혜능이 회신을 방망이로 세 번 치면서 말했다.

"내가 널 때리면 너는 아프냐, 아프지 않느냐?"

"소승은 아픔과 아프지 않음을 함께 느낍니다."

"나도 보면서도 보지 않는다."

그러자 신회가 물었다.

"보시면서도 보지 않으신다니, 그게 무슨 말씀입니까?"

"본다고 함은, 내 마음의 허물을 쉬지 않고 본다는 뜻이며 보지 않는다고 함은, 다른 이들의 옳고 그름과 좋고 나쁨을 보지 않는다는 뜻이니라. 보면서도 보지 않는다는 말은 그런 뜻이니라. 하지만 아픔을 느끼면서도 아픔을 느끼지 않는다는 말은 무슨 뜻이냐? 아프지 않다면 네 놈은 나무조각이나 돌덩어리처럼 무정한 놈이다. 아프다면 그건 누구나 느낄 수 있는 것이다. 그러니 화도 나고 골도 날 것이다. 말해줄 것이 있으니 가까이 오너라. 보는 일과 보지 않는 일은 같은 현상의 두 가지 측면일 뿐이로되 아픔과 아프지 않음은 생과 사처럼 완전히 다른 것이니라. 너는 아직 본성을 보지 못했다. 그런데 어찌 다른 사람을 흉내 내려고 하느냐?"

신회는 뉘우치며 큰절을 올린 후 혜능의 충직한 시자가 되었다. 하루는 법회 시간에 혜능이 다음과 같이 물었다.

"내가 뭘 하나 가진 것이 있는데, 머리도 없고 꼬리도 없으며 이름도 없고 문자도 없으며, 앞도 뒤도 없도다. 이 물건을 알아볼 사람, 누구 없느냐?"

신회가 앞으로 나서며 말했다.

"모든 부처님들이 나온 근원이니 곧 신회의 불성이옵니다!"

그러자 혜능이 말했다.

"네게 분명히 이름도 없고 문자도 없다고 했거늘, 여전히 너는 '근원'이니 '불성'이니 하면서 갖다 붙이는구나. 장차 초가삼간에서 한 평생을 지낸다고 해도 너는 기껏해야 도道의 길을 머리로만 떠들어대는 자가 될 것이 분명하다."

결국 신회는 그런 사람으로 판명이 났으니 이 말은 더도 덜도 아니게 딱 맞아떨어졌다.

713년 초기 을, 조사는 다음 달에 이승을 떠날 것이라고 선언했다.

법해法海를 비롯한 제자들이 그 곁을 지켰다. 5대 제자 중에서는 신회만 남아 있었다. 스승의 입을 통해 이 사실을 듣게 된 모든 제자들은 울음을 터뜨렸다. 신회 혼자 울지 않고 차분했다. 혜능이 말했다.

"오직 신회만이 좋은 일과 궂은 일의 경계를 뛰어넘었구나. 명예도 불명예도 더 이상 마음을 움직이지 못하고 어떠한 슬픔과 기쁨도 없는 경지를 신회는 얻었구나. 나머지는 모두 그에 이르지 못했다. 그토록 오랜 세월 이 산에 머물면서 너희는 도대체 무슨 도道를 익혔다는 말이냐? 지금 너희들이 그토록 비통하게 눈물을 흘리는 까닭은 누구 때문이냐? 내가 지금 어디를 가는지 모를까봐 걱정하고 있는 것이냐?

하지만 나는 내가 가는 곳을 잘 알고 있다. 내가 어디를 가는지 몰랐다면 왜 너희들에게 그 사실을 알렸겠느냐? 너희들이 애통해 하는 까닭은 내가 어디를 가는지 너희는 알지 못하기 때문이리라. 너희가 안다면, 이토록 슬퍼할 까닭이 어디 있겠느냐? 진리는 본디 나고 죽는 일에 속해 있지 않으니라."

제 4 장

마음은 멈추지 않고 다만 흐를 뿐

혜능의 근본적 통찰

달마가 전한 교리를 후대의 선사들은 다음과 같이 요약했는데, 이를 흔히 '사구게四句偈'라고도 한다.

경전 바깥에서 따로 전한다.	教外別傳
말과 글로 그 뜻을 세우지 않는다.	不立文字
사람의 마음을 곧바로 가리킨다.	直指人心
본성을 보고 부처가 된다.	見性成佛

이 같은 말들은 혜능이 죽은 뒤 얼마간 시간이 흐른 뒤에야 나타나기 시작했다. 그런 까닭에 사구게는 달마보다는 혜능의 정신을 특징적으로 보여주고 있다. 달마는 《능가경》을 너무나 편애했기 때문에 처음에

그를 따르는 자들은 능가파로 알려졌다. 하지만 혜능에게 적용시킬 때도 그 뜻을 문자 그대로 해석해서는 안 된다. 혜능은 직관적으로 마음을 쓴 사람이다. 혜능의 인식과 통찰은 세찬 물줄기와 같아 사구게라는 네 개의 칸막이 안에 가둘 수 없다.

그러므로 사구게를 통해 혜능의 가르침을 살펴볼 때, 우리는 다만 그가 실제로 가르치고자 했던 바를 알아내기 위한 편리한 방법으로만 이용해야 한다. 하나하나 살펴보는 과정에서 우리가 유념해야 할 사실은 이 네 가지 게송이 서로 보완하며 밀접하게 뒤섞여 있기 때문에 어느 정도의 중복은 피할 수 없다는 점이다.

교외별전敎外別傳 - 경전 밖에서 따로 전한다

이는 불법이든, 깨달음이든, 진리든 모든 것은 오직 마음에서 마음으로만 '옮겨질 뿐'이라는 뜻이다. 또한 이는 경전이란 옳게 꿰뚫어보기 위한 도구에 불과하며, 우리가 이 세계의 본질을 알아차리는 데에는 경전 말고도 많은 방법이 있는데, 이때의 깨달음은 밥을 먹고 물을 마시듯 지극히 개인적인 경험이라는 뜻이기도 하다. 외부의 모든 것은 우리의 '원래 얼굴(本來面目)'이 되비친 바에 불과하며 외부의 모든 가르침은 우리의 본성에서 흘러나오는 음률의 메아리다. 되비친 모습이나 그 메아리를 자신이라고 생각해서는 안 된다. 자신이 누구인지를 깨치려면 본성을 바라보는 수밖에 없다.

아무리 깨달음의 경지가 높은 선사라고 하더라도 다른 사람의 마음 속에 자신이 바라본 바를 불어넣거나 가르칠 수는 없다. 아기를 낳을 시간이 된 산모를 도와주는 산파의 역할을 할 뿐이다. 조사가 된 혜능이 처음으로 다른 사람의 마음을 돌려놓은 일을 살펴보면 이것이 무슨 뜻인지 쉽게 이해할 수 있을 것이다.

혜능이 황매산에서 도망쳐나올 때 진혜명陣惠明이란 중이 그를 쫓아왔다. 진짜 속셈이 어디에 있는지 알 수 없는 상황에서 진혜명은 의발이 탐나서가 아니라 불법 때문에 따라온 것이라며 혜능에게 깨달을 수 있도록 진리를 말해 달라고 간청했다. 혜능은 다음과 같이 말했다.

"불법을 구하러 왔으므로 설명해 드리지요. 하지만 먼저 사념 없이 머릿속을 깨끗하게 비워내야만 합니다."

오랫동안 말을 멈추었다가 혜능이 다시 말했다.

"좋은 것과 나쁜 것의 구분을 넘어섰다고 한다면 당신의 원래 얼굴은 무엇입니까?"

이 말에 진혜명은 바로 깨달았다. 그 다음에 진혜명은 조사들이 전해주는 심오한 문자나 가르침을 넘어서는 비전秘傳의 가르침은 없는지 혜능에게 물었다. 이에 대해 혜능은 이렇게 답했다.

"당신에게 전해진 것은 원래부터 아무런 비밀이 아니었소. 당신의 내면을 환하게 비춘다면, 거기에 당신이 찾는 비전의 가르침이 있을 것이오."

"황매산에 머문 지 어느 정도 시간이 지났건만, 저는 한 번도 제 원래 얼굴을 알아보지 못했습니다. 하지만 지금 당신이 말하는 바를 들으니 물 한 잔을 마시고 혼자서도 그 차가움과 뜨거움을 아는 사람과 같습니다."

머리로만 전해지는 지식과 달리 영적인 지혜는 한 사람의 존재를 통해 경험되고 인식된다. 머리와 가슴, 몸과 영혼이 모두 동원된다. 다윗이 "주께서 얼마나 선한지 혀로 맛보고 눈으로 본다"고 할 때도 이런 선적 체험이 나온 셈이다.

그렇다고 혜능이 경전 공부를 금지시킨 것은 아니었다. 사실 혜능이 이 세계의 참모습을 처음으로 깨친 것도 《금강경》 독송 소리를 들었을 때였다. 당시에는 까막눈에 불과했지만, 그 뒤에 경전을 읽을 수 있을 정도로 충분히 많은 문자를 깨친 것이 틀림없다. 그렇지 않고서야 그 많은 경전의 구절들을 정확하게 설법에 인용할 수 있었겠는가. 《금강경》과 《법화경》은 말할 것도 없고 《열반경》, 《유마경》, 《능가경》, 《아미타경》, 〈보살계〉 등을 자유자재로 언급했다.

하지만 분명한 것은 혜능이 경전학자나 박식한 주석자처럼 경전을 읽은 것은 아니라는 점이다. 다만 혜능은 경전에 담긴 심오한 진리를 이해하는 선사로서 경전을 읽었다. 그의 손에 들어간 경전은 정신적인 자유라는 원대한 목표를 향해 살아 움직였다. 혜능이 다음과 같이 말한 뜻도 여기에 있다.

어두운 마음은 법화경이 굴리고   心迷法華轉

밝은 마음은 법화경을 굴리네　　　心悟轉法華

혜능은 참된 책들이란 우리 내면에서 살아 넘치는 물줄기로부터 흘러내려오는 작은 개울에 불과하다고 생각했다. 유교를 새롭게 혁신한 육상산陸象山(1139~1193)은 "도리를 아는 사람에게 모든 경전을 익히는 일이란 자기 안에 있는 진리에 수많은 주석을 다는 일에 불과하다"고 했는데, 아마 그도 선에서 영향을 받았던 모양이다.

불립문자不立文字 - 말과 글로 그 뜻을 세우지 않는다

이 구절은 흔히 '말과 글에 기대지 않는다'라고 해석한다. 여기에서 말하는 '입立'이란 구체적인 형태를 구성한다는 뜻이다. 이 말은 우리가 경전의 자구에 매달리지 않는다고 한다면, 우리 역시 다른 사람들이 우리의 말에 얽매이리라고 기대해서는 안 된다는 뜻이다. 이에 딱 들어맞는 사례는 다음과 같다. "본성은 진실로 비어 있다(自性眞空)"고 말해놓고서 혜능은 모인 사람들에게 '비어 있다'는 말 자체에 매달려서는 안 된다고 주의를 주었다.

"내가 비어 있다고 말한다고 해서 그 말에 집착하지 말라. 비어 있다는 말 자체에 집착하지 않는 것이 제일 중요하다. 만약 마음을 비우고 명상을 한다면, 영적인 것이라고는 하나도 없는 무감각의 상태에 떨어질 것이니라."

사실 진실로 비어 있다는 말은 이 세계가 무한하다는 말과 같다.

"인간의 본성은 그처럼 엄청난 것이라 삼라만상과 만법이 그 하나에 다 들어간다."

마지막 강의에서 혜능은 이렇게 말했다.

"비우는 일에 집착하는 사람들은 말과 글은 아무런 쓸모가 없다고 말하면서 경전을 무시한다. 하지만 말과 글은 아무런 쓸모도 없다고 말하는 그 사람의 말 자체가 이미 아무런 쓸모가 없는 것이니 이를 어쩌나."

곧이곧대로 '불립문자'라는 말에 매달리는 사람들에게 혜능은 이렇게 말했다.

"'불립' 자체가 말과 글이 아니더냐. 누군가 불법을 상술하려고 들면, 그것조차도 말과 글에 의존하는 것이라고 달려들지도 모른다. 그런 사람들은 자기 자신을 속일 뿐만 아니라 경전마저도 폄하하게 된다."

'불립문자'는 그저 문자에 집착해서는 안 된다는 뜻을 담고 있다. 진리를 가리키는 유용한 수단으로서 문자의 효용을 부정하는 말이 아니다. 거기에 필요한 것이 하나 있다면, 그건 바로 자신의 본성을 바로 보는 일이다.

"자신의 본성을 깨달은 사람은 진리의 언어를 세우든, 세우지 않든 스스로 본 바에 따라 올바르게 행동한다. 그러므로 그는 막힘이나 장애 없이 자유롭게 오고갈 수 있다. 그는 자신의 소임에 따라 행동할 것이며 어떤 질문에도 대답할 것이다. 그는 어떤 상황에서도 자신의 역할을 다하되 단 한 순간도 그의 본성에서 멀어지지 않는다. 이와 같이 그는 형언할 수 없을 정도의 자유를 얻게 되고 삼매三昧의 영원한 기쁨을 누리게 된다. '자신의 본성을 본다(見性)'고 할 때는 바로 이를 의미한다."

직지인심直指人心 - 사람의 마음을 곧바로 가리킨다

'마음'이란 쉬이 알 수 없다. 마음에 대해 말하려고 들면 늘 마음이 복잡해진다. 하지만 마음은 선의 문을 열고 닫는 경첩과도 같은 것이라 선사들이 말하는 마음을 제대로 이해해야만 선을 올바로 파악할 수 있다. 선의 궁극적인 목표는 자신의 본성을 꿰뚫어 보고 불성을 얻는 일인데, 그러자면 바라보는 마음이 필요하므로 여기서 먼저 마음에 초점을 맞춰야만 한다.

"보리심 혹은 지혜라 함은 우리의 본성을 이루는 것인데 처음부터 순수하다. 마음을 써서 지혜를 알아내면 곧 불성을 얻을 것이다."

광둥의 어느 절에서 설법을 하면서 혜능은 위와 같이 말했다. 이는 혜능의 모든 가르침에 밑바탕으로 깔려 있는 고갱이다. 스스로 본 바를 말한 것이지만, 혜능은 이 이야기가 이미 경전에 나온다고 말했다. 혜능은 《보살계경》의 구절을 인용해 설명했다.

"우리의 본성은 스스로 본디 맑다오. 마음을 알아차리고 본성을 본다면, 우리는 모두 불성을 얻으리다."

혜능은 본성을 왕에, 마음을 그 나라와 신하에 빗대었다. 다시 말하자면, 본성은 마음속에 머물고 마음은 본성의 움직임이다. 우리 내면에 깃든 이 왕국에서 왕은 절대적으로 완전하되 그 신하는 이따금 왕의 말을 듣지 않는다. 마음이 마땅히 해야 할 바를 행할 때, 그 왕국은 평화와 축복을 누릴 것이다. 하지만 마음이 잘못 움직이게 되면 왕국 전체가 파탄난다.

마음의 힘은 무한하다. 우리는 마음을 통해서 스스로 깨쳐 본디 모습으로 돌아갈 수 있다. 마찬가지로 같은 마음을 통해서 우리는 지옥에 빠질 수도 있다. 마음이 없다면 덕을 쌓거나 죄를 짓는 일도, 집착하거나 집착하지 않는 일도, 스스로 밝아지거나 어두워지는 일도, 지혜나 번뇌도 있을 수 없다. 혜능은 순수한 마음, 선한 마음, 치우치지 않는 마음, 솔직한 마음, 현명한 마음, 도의 마음을 언급했을 뿐만 아니라 못된 마음, 불순한 마음, 뒤틀린 마음, 산만한 마음, 미혹된 마음 등에 대해서도 말하고 있다.

그렇다고 해서 두 가지 종류의 마음이 있다는 뜻은 아니다. 마음은 하나뿐이다. 마음은 머물러 있는 것이 아니라 강물처럼 끊임없이 변화하면서 움직인다. 때로는 맑은 물이고 때로는 흙탕물이며 거침없이 흘러가다가 막히는 곳이 생기기도 한다. 마음은 멈추지 않고 다만 흐르고 흐를 뿐이라는 사실은 혜능의 가르침을 이해하는 열쇠와 같다. 혜능은《금강경》에 나오는 "어디에도, 무엇에도 머무름이 없이 자유롭게 마음을 써야만 한다"는 구절을 듣고 진리를 깨달았다. 계속 살펴보겠지만, 마음에 대한 혜능의 가르침은 기본적으로 여기에서 비롯한다.

하지만 지금 여기서 말하는 마음은 진짜 마음과는 다르다. 그 이유는 간단하다. 진짜 마음은 생각하는 주체이지, 그 대상이 아니기 때문이다. 마음은 주체이므로 원래의 성질을 잃어버리고 객체화될 수는 없다. 게겐쉬탄트gegenstand, 즉 철학이나 학문의 대상이 되는 순간, 마음은 더 이상 원래의 마음이 아니라 그 껍데기거나 남은 관념에 불과하다. 그러므로 마음을 말할 때, 우리가 직접적으로 마음을 가리킬 수 없다. 기껏해야 마음을 가리키는 어떤 것을 다시 가리키는 것뿐이다. 이 사실을 이해한다면, 변하지 않는 관념적인 실체를 실제로 존재하는 것인 양 믿고 매달리는 우를 범하지 않게 된다. 하지만 관념적인 마음의 상과 진짜 마음을 혼동하게 되면 문자에 집착하게 되고 사고의 틀 속에 갇히게 된다. 이것이 혜능과 그 뒤를 이은 선사들이 지치지도 않고 '생각 없음(無念)' 혹은 '마음 없음(無心)'이 중요하다고 그토록 강조한 까닭이다.

혜능은 '생각 없음'이란 '더럽혀지거나 집착하지 않는 마음으로 모든 것을 바라보는 일'이라고 생각했다. 무엇에도 구애받지 않고 삼라만상 안에서 활기차고도 자유롭게 마음이 움직이도록 하라. '생각 없음'을 무엇도 생각하지 말아야 한다거나 모든 생각을 끊어버려야 한다는 식으로 이해해서는 곤란하다. 그렇게 하면 자유의 가르침을 새장 속에 밀어 넣는 일이 된다. 진리는 우리를 자유롭게 할 것이다. 하지만 말에 얽매인 사람들은 종종 모든 것을 사슬로 묶어버리는 재주를 부린다.

와륜臥輪이라는 선사가 지은 시를 통해서 혜능의 이런 생각이 동시대를 살았던 사람들에게는 얼마나 낯선 것이었는지 짐작할 수 있다.

와륜에게는 특별한 재주가 있으니	臥輪有伎倆
모든 생각들을 단숨에 잘라버리네	能斷百思想
어떤 처지도 그 마음을 흔들 수는 없어	對境心不起
마음속에 보리수 날마다 자라네	菩提日日長

어느 날, 중 하나가 이 시를 좋아하는 마음에 독송하고 있었다. 시를

들은 혜능은 그 시를 지은 사람은 아직 자기 본 마음을 보지 못했기 때문에 그런 식으로 행동하는 일은 스스로 더 많은 족쇄를 두르는 일에 지나지 않는다고 평했다. 혜능은 시를 지어 그에 답했다.

혜능은 특별한 재주가 없네	慧能沒技倆
어떤 생각도 잘라내지 않는다네	不斷百思想
어떤 일에도 마음은 반응한다네	對境心數起
그러니 보리수가 어디서 자라겠느뇨	菩提作麽長

'생각 없음'이라는 혜능의 가르침은 '하지 않음(無爲)'이라는 노자의 가르침과 비슷하다. 노자는 "하지 않으면서도 못하는 것이 없다(無爲而無不爲)"라고 말했다. 비슷하게 혜능은 한 가지 생각에 집착하지 않는다면 마음은 만 가지 상황에 적합한 만 가지 생각을 할 수 있다고 주장했다. 무엇에도 집착하지 않는 순수한 마음은 "자유롭게 오고 가며 걸림 없이 움직인다."

혜능은 좌선에 대해서도 완전히 마음을 자유롭게 하는 데 그 목적이 있다고 생각했다. 신수神秀가 제자들에게 "마음을 고요히 하여 침묵을 응시하고 눕는 일 없이 늘 앉아 있어라(住心觀靜 長坐不臥)"고 가르친다는 소리를 듣고 "마음을 고요히 하여 침묵을 응시한다는 것은 선이 아니라 병이다."라고, 또 "늘 앉아 있으라는 것은 몸에다 족쇄를 채우는 일에 불과하니 마음에 무슨 도움이 되겠는가."라고 말했다. 혜능은 다음과 같은 시를 지었다.

살아서는 앉아 있을 뿐 눕지 않으며	生來坐不臥
죽어서는 누워 있을 뿐 앉지 않는다	死去臥不坐
이러거나 저러거나 냄새 나는 뼈다귀일 뿐	一具臭骨頭
그것이 삶의 가르침과 무슨 상관이랴	何爲立功課

　말과 글에 대한 태도와 마찬가지로 혜능이 좌선에 대해서도 무조건 거부한 것은 아니었다. 그러나 제자들에게 다음과 같은 사실을 잊어서는 안 된다고 일러주고 싶었던 것이다. 좌선이란 늘 거기에 머무르는 마음을 알아차리고 자기의 본성을 보아 불성을 얻기 위하여 행한다는 사실을. 깨달음이라는 목표에 비추자면 다른 모든 것들은 다만 곁가지에 불과하다. 살아가는 데에 참으로 슬픈 일이 있다면 방법에 집착하느라 원래의 목표를 망각하는 일이다.

　혜능은 집착하지 말라고 철저하게 가르친 사람이다. 혜능은 승려와 속인을 구분하지 않았다. 중요한 것은 정신적으로 자기 바깥의 것들에 집착하느냐, 집착하지 않느냐, 였을 뿐이다.

　"바깥에 대한 집착에서 바다에 이는 파도와 같이 태어남과 사멸함이 일어나는 것이니라. 이를 두고 '이쪽 기슭'에 머문다고 한다. 바깥에서 떨어지면 태어남과 사멸함으로부터 자유가 생겨나니, 이는 자유롭게 조용히 흘러 내려가는 강물과 같다. 이를 두고 '저쪽 기슭에 도달했다'고 한다."

　우리 마음이 죄에 사로잡혀서는 안 된다는 것은 말할 필요도 없다. 다른 선사들과 마찬가지로 혜능은 공덕에서도 멀리 있어야 한다고 주장했다. 착한 것과 악한 것의 경계를 뛰어넘는 그들의 사상은 다음과 같은 노자의 말과 함께 생각하면 쉽게 이해할 수 있다.

"높은 덕은 스스로 덕이 아니라고 생각하므로 덕을 지니는 것이다. 낮은 덕은 스스로 덕으로부터 자유롭지 못하므로 덕이라 할 수 없다.(上德不德 是以有德 下德不失德 是以無德)"

그런데 이런 문제가 생긴다. 우리가 좋은 행동까지를 포함해 모든 것들에 대해 집착을 끊는다면 우리는 집착하지 않는 일에 집착하는 것이 아닐까? 다시 말해서 집착하지 않는 일마저도 우리가 집착해서는 안 되는 것이 아닌가? 이 중요한 질문에 대한 혜능의 대답은 불교의 문장 중에서도 가장 높은 경지를 보여주는 다음과 같은 구절에서 발견할 수 있다.

"마음이 모든 집착에서 자유로워 좋은 것과 나쁜 것 무엇도 생각하지 않는다면, 깎아지른 듯한 허공에 빠지지 않도록, 그리고 죽음과도 같은 정적에 매달리지 않도록 주의하라. 그보다는 배움을 더욱 넓히고 지식을 더 늘리려고 노력해 자신의 마음을 깨치고 부처님들이 무엇을 가르치려고 했는지 완전히 이해해야 한다. 다른 이들과 함께 조화를 이뤄 마음을 닦되 '나'니 '남'이니 하는 족쇄 같은 생각에서 벗어나야 한다. 그리하여 완전한 깨달음을 얻어 자신의 진짜 본성은 영원히 변하지 않는다는 사실을 깨쳐야 한다."

견성성불見性成佛 - 본성을 꿰뚫고 부처가 되다

혜능은 본성을 감지하는 것이 바로 불성을 얻는 일이라고 생각했다. 실제로 그는 "우리는 원래 부처의 본성을 지녔으되 그 본성에서 멀어지면 부처도 없다.(本性是佛離性無別佛)"라고 말했다. 혜능은, 사람의 본성은 "삼라만상이 모두 그 안에 들어갈 수 있을 만큼 엄청나다.(自性能含萬法 是大萬法在諸人性中)"고 생각했다. "과거와 현재와 미래의 모든 부처님들과 경전의 12부분이 원래 그 모습 그대로 사람의 본성 안에 다 들어 있다.(三世諸佛 十二部經 在人性中本自具有)"라고도 했다.

사람의 본성에 대한 이런 혜능의 생각은 중국 사상사에서 보자면 맹자에서 그 원형을 찾을 수 있다. 예컨대《맹자》에는 이런 구절이 나온다.

"모든 것들이 우리 안에서 완전하니 내면으로 눈을 돌려 본성에 충실한 자신의 모습을 발견하는 일보다 즐거운 일은 없다.(萬物皆備于我矣 反身而誠 樂莫大焉)"

맹자와 마찬가지로 혜능은 우리의 본성과 진실이 하나라고 말했다. 혜능의 말을 빌자면, "하나가 참되면 모든 것이 참되다.(一眞一切眞)" 혜능은 불성을 '깨달음'과 같은 뜻으로 사용한다. 혜능이 '부처'라고 말했다면 이는 '깨달은 사람'을 뜻한다. 이를 마음에 두면, 다음과 같은 혜능의 말을 완전히 이해할 수 있다. "내 마음에 부처가 있으니 그 부처가 진짜 부처다.(我心自有佛自佛是眞佛)"

그의 손아귀에 들어가면 모든 것들은 내면화되고 종교적 색채를 띠었다. '삼보三寶'에 관한 혜능의 견해는 참 흥미롭다. 전통적으로 불교에서는 신자들이 부처님(佛)과 가르침(法)과 승단(僧)에 귀의해야 한다고 말한다. 하지만 혜능은 신자들이 귀의해야 할 곳은 깨달음(覺), 올바름(正), 정결함(淨)이라고 강론했다. 미묘한 해석의 차이에서 비롯한 이 목소리는 낮지만 실로 엄청난 혁명이라고 할 수 있다. 혜능은 삼보에 관한 교리를 다음과 같이 요약했다.

"안으로 마음을 본성과 일치시키고, 밖으로 다른 이들을 존중하라. 이는 곧 자기로 돌아가 의지하는 것이니라.(內調心性 外敬他人 是自歸依也)"

혜능이 '안으로'와 '밖으로'라는 말을 썼지만, 이는 본성이 기능하는 바를 가리킨 것에 불과하다. 본디 본성은 둘로 나뉘어질 수 없으므로 시간과 공간을 뛰어넘으며 인간의 언어가 규정할 수 있는 모든 구속에서 벗어난다. 눈에 보이는 세계, 즉 모든 것들이 서로 반대되는 것들과 짝지워지면서 만들어지는 진실의 영역 안에서는 인간의 언어가 유용하다. 인도의 철학자 샹카라(788~820)와 마찬가지로 혜능도 '둘이 아님(不二)' 앞에서는 "모든 언어가 되튀어나간다"고 본다.

신비주의자가 자신을 표현하고자 할 때, 그 말은 숨겨진 샘물을 찾아 사방팔방으로 뛰어다니는 목마른 눈 먼 사자와 같다. 오직 이런 감각에서 우리는 혜능이 깨달은 자와 깨닫지 못한 자, 지혜와 번뇌 사이에 아무런 차이가 없으며 본성은 선하지도 악하지도 않다고 단언하는 이유를 이해할 수 있다. 황제가 보낸 특사에게 답하면서 혜능은 실제 본성이 둘이 아니라는 것을 이렇게 설명한다.

"보통 사람이 보기에는 빛과 어둠이 서로 다른 두 개의 것이지요. 하지만 현명하게 꿰뚫어보는 자에게는 그 본성이 둘이 될 수 없습니다. 둘이 될 수 없는 본성이야말로 진짜 본성입니다. 진짜 본성이란 바보에게는 적고 현자에게는 많은, 그런 것이 아닙니다. 진짜 본성은 시련의 와중에도 흔들림이 없으며 깊은 명상과 삼매 속에서도 가만히 있지 않습니다. 진짜 본성은 영원한 것도, 순간적인 것도 아닙니다. 진짜 본성은 오는 것도, 가는 것도 아닙니다. 진짜 본성은 가운데에도, 바깥에도, 안에도 있지 않습니다. 진짜 본성은 태어나지도 죽지도 않습니다. 진짜 본성의 고갱이와 거죽은 '여여如如'한 상태에 머뭅니다. 영원하며 변하지 않으므로 이를 도道라고 합니다."

이 문장 전체는 장자를 연상시키는데, 이는 단순히 '도'라는 말을 사용했기 때문만은 아니다. 맹자와 장자의 사상이 혜능에게 이르러 하나로 통합되면서 완성되었다고 말하는 편이 더 정확할 것 같다.

혜능의 철학은 노자와 장자처럼 초월적이면서 동시에 공자와 맹자처럼 인간이 그 중심에 놓인다. 혜능은 모든 경전이란 인간을 위해 씌어졌으며 인간의 본성 안에 있는 지혜를 바탕으로 한다고 믿었다.

"인간이 없었다면 처음부터 진리란 있지도 않았을 것이다.(若無世人 一切萬法 本自不有)"

혜능이 사람의 마음과 본성의 빛으로 교리를 들여다보아야 한다고 말하는 까닭이 여기에 있다. 삼보설만큼이나 그의 삼신설三身說도 혁명적이긴 마찬가지다. 혜능은 우리의 본성이 세 겹의 몸으로 이루어져 있다고 말했다. 이는 곧 법신法身, 보신報身, 화신化身이다. 본성은 근본적으로 정결하고 깨끗하니 모든 진리가 그 안에 근원을 둔다는 점에서 이는 참으로 법신불(淸淨法身佛)이다. 지혜로운 마음이 빛을 발해 모든 환영과 욕정이 사라질 때 이 마음은 본성에서 비롯한 마음이니 이는 구름 한 점 없는 맑은 하늘에서 태양이 휘황한 광채를 발하는 것과 같이 본성이 드러나는 일이다. 이를 두고 보신불(圓滿報身佛)이라고 한다.

하지만 혜능이 마음의 창조적인 힘을 얼마나 신뢰했느냐는 화신불(自性化身佛)을 말할 때 분명히 알 수 있다. 우리가 누구인지 결정하는 것은 우리의 생각이다. "우리 마음이 사악한 것에 머문다면, 지옥이 우리 앞에 펼쳐질 것이다. 우리 마음이 선한 것에 머문다면, 세상이 천국으로 바뀔 것이다." 악의와 원한에 찬 증오를 품을 때, 우리는 용과 뱀으로 바뀌게 된다. 자비와 동정의 마음으로 가득할 때, 우리는 모두 보살이 된다.

망상에 사로잡힌 사람들은 이 사실을 이해하지 못하고 나쁜 짓을 계속하면서도 겉으로는 복을 갈구하는데, 이래서야 깨달음이 있을 리 만무하다. 하지만 한순간이라도 마음을 선한 쪽으로 돌리게 되면 지혜(반야)가 즉각적으로 일어나 그 본성은 화신불(自性化身佛)이 된다.

혜능의 손에 의해 불교 교리는 더욱 깊어지고 넓어졌으며 승려와 속인, 성자와 죄인, 불교와 다른 종파 사이의 경계가 허물어졌다. 예컨대 혜능이 속인들을 위해 지은 다음 시에 대해 토를 달 유학자는 아마도 없을 것이다.

마음이 옳고 편견이 없다넌

계율을 지킬 필요가 어디 있을까?

행동이 올곧다면

선법을 수행할 필요가 어디 있을까?

은혜의 덕을 쌓는 데는

부모를 받들고 모시는 일이 으뜸이며

신의와 정의를 익히기 위해서는

나은 자와 못한 자가 서로 이해할 수 있게 하라.

공손과 복종의 덕은

주인과 종 사이의 조화 안에 있다.

인내와 긴 고통의 효과는

모든 악의 말없는 침몰 속에 있다.

불꽃을 얻기 위해서

나무에 구멍을 내는 방법을 안다면

너의 삶은 진흙과 진창에도 더럽혀지지 않는

붉은 연꽃처럼 필 것이다

몸에 좋은 약은

입에 쓰다는 사실을 알아야만 할 것이고

귀에 쓴 말들은

가장 좋은 친구의 입에서 나온다는 것을 기억하라.

회개와 개심은 지식과 지혜를 낳는 반면,

너의 결점을 지키려고 들면 마음이 어질지 못하다

매일 살아가면서 어떻게 하는 것이

다른 사람들에게 도움이 될지 항상 생각하여라.
도를 얻는 일은 시줏돈에 좌우되지 않는다.
진리는 네 마음속에서만 찾을 수 있다.
왜 바깥에서 안에 있는 진리를 찾느라고 헛수고를 하느냐?
만약 이 가르침에 따라 행동한다면
네 눈앞에 바로 '서방정토'가 펼쳐지리라.

위에서 우리는 쉽게 혜능의 사상 속에 녹아든 공자의 윤리관을 파악할 수 있다. 한편으로 혜능은 상당히 변증법적이라 노자와도 꽤 비슷하다는 사실을 지적하지 않을 수 없다. 《도덕경》의 제2장은 도교적 변증법을 전형적으로 보여주는 문장이다.

온 세상이 아름다운 것을 아름답다고 인식할 때,
추한 것이 생겨난다.
온 세상이 좋은 것을 좋다고 인식할 때,
나쁜 것이 생겨난다.
그와 마찬가지로,
숨겨진 것과 드러난 것이 서로를 만들어내고
어려움과 쉬움이 서로 보완하며
긴 것과 짧은 것이 서로 겨루고
높은 것과 낮은 것이 서로 참조하며
음색과 목소리가 서로 조화를 이루며

앞과 뒤가 서로를 따른다.
天下皆知美之爲美, 斯惡已.
皆知善之爲善, 斯不善已.
故有無相坐, 難易相成, 長短相較,
高下相傾, 音聲相知, 前後相隨.

서로 반대되는 성질의 이 짝들은 상대성의 영역에 속한다. 노자는, 성현은 이런 상대성의 세계에 머물지 않고 이를 뛰어넘는다고 했다. 비슷하게 혜능도 제자들에게 행한 마지막 설법에서 서로 상대되는 36가지 짝을 열거했다. 예컨대 빛과 어둠, 음과 양, 유형과 무형, 현상과 공空, 움직임과 멈춤, 깨끗함과 때 묻음, 세속과 탈속, 승려와 속인, 거대와 최소, 긴 것과 짧은 것, 왜곡과 곧음, 미혹과 지혜, 번뇌와 진리, 친절과 냉혹, 영원과 찰나, 현실과 비현실, 쾌락과 분노, 나아감과 물러섬, 탄생과 죽음, 영적인 몸과 육체의 몸 등등이다. 이에 대해 혜능은 다음과 같이 말했다.

"만약 이 대립 쌍들을 바르게 이용하는 방법을 안다면 경전이 말하는 진리 속을 자유롭게 오갈 수 있을 것이다. 그 때는 본성이 자발적으로 움직일 테니 두 개의 극단을 피해 나아갈 수 있다.
다른 사람과 대화할 때는 밖으로 현상 속에 머물면서 현상에 집착하지 말고, 안으로 텅 빈 가운데 있으면서 텅 빈 그것으로부터도 멀리 있어라. 만약 현상에 완전히 집착하게 되면, 그릇된 견해 속으로 떨어지게 된다. 반대로 텅 빈 것에 완전히 매달리게 되면 무지 속으로 깊이 빠져들고 만다."

"만약 누군가 너희들에게 존재한다는 게 무엇인지 묻는다면, 그 대답으로 존재하지 않는 것에 대해 말하라. 만약 누군가 세속적인 것에 관해 묻는다면, 성스러운 것을 말하라. 만약 누군가 성스러운 것을 묻는다면, 세속적인 것에 대해 말하라. 이와 같이 두 개의 극단이 서로 의지하여 중도中道의 의미를 더욱 더 풍요롭게 할 것이다."

"누군가 이렇게 물었다고 치자. '어둠이 무엇인가?' 그 대답은 다음과 같다. '빛이 원인이 되어 어둠이 생겨났으니 빛은 어둠의 주요한 원인이요, 어둠은 빛의 부차적인 원인이다. 빛이 사라지는 인연으로 어둠이 생겨난다. 빛과 어둠이 서로 드러내 서로를 의지하니 이는 곧 중도가 중요함을 보여주노라.'"

여기서 말하는 '중도'란 상대적인 세계를 넘어서는 원리 속에서 늘 발견할 수 있다. 궁극적으로 말해서 중도란 결국 본성을 뜻한다. 혜능의 세계 속에서는 이들이 곧 비이원론적인 진실과 같아 대립 쌍들을 초월하는 동시에 그 모두를 껴안는다. 홈즈 대법관은 심오하고도 한결같은 통찰력을 지닌 사람만이 철학적 딜레마를 논리의 방편쯤으로 치부할 수 있다면서 다음과 같이 말했다.

"한 사물은 A도 아니며, A가 아닌 것도 아니며, 다만 절대 절명의 존재이다. 혹은 더 분명하게 말하자면 진리는 사상의 한계를 뛰어넘어 더 높은 차원의 세계로 도피할 수 있다."

여기서 혜능이 얼마나 위대한 사상가인지 알 수 있다. 더욱이 혜능은 진퇴양난의 궁지를 절체절명의 경지로 만들어 인간의 정신을 무한으로 끌어올리는 방편을 알고 있었다.

제 5 장
선의 불꽃을 잇다

없는 것은 부처뿐

마조 도일

　선의 역사를 살펴볼 때 제6대 조사인 혜능 다음으로 중요한 이가 바로 마조馬祖 도일道一(709~788)이다. 그가 죽은 뒤 사람들은 그를 '마조馬祖', 즉 '마씨 성을 지닌 조사'라고 불렀다. 이 사실만으로도 그가 선종 내에서 얼마나 추앙받고 있는지 알 수 있다. 혜능을 마지막으로 조사의 의발을 전수하는 전통이 영원히 끝을 맺어 이후 선종 내에서 더 이상의 조사는 나오지 않았다는 사실은 잘 알려져 있다. 그래서 '마조'라는 이름은 사람들의 말없는 요구에서 연원했을 것이다.

　그런데 이 이름이 더욱 특별한 까닭은 '마'가 도일이 속세에 있을 때의 성姓이기 때문이다. 승려의 속성俗姓을 그대로 호칭으로 삼는 일은 불교에서는 극히 드문 일이다. 속성을 그대로 유지한 데에는 다음과 같은 전설이 적지 않게 기여했을 것이다. 후에 마조의 스승이 되는 회양이 깨달음을 얻은 뒤, 육조 혜능은 그에게 비밀 하나를 털어 놓는다.

"인도의 27대 조사인 반야다라般若多羅가 예언한 바에 따르면, 네 문하에서 젊은 말 한 마리가 나와 온 세상을 누빌 것이라고 했다."

말이란 곧 한문으로 '마馬'가 되니, 우연하게도 도일의 속성과 같다. 그런데 도일은 회양의 제자 중에서는 으뜸가는 인물이니 후대의 사가들이 그 예언을 마조 도일과 연결시키는 것은 하나도 이상하지 않다. 또한 후일 그가 맺은 열매로 나무를 평가한다면, 마조가 바로 그 예언의 당사자라는 걸 인정하지 않을 수 없다.

사천의 한주漢州, 곧 지금의 청두 출신인 마조는 어린 시절에 고향 근처의 절에 들어갔다. 마조가 계를 받아 승려가 된 것은 스무 살도 되기 전이었다. 계를 받은 그는 남악산으로 가서 홀로 좌선 수행을 했다. 그 즈음 회양은 남악산 반야사에 주지로 있었다. 회양은 만나자마자 마조가 큰 그릇임을 알아보았다. 그래서 회양은 마조가 수행하는 방을 찾아갔다.

"이렇게 좌선 수행에 열중하시니, 뭘 얻으시려는 것이오?"

"불성을 얻으려고 합니다!"

마조의 대답이었다. 그러자 회양은 벽돌 하나를 집어 마조의 방 앞에 있는 바위에다가 문지르기 시작했다. 조금 시간이 흐르자, 마조는 궁금해졌다.

"벽돌은 왜 갈고 계십니까?"

"거울을 만들 작정이오."

회양이 말했다.

재미있다는 듯이 마조가 말했다.

"제 아무리 벽돌을 간다고 해서 그게 거울이 될 성 싶습니까?"

그러자 회양이 불같이 받아쳤다.

"벽돌 하나가 거울 되기도 이처럼 어려운 일인데, 네 녀석 혼자 앉아서 어찌 불성을 얻겠다는 것이냐?"

"그럼 어떻게 해야 합니까?"

마조가 물었다. 회양의 답은 다음과 같았다.

"소달구지를 생각하거라. 소달구지가 움직이지 않을 때, 너는 달구지를 때리느냐, 소를 때리느냐?"

마조는 대답하지 않고 가만히 있었다. 회양이 말을 이었다.

"가만히 앉아서 명상에 잠겨 있을 때, 너는 참선하겠다는 것이냐, 앉은뱅이 부처를 흉내 내는 것이냐? 참선을 하겠다면 선이란 앉는 데에도 눕는 데에도 있지 않다. 부처를 흉내 내는 것이라면 부처에 고정된 자세가 있을 리 없다. 불법은 영원히 움직일 뿐, 어디에도 머무르지 않는다. 그러므로 너는 불법이 조금 드러난다고 해서 이에 집착하거나 이를 버려서는 안 된다. 앉아서 부처가 되겠다는 말은 부처를 죽이겠다는 말과 같다. 참선에 집착하면 중요한 것을 놓쳐버릴 수 있다."

이 말을 들은 마조는 꿀물을 들이켠 것과 같았다. 예법에 따라 스승에게 절을 올린 뒤, 마조가 질문을 계속했다.

"형상이 없는 삼매에 들려면 마음을 어떻게 가져야 합니까?"

"네 안에 있는 지혜의 길을 갈고 닦을 때, 이는 씨앗을 뿌리는 것과 같다. 그런 네게 불법의 이치를 설명해 주면 이는 하늘에서 소나기가 내리는 것과 같다. 너는 즐거이 가르침을 받아들이고자 하니 곧 도를 볼 수 있으리라."

마조가 다시 물었다.

"도라는 것은 색깔도 형태도 없다고 들었는데, 어찌 볼 수 있단 말입니까?"

"마음에 담긴 진리의 눈으로는 볼 수 있다. 그것이 바로 형상 없는 삼매에 드는 일이다."

"그렇다면 도는 만들어지거나 부서질 수도 있습니까?"

마조의 물음에 회양은 다음과 같이 답했다.

"만들어지느냐 부서지느냐, 혹은 모이느냐 흩어지느냐의 관점에서 도를 바라본다면, 진실로 도를 바라보는 것이 아니다. 내 시를 들으라."

마음의 밭에는 여러 씨들이 많아	心地含諸種
반가운 비를 만나면 모두 다 싹틀 것이되	遇澤悉皆萌
삼매의 꽃은 빛깔도 모양도 없으니	三昧華無相
어찌 부서지고 또 어찌 다시 생기겠는가	何壞復何成

이에 이르러 마조는 완전히 깨닫게 되었으니 그의 마음은 눈에 보이는 세계를 초월하게 되었다. 마조는 꼬박 10년 동안 스승의 곁에서 시중을 들었다. 이 기간 동안, 마조는 오묘한 진리를 찾아 내면으로 더욱 더 깊이 파고들었다. 회양에게는 뛰어난 제자가 여섯이라고 흔히 말하는데, 그 중 마조만이 스승의 마음을 얻었다.

670년을 전후해서 회양의 곁을 떠난 마조는 강서江西로 가 절의 주지가 되었다. 마조의 설법을 들어보면 육조 혜능의 근본적인 사상과 서로 통한다는 것을 알 수 있다. 예컨대 불성은 마음속에 있다는 이야기 같은 것이 그렇다. 마조는 이렇게 말했다.

"눈에 보이는 세계는 눈에 보이지 않는 세계와 똑같다. 태어난 것은 태어나지 않은 것과 다를 바 없다. 이를 똑똑히 볼 수 있다면 하루하루 살아갈 수 있을 것이며 옷을 입을 수 있을 것이며 밥을 먹을 수 있을 것이며, 자기 안에 있는 '성스러운 태胎'를 기를 수 있을 것이고, 더 나아가 자신의 인연과 인간사의 물결에 맞추어 살아갈 수 있을 것이다."

이 문장은 몇 가지 점에서 중요하다. 먼저 그 어감에 차이는 있지만, '성스러운 태'라는 구절은 같은 시기 도가道家의 가르침에서 빌려온 것이다. 도가의 가르침에서 보자면 '성스러운 태'는 물리적으로 죽지 않는 인간이 생겨나는 그 시초를 뜻한다. 마조에게로 넘어오면 이는 영원한 삶의 씨앗으로 바뀐다. 이는 훗날 임제臨濟의 '구애받지 않는 참사람無位眞人'의 원형이다.

둘째로 하루하루 살아가는 삶에 대한 강조는 노자와 장자의 가르침과 일치할 뿐만 아니라 후대 선사들에게서도 쉽게 발견되는 주제다. 마조의 수제자인 남전南泉 보원普願이 "도道란 평상심일 뿐이다"라고 말했을 때, 이는 분명히 스승의 목소리를 되받은 것이다. 마조의 뛰어난 속가 제자인 방온龐蘊의 시에도 그 사상은 녹아들어 있다.

나날의 내 삶이란 손에 잡히는 대로

허드렛일이나 하는 것일 뿐

오는 일 막지 않고 가는 일 붙들지 않네

법석 떨 것도 없고 잘못할 일도 없다네

내게 내세울 만한 영광의 상징이 있다면

티끌 하나 없는 산과 언덕일 뿐

내 마음 공부로 보여줄 수 있는 기적이란

물 긷고 땔나무 줍는 일이라

스승 마조의 위대함은 가르침의 내용보다는 놀랍고도 다채로운 그 방법에 있었다. 한 번은 제자가 이렇게 물은 적이 있었다.

"스님께서 이 마음이 곧 부처라고 말씀하시는 까닭은 무엇입니까?"

"아이의 울음을 그치게 하기 위해서지."

"그럼 울음을 그친다면……."

"그럼 마음도 아니고 부처도 아니겠지."

"그리하여 그 둘을 뛰어넘는 사람이 찾아온다면……."

"그 때는 도란 그런 것이 아니라고 말해줄 것이니라."

"그럼 혹시라도 도 안에 있는 사람을 만난다면……."

"그 때는 큰 도를 몸소 보여 달라고 하면 되는 것이지."

이 대화는 마조가 제자들을 가르칠 때 사용하는 비법을 보여준다. 마조는 때로는 긍정적인 형식을, 때로는 부정적인 형식을 취한다. 언뜻 보기에는 내용들은 서로 모순된다. 하지만 저마다 그릇의 크기와 깨달음의 깊이가 나른 사람들에게 답하면서 행한 답변이기 때문에 더 넓은 차원에서 바라보자면 모순은 사라지고, 다만 이를 통해 질문하는 사람으로 하여금 현재의 상태를 뛰어넘게 한다. 물론 '도 안에 있는 사람', 다시 말해서 깨달은 사람에게는 이런 방법이 통하지 않는다. 그런 사람에게 마조가 할 수 있는 말은 현재 상태를 계속 이어나가라는 것뿐이다.

이는 마조의 제자인 대매大梅 법상法常과 관련한 재미있는 이야기에서도 알 수 있다. 마조를 처음 만난 자리에서 대매가 물었다.

"부처가 뭡니까?"

마조가 대답했다.

"이 마음이 곧 부처다."

이 말에 대매는 깨달았다. 후에 대매는 산중에 머물렀다. 마조가 그 깊이를 재보기 위해 중 하나를 보냈다. 중이 대매에게 물었다.

"마조 대선사에게서는 무엇을 배웠습니까?"

"대선사께서는 내게 이 마음이 곧 부처라고 말씀하셨소."

중이 다시 말했다.

"대선사께서는 최근에 부처님의 진리를 가르치는 방법을 바꾸었습니다."

대매는 방법을 바꾸었다니 그게 무슨 말이냐고 물었다.

"대선사께서는 이제 이 마음도 아니요, 부처도 아니라고 말씀하십니다."

"그 영감탱이, 언제까지나 대중들의 마음을 뒤집어놓을 작정인가? 그 양반이야 '이 마음도 아니요, 부처도 아니다'를 밀고 나가시라지, 나는 '이 마음이 곧 부처다'에만 매달릴 테니."

중이 돌아와 그 대화 내용을 알리자, 마조는 "매실이 다 익었네!"라고 말했다.

대매大梅란 '큰 매실' 이란 뜻이니 마조는 대매의 이름을 빗대 "매실이 다 익었네"라고 말한 것이다. 확실히 대매는 깨달은 사람이었다. 자신이 해야 할 일이 무엇인지 알았기 때문에 대매는 스승의 긍정적인 방법에만 매진했다. 아마도 마조의 제자들은 여전히 울음을 그쳐야만 하는 아이들이었을 것이다. 그런데 대매는 남에게 기대지 않는 정신을 보여주어 스승을 기쁘게 했다. 만약 대매가 스승이 가르침을 바꾸었다는 이유 하나만으로 마음이 흔들려 새로운 가르침을 받아들였다면, 마조는 매실이 익으려면 아직 멀었다고 말했을 것이다.

마조가 제자를 가르치는 방법은 매우 다양했다. 마조는 130명의 제자들을 깨달음으로 이끌었으며 "그들 모두는 저마다 그 층위가 다양한 선사들이 되었다"고 전해진다. 이는 제자들이 모두 같은 수준이 아니었다는 뜻이다. 그들의 깨달음은 그 수준과 형태가 각기 달랐다. 예컨대 마조에게는 세 명의 뛰어난 제자들이 있어 스승과 특별한 관계를 유지하고 있었다. 그 제자들은 남전 보원, 서당西堂 지장智藏, 백장百丈 회해懷海다. 어느 밤, 세 제자가 스승을 모시고 달 구경을 하고 있었는데, 마조가 그들에게 그 밤을 즐기는 가장 좋은 방법이 무엇이겠느냐고 물었다. 서당이 먼저 대답했다.

"불공을 드리는 게 제일 좋겠습니다."

백장이 뒤를 이었다.

"참선 수행하는 게 이떨까요?"

남전은 아무런 대답도 하지 않고 옷소매를 털더니 그냥 가버렸다. 이에 마조는 이렇게 말했다.

"경經은 장藏에 속하고 선禪은 해海로 돌아갈 터인데, 보원만이 홀로 물질의 세계를 뛰어넘는구나."

마조가 가르친 제자들 중에서 남전은 스승의 마음에서 특별한 자리를 차지하고 있어, 이는 마치 공자의 마음에서 안회가 그러했던 것과 마찬가지다. 하지만 공자의 후계자가 증참曾參이었던 것처럼 마조의 법통을 이어받은 사람은 백장이었다. 아마도 승려 집단을 제대로 조직하고 이끌려면 백장처럼 강인한 끈기와 관리 능력이 있는 사람이 필요했을 것이다. '백장의 고결한 규율(百丈淸規)'은 수 세기를 거치는 동안 수정되어 원래의 문장은 잃어버린 지 오래지만, 떠돌아다니는 집단이었던 승려들을 진정한 공동체로 결집시키는 데 기여한 백장의 공로를 부정할 사람은 아무도 없다.

그건 그렇고 우리에게 중요한 것은 마조가 백장을 훈련시킨 방법이다. 한번은 마조와 백장이 산책을 하다가 무리 지어 날아가는 기러기 떼를 보았다. 마조가 물었다.

"저것이 무엇이냐?"

백장이 대답했다.

"기러기입니다."

"어디로 가버렸지?"

"이미 날아가 버렸습니다."

바로 이때 마조는 백장의 코를 잡아 쥐고 아주 세게 흔들었다. 백장은 아파서 소리를 질렀다. 하지만 마조는 그저 다음과 같은 말뿐이었다.

"이래도 기러기들이 이미 날아가 버렸다고 생각하느냐?"

이에 백장은 섬광처럼 알아차렸다. 하지만 거처로 돌아와서 몹시도 구슬프게 울기 시작했다. 다른 중들이 고향이 그리워서 우느냐, 누가 꾸짖어서 우느냐고 백장에게 물었다. 어떤 질문을 해도 백장은 "그게 아니다"라고 말했다.

"그렇다면 왜 우는 것이냐?"

사람들이 궁금해서 묻자, 백장이 말했다.

"마조 선사께서 내 코를 어찌나 세게 비틀었는지 아직도 아파죽겠다."

"무슨 잘못을 저질렀기에 그러셨단 말이냐?"

"가서 직접 여쭈어라."

백장이 대답했다. 중들이 찾아가 묻자, 마조는 다음과 같이 말했다.

"그 녀석이 그 이유를 제일 잘 알지. 백장에게 물어보아라. 답을 알고 있다."

중들은 다시 백장에게 찾아가 말했다.

"선사께서는 자네가 그 이유를 잘 알고 있으니 우리더러 자네에게 물어보라고 하셨네."

이 말에 백장은 큰 소리로 웃음을 터뜨렸다. 중들은 재미있기도 하고 어리둥절하기도 해서 캐물었다.

"조금 전에는 울고 있지 않았나? 그런데 지금은 왜 또 웃는가?"

백장이 말했다.

"그때는 울었고 지금은 웃는 것이지."

중들은 영문을 알 수 없었다.

다음날, 법회 시간이 되었는데 백장이 방석을 둘둘 말아버리는 바람에 마조는 앉을 자리가 없어서 그냥 단상에서 내려와야만 했다. 백장이 방안까지 마조를 따라갔다. 마조가 말했다.

"자, 내가 설법을 시작하기도 전에 내 방석을 말아버린 까닭은 무엇이냐?"

백장이 대답했다.

"어제 스승님께서 제 코를 비틀어서 몹시도 아팠습니다."

"어제는 마음을 어디에다 두고 있었느냐?"

스승의 물음에 그 제자가 한 대답은 이것이 다였다.

"오늘은 코가 하나도 아프지 않습니다."

이에 마조가 다음과 같이 말했다.

"너는 어제의 일을 아주 깊이 이해하고 있구나."

솔직히 말해서 나는 이 대화의 의미를 모른다. 백장의 '대답들'은 합리적인 답변이라기보다는 미치광이의 혼잣말처럼 들린다. 게다가 더 이상한 것은 스승에게 느끼는 바가 있었다는 점이다. 그러나 당연하게도 두 사람은 미치광이가 아니므로 이 대화의 이면에는 분명히 어떤 의미가 있을 것이다. 논리적인 사고로는 그 의미를 발견할 수 없겠지만, 직관적으로는 머리를 치고 가는 무언가가 있다.

나는 전체적인 의미를 알아내는 그 실마리가 다른 중들에게 한 백장의 수수께끼 같은 말, 그러니까 "그때는 울었고 지금은 웃는 것이지"에 있다고 생각한다. 상황이 바뀌었고 행동도 달라졌지만, 그 주체는 똑같다. 마조는 제자가 '나'를 발견할 수 있도록 이끌려고 했을 뿐이다. 그러므로 백장이 "어제는 몹시도 아팠습니다. 오늘은 하나도 아프지 않습니다"라고 말하자, 마조는 제자가 자아를 발견했다는 것을 알고 만족했던 것이다. 그의 말이 질문과 어떤 식으로도 관련이 없다는 점에서 이는 한층 더 분명해진다.

그러므로 자기를 발견하는 일은 마조가 가르치려고 했던 참된 뜻이었으며 이는 실로 선이 가르치려고 했던 진짜 의미다. 역시 마조의 뛰어난 제자인 대주大珠 혜해慧海에게 마조가 한 말에서도 이런 사실을 볼 수 있다. 처음으로 대주가 마조를 찾아갔을 때, 선사는 어디에서 오는 길이냐고 물었다. 대주는 월주越州 대운사大雲寺에서 왔다고 대답했다. 그러자 마조가 물었다.

"뭘 하려고 여기까지 오셨는가?"

"불법을 구하려고 왔습니다."

"여기서 내가 너한테 줄 건 하나도 없느니라. 나한테서 무슨 불법을 배우겠다고는 기대도 하지 말거라. 네 집안에 보물이 있는데 무엇하려고 타지를 떠돈단 말이냐?"

무슨 소리인지 영문을 몰라 대주가 물었다.

"소승이 가진 보물이라는 게 뭡니까?"

"지금 네게 그런 질문을 하는 그 사람이 바로 네 보물이 아니겠느냐? 부족함이 없이 그 안에 삼라만상이 다 들어 있느니라. 마음껏 가져다가 쓰더라도 그 보물은 줄어들지 않는다. 그런데 바깥에서 찾아다닐 까닭이 어디 있겠느냐?"

이 같은 말에 대주는 홀연히 자기 마음을 알아차렸다. 이는 바로 직관에 의해서이지, 사고나 경험을 통한 것이 아니었다. 이렇게 마조는 본성을 감지할 수 있도록 마음을 직접적으로 가리켰다.

다른 제자인 분주汾州 무업無業도 비슷한 방식으로 깨달음을 얻었다. 본디 율종 계통에 속했던 무업은 경전 공부에 조예가 깊었다. 처음 찾아온 날, 껑충한 키와 낭랑한 목소리에 반한 마조가 말했다.

"이 얼마나 멋진 부처의 절간이냐! 그 안에 없는 건 부처뿐이구나!"

이에 무업은 공손히 무릎을 꿇고 말했다.

"거칠게나마 삼승三乘의 경전을 공부하고 이해했습니다. 그런데 이따금 선종에서는 이 마음이 곧 부처라고 가르친다고 들었습니다. 저로서는 그것이 아무리 해도 이해되지 않습니다."

"이해되지 않는다고 하는 그 마음이 바로 부처인 마음이라는 것이지, 다른 건 없느니라."

여전히 깨치는 바가 없었으므로 무업은 계속 물었다.

"그렇다면 서쪽에서 오신 달마 조사께서 비밀리에 전해준 마음의 증표는 무엇입니까?"

그러자 마조가 말했다.

"자네는 아직도 쓸데없는 일에 바쁘시네. 잠깐 물러가 있다가 다음에 찾아오는 것이 어떠하신가?"

무업이 돌아서서 떠나려는 찰나에 스승이 소리쳐 불렀다.

"어이!"

무업이 고개를 돌리자, 마조가 물었다.

"이건 무엇인가?"

그 질문에 무업은 그 자리에서 깨달았다.

때로 마조는 자기 발견의 단계를 진척시키기 위해서 거친 방법에 의지하기도 했는데, 수료水潦가 찾아왔을 때가 그랬다. 수료는 마조에게 이렇게 물었다.

"달마가 서쪽에서 온 까닭은 무엇입니까?"(선에서는 흔히 이를 '불교의 근본 원리는 무엇입니까?'라는 질문과 같은 것으로 여긴다.)

대답 대신에 마조는 수료에게 절을 하라고 시켰다. 수료가 절하려고 몸을 숙이자마자 마조는 그를 밟아버렸다. 정말 신기한 일이지만, 수료는 그 자리에서 바로 깨달음을 얻었다. 몸을 일으킨 수료는 손뼉을 치면서 큰 소리로 웃더니 이렇게 말했다.

"놀랍습니다! 놀랍습니다! 수백 수천의 삼매와 무한한 묘한 이치가 깃털 하나에 그 뿌리와 연원을 두고 있다니요!"

예를 갖춰 한 번 더 절한 뒤, 수료는 물러갔다. 주지가 된 수료는 대중들에게 종종 이렇게 말하곤 했다.

"마조선사에게 밟힌 뒤로 여태까지 웃음을 그칠 수가 없어."

남은 기록으로 보자면, 마조는 육체적으로 건장했을 뿐만 아니라 놀라울 정도로 힘이 넘치는 사람이었다. 마조는 황소처럼 걷고 호랑이처럼 쏘아본다고 전해진다. 혀는 하도 길어서 코끝에 닿을 정도였다. 전해오는 책에 그가 사자처럼 포효했다는 말은 없지만, 백장이 마지막으로 깨달음을 얻는 이야기를 보면 분명히 쩌렁쩌렁한 목소리를 지녔을 것이다. 백장이 스승을 모시고 있던 중이었는데, 마조는 침상 한쪽에 걸어놓은 먼지떨

이를 바라보고 있었다. 백장은 "저렇게 쓰면 사용법에 어긋나는데"라고 말하더니 먼지떨이를 집어 똑바로 들었다. 마조 역시 "그렇게 쓰면 사용법에 어긋나는데"라고 말하자 백장은 먼지떨이를 원래대로 돌려놓았다. 순간 마조가 엄청난 고함을 질렀는데, 백장은 사흘 동안이나 귀가 멍멍했다고 한다. 이것이 바로 백장을 완전히 깨닫게 만든 고함이었다.

하지만 마조가 항상 소리를 지르고 발길질을 했다고 생각해서는 안 된다. 충격이라는 요소가 빠진 적은 한 번도 없었지만, 보통 때 마조는 훨씬 더 부드럽고 세심했다. 예컨대 높은 관직에 있는 사람이 와서 마조에게 고기를 먹고 술을 마시는 것이 옳은 일인지 물었을 때, 마조는 이렇게 대답했다.

"먹고 마시는 일은 사또가 당연히 할 수 있는 일입니다. 하지만 먹고 마시는 걸 삼가는 일은 사또가 누릴 축복입니다."

마조가 방편을 얼마나 풍부하게 사용했는지는 석공石鞏 혜장慧藏과 나눈 대화에 잘 나타나 있다. 석공은 본디 중이라면 꼴도 보기 싫어하는 사냥꾼이었다. 어느 날, 석공은 사슴 한 마리를 쫓다가 마조가 있던 절 앞을 지나게 되었다. 마조는 앞으로 나아가 석공을 만났다. 석공은 마조에게 사슴 한 마리가 지나가는 것을 보지 못했느냐고 물었다. 마조가 되물었다.

"네 놈은 누구냐?"

"사냥꾼이오."

"활 쏘는 법이나 알고 있느냐?"

"당연하지."

"화살 한 촉으로 몇 마리나 잡을 수 있느냐?"

"화살 한 촉에 사슴 한 마리씩이오."

"그렇다면 너는 활 쏘는 법을 모른다."

"그러는 스님은 활 쏘는 법이나 알고 있소?"

"당연하지."

"화살 한 촉으로 몇 마리나 잡을 수 있소?"

"한 촉의 화살이면 도망가는 놈들 다 잡을 수 있다."

그러자 석공이 목소리를 높였다.

"아니, 짐승들에게도 당신처럼 생명이 있는 법인데, 왜 도망가는 놈들을 다 잡는단 말이오?"

마조가 말했다.

"그런 것을 잘도 아는 놈이 왜 자신을 잡을 생각은 하지 않느냐?"

석공이 대답했다.

"나를 잡고 싶어도 어떻게 겨누는지를 모르오."

이에 이르러 마조가 다음과 같이 말했다.

"이 녀석, 무한수량의 억겁을 거치는 동안 무지로 인해 번뇌를 쌓아온 네가 오늘에 이르러서야 그 끈을 끊게 되었구나."

이 말에 활을 던져버리고 엎드려 절한 뒤, 석공은 머리를 깎고 마조의 제자가 되었다. 한번은 석공이 부엌에서 일하고 있는데, 마조가 무얼 하느냐고 물었다.

"황소를 돌보고 있습니다."

자기 자신을 길들이고 있다는 뜻으로 석공이 대답했다.

"그 놈을 어떻게 돌보느냐?"

마조가 물었다. 석공은 이렇게 대답했다.

"그 놈이 풀밭으로 가기만 하면 제가 사정없이 코뚜레를 잡아당깁니다."

이 말에 마조는 마음이 흡족해 이렇게 말했다.

"너야말로 황소를 돌보는 진짜 방법을 알고 있구나!"

이 같은 그들의 흥겨운 행동과 재미난 대화만으로는 선사들이 자기 뜻대로 되지 않는 본성을 다스리고 길들이기 위해 얼마나 가차 없이 열정적인 에너지를 동원했는지 상상하기가 쉽지 않다.

마조는 기회가 있을 때마다 제자들에게 맹렬해지고 대담해지라고 부추겼다. 한번은 오대五臺 은봉隱峯이 수레를 밀고 가는데, 마조가 다리를 쭉 펴고 길 위에 앉아버렸다. 은봉이 다리를 좀 굽혀달라고 말하자, 마조는 "한 번 뻗어버린 것은 다시 굽힐 수가 없다!"고 말했다. 이에 은봉이 받아쳤다.

"한 번 나아가기 시작한 것도 되돌릴 수는 없는 법이지요!"

은봉이 스승의 말을 무시하고 그냥 수레를 밀고 나가 마조는 발을 다쳤다. 마조는 손에 도끼를 들고 법당으로 돌아와 말했다.

"조금 전에 수레를 밀고 가 내 발을 다치게 한 놈은 앞으로 나서라!"

조금도 굴하지 않는 태도로 은봉은 스승에게 목을 내밀었다. 그제야 마조는 도끼를 내려놓았다.

때로 마조는 새로 온 중들과 함께 기러기 잡는 일을 즐기곤 했다. 한번은 중 하나가 마조에게 물었다.

"사구四句(불교의 변증법)와 백비百非(부정법) 없이 바로 달마대사께서 서쪽에서 오신 뜻을 가르쳐주실 수는 없습니까?"

마조가 대답했다.

"오늘은 너하고 이야기하는 것이 너무 힘들다. 그런 건 지장한테 가서 물어 보거라."

그리하여 중이 지장에게 갔더니 그는 "왜 큰스님께 여쭤 보지 않느냐?"고 했다.

"저를 스님께 보낸 사람이 바로 큰스님이십니다."

중이 그렇게 대답하자, 지장은 대답을 얼버무렸다.

"나는 오늘 머리도 좀 아픈 데다가 자네한테 뭘 말할 만한 처지가 아니네. 회해 형에게 가서 물어 보게나."

그 중은 회해에게로 가서 같은 질문을 던졌다. 이에 회해는 이렇게 말했다.

"그런 문제라면 나는 정말 할 말이 없다네."

중은 다시 마조에게로 돌아가 두 사람이 한 이야기를 들려주었다. 마조의 평가는 다음과 같았다.

"지장은 흰 모자를 쓰고 있고 회해는 검은 모자를 쓰고 있네."

'흰 모자'와 '검은 모자'는 두 도둑에 관한 옛 이야기에서 유래했다. 도둑 한 명은 흰 모자를 썼고 다른 한 명은 검은 모자를 썼다. 전하는 이야기에 따르면 검은 모자는 머리가 좋아서 흰 모자가 훔쳐 온 물건을 훔쳐 갔다. 말하자면 검은 모자가 흰 모자보다는 더 사정을 봐주지 않는 과격한 사람이라는 뜻이다. 그와 같이 백상 회해가 서당 지장보다 더 가차 없고 과격했다. 머리가 아프다는 핑계로 대답을 얼버무린 지장의 얘기를 돌려서 생각하면 머리가 아프지 않았다면 대답해 줄 수 있었다는 얘기가 된다.

반면에 모르겠다는 회해의 말은 마지막에나 할 수 있는 솔직한 대답이었다. 그의 말대로라면 사구라는 긍정적인 논리와 백비라는 부정적인 논리를 모두 뛰어넘어 거기에 대답해야만 하는데, 그렇다면 그 어떤 말로도 대답할 수 없는 것이 아닌가. 노자의 말처럼 "말로 표현되는 도는 도가 아니다."

앞에서 방온과 그의 시에 대해 언급한 적이 있다. 방온이 깨달음을 얻게 된 계기도 흥미롭다. 처음에 방온은 석두 희천을 찾아갔다. 석두는 마조 다음 가는 중요한 인물이다. 방온이 "삼라만상과 벗 삼지 않는 사람이 누구입니까?"라고 묻자, 석두는 즉시 손으로 입을 막았다. 이 행동 덕분에 방온은 선에 입문했다. 후에 마조를 찾아갔을 때, 방온은 똑같은 질문을 던졌다.

"한 번 만에 서강西江의 물을 다 마시면 그 때 내가 말해주마."

이 말에 방온은 완전히 깨달았다.

실제로는 두 선사의 마음이 같았다. 석두가 손으로 입을 가린 것은 그에 대해 말할 수 없다는 사실을 보여준 것이다. 마찬가지로 마조 역시 서강의 물을 다 마시는 게 불가능한 것처럼 절대적인 존재를 말로 표현한다는 것은 있을 수 없음을 보여 주었다. 이 사실은 석두나 마조가 공히 노장 사상에 깊이 젖어 있었음을 보여 준다. 대개 방온은 마조의 법통으로 보지만, 석두의 제자라고 해도 틀린 말은 아니다.

마조와 석두가 "천하를 양분했다"고 하지만, 두 사람 사이에 경쟁 관계 같은 것은 전혀 없었다. 두 사람이 서로 뜻을 모아 누군가를 깨친 일을 살펴보는 것도 좋겠다. 약산藥山 유엄惟儼(751~834)이 그 좋은 예다. 약산은 율종을 통해 승려 생활을 시작했으므로 경전 공부와 금욕 수행에 정통했다. 하지만 약산은 마음공부의 궁극적인 목표 지점이 거기에 있지 않다고 느끼게 되었다. 약산은 만법을 넘어서는 완전한 자유와 청정을 얻기를 갈망했다. 그런 까닭에 약산은 석두를 찾아가 조언을 부탁했다.

"거칠게나마 삼승三乘의 지식과 경전 공부의 열두 줄기를 얻었습니다. 그러다 남쪽에 가면 '사람의 마음을 직접 가리켜 본성을 알게 해 불성을 얻게 하는(直指人心 見性成佛)' 가르침이 있다는 이야기를 듣게 되었습니다. 저로서는 도무지 이해할 수 없습니다. 미천한 제게 덕을 베푸사 이를 깨치도록 해주십시오."

석두가 대답했다.

"긍정론으로도, 부정론으로도 알 수 없으며 긍정론과 부정론을 모두 동원해도 알아낼 수가 없다. 그렇다면 너는 어떻게 하겠는가?"

약산은 이런 말에 완전히 정신이 어지러울 따름이었다. 그러자 석두가 마음을 터놓고 말했다.

"너는 인연이 없어 지금 여기서는 깨칠 수가 없어. 그러니까 마조 선사를 찾아가 보게."

그 말에 따라 약산은 마조를 찾아가 예를 표한 뒤, 석두에게 던진 것과 같은 질문을 했다. 이에 마조는 다음과 같이 답했다.

"때로는 그 사람 눈썹을 치켜세우고 눈동자를 돌리게 하지만, 때로는 그 사람 눈썹을 치켜세우지도, 눈동자를 돌리게 하지도 못한다네. 또 어떤 경우에는 눈썹을 치켜세우고 눈동자를 돌리는 사람이 사실은 그 사람이 아니라네. 무슨 소리인지 알겠는가?"

이 말에 약산은 마조의 마음과 완전히 하나가 되어 이를 깨쳤다. 약산이 절을 하니 스승이 다음과 같이 물었다.

"대체 무슨 소식을 들었기에 이렇게 절을 다 하시는가?"

"석두 스님과 있을 때, 저는 꼭 구리 황소를 기어오르는 모기와 같았습니다."

이는 곧 약산이 어떤 입구도 찾지 못했다는 뜻이었다. 약산이 진짜 깨달았다는 것을 알아낸 마조는 그 깨달음을 잘 지켜 나가라고 말했다. 약산은 3년 동안 마조를 모셨다. 하루는 마조가 다음과 같이 물었다.

"요즘에는 뭘 보고 다니느냐?"

약산이 대답했다.

"털이 완전히 벗겨진 살갗이온데 거기에는 진실이라는 것이 하나밖에 없습니다."

"이제 네가 깨친 바는 가장 깊은 네 마음자리와 하나가 되었구나. 거기서부터 이제 그 깨달음이 팔다리로 퍼져 나갔도다. 이와 같다면 세 갈래 대나무 조각으로 허리를 동여매고 좋은 산에 자리를 잡고 앉아도 되겠다."

"제가 누구라고 좋은 산에 올라가 자리를 잡겠습니까?"

약산의 말에 마조가 대답했다.

"그렇지 않아! 누구나 거처 없이 여행만 할 수는 없는 법이며, 여행 없이 머무르고만 있을 수도 없는 법이다. 더 이상 나아갈 수 없는 곳에서 나아가기 위해서, 또 더 이상 행할 수 없는 일을 행하기 위해서, 자네는 다른 사람들을 위한 뗏목이나 나룻배가 되어야만 하네. 여기서 영원히 살 수는 없어."

그리하여 약산은 석두에게 되돌아갔다. 약산은 대개 석두의 법통으로 따지지만, 더 정확하게 말하자면 석두와 마조 사이의 다리와 같았다. 약산이 큰스님이 되었을 때, 그 아래에는 도오道悟와 운암雲巖이 제자로 있었다. 하루는 이 두 사람이 시중을 들고 있는데, 약산이 산에 있는 나무 두 그루를 가리켰다. 한 그루는 잘 자라는데, 한 그루는 시들고 있었다. 이에 약산이 도오에게 질문을 던졌다.

"저 나무들 중 어느 쪽이 나으냐? 잘 자라는 쪽이냐, 시든 쪽이냐?"

도오가 말했다.

"잘 자라는 쪽입니다."

"놀랍도다! 사방에 휘황한 불빛이 들어차 모든 것들이 빛을 발하는 구나!"

그러고 나서 약산은 운암에게 같은 질문을 던졌다. 운암은 이렇게 대답했다.

"시든 쪽입니다."

"놀랍구나! 무색의 정결함 속으로 모든 것들이 사라지고 있구나!"

바로 그때 한 중이 그 앞을 지나갔는데 약산은 그에게도 같은 질문을 던졌다. 그 중은 이렇게 대답했다.

"잘 자라는 쪽은 잘 자라는 대로, 시든 쪽은 시든 대로."

그러자 약산이 도오와 운암 쪽으로 얼굴을 돌리고 "그게 아니야! 그건 아니야!"라고 말했다. 이것이 바로 여행 없이 머물러서도 안 되고 거처 없이 여행해서도 안 된다고 약산에게 가르쳤던 마조의 방법이자 정신이 아닐까? 사실 마조, 석두, 약산은 노자와 그 생각을 같이한 것으로 보인다. 예컨대 이런 구절이 있다.

> 앞으로 나아갈 때가 있으면 뒤로 물러설 때가 있다. 或行或隨
> 호흡을 늦출 때가 있으면 호흡을 빨리 할 때가 있다. 或歔或吹
> 힘차게 자랄 때가 있으면 시들 때가 있다. 或强或羸
> 일어설 때가 있으면 누울 때가 있다. 或挫或隳

육조 혜능처럼 마조는 제자들의 마음을 물질세계에서 형이상학적 세계로, 상대성의 영역에서 절대성으로, 사물들의 세계에서 무한한 공空으로 이끌기 위해 양극단을 사용하는 데 정통했다. 긍정을 이용하느냐 부정을 이용하느냐는 질문하는 사람들에 따라서 그때그때 결정되었다. 하지만 마조가 분명하게 말하는 일은 전혀 없었다. 마조의 말은 항상 듣는 사람들의 궁금증을 자극했다. 죽기 전까지 병석에 누워서도 그는 수수께끼 같은 말을 내뱉었다. 누군가 좀 어떠냐고 묻자 마조는 다음과 같이 대답했다.

"해 얼굴 부처님이나 달 얼굴 부처님이나."

그러니까 불교 설화에는 해 얼굴 부처님(日面佛)은 오래 살지만, 달 얼굴 부처님(月面佛)은 하루밤낮을 산다고 한다. 마조가 말하려고 했던 뜻은 아마도 자기 본성을 발견한 사람에게는 오래 살거나 일찍 죽거나 그다지 큰 차이가 없다는 이야기인 듯하다.

장자는 해 얼굴 부처의 중국 쪽 버전이랄 수 있는 팽조彭祖만큼 일찍 죽은 사람이 없고, 달 얼굴 부처의 중국 쪽 버전이랄 수 있는 상자殤子만큼 오래 산 사람이 없다고 말한 바 있다. 마조의 이야기를 장자가 들었다면 빙긋 웃었을 것이다.

마지막으로 감동적인 일화 하나를 소개하는 것으로 마조에 대한 이야기를 끝맺고자 한다. 이 이야기는 비록 마조가 세상과 모든 인연을 끊었으나 마음 깊은 곳에는 인간적인 것이 남아 있었음을 보여준다. 이야기에 따르면 마조는 고향 마을을 잠시 방문해 사람들에게 따뜻한 환대를 받았다고 한다. 그런데 옆집에 살았던 노파가 이렇게 말했다.

"동네에 난리가 났기에 대단한 분이 오셨는가 했더니만, 청소부 마馬가네 꼬마 녀석이잖은가!"

이 말에 마조는 약간 우습기도 하고 진지하기도 한 시를 즉석에서 지었다.

그대여, 고향만은 돌아가지 말게나	勸君莫還鄕
고향 돌아가도 이루기 어려우나니	還鄕道不成
계곡 옆에 사는 이 할머니	溪邊老婆子
여전히 옛 이름으로 나를 부르네	喚我舊時名

거기서 강서 지방으로 돌아와 50여 년을 산 마조는 80세를 일기로 숨을 거두었다.

선악을 넘어서

백장과 황벽

앞에서 이미 백장의 〈백장청규百丈淸規〉에 관해 살펴본 바 있다. 백장 회해(720~814)가 정리한 원래의 규칙은 전해오지 않아 현재 한역대장경 안에 들어 있는 〈백장청규〉는 1282년 원나라 때의 승려인 백장百丈 덕휘德輝가 지은 것이지만, 백장 회해의 원래 규칙에 큰 영향을 받은 것이 틀림없다. 이 규칙은 선원禪院 조직을 위해서는 처음으로 마련된 것이다. 도덕률에 대한 강조나 그 사실성에서 〈백장청규〉는 〈성 베네딕트의 규범the Holy Rule of St. Benedict〉에 비견할 만하다. 거기에는 주지승과 그 아래 다양한 직책을 맡은 승려들이 해야 할 일들이 꼼꼼하게 규정되어 있다. 승려들의 일상생활 역시 세세한 부분까지 규칙으로 만들어 놓았다. 특히 계를 받는 의식과 농사짓는 의무에 관한 세규가 눈에 띈다. 출가해서 중이 되려면 누구니 먼저 다음의 다섯 가지 계율을 지키겠다는 서약을 해야 한다.

살생을 하지 않는다.	不殺生
음란한 죄를 짓지 않는다.	不邪淫
훔치거나 뺏지 않는다.	不偸盜
속된 말과 거짓말을 하지 않는다.	不妄言
술을 마시지 않는다.	不飮酒

이상의 오계五戒는 "도의 길 혹은 바른 길로 들어가는 첫 번째 조건"이라고 한다. 그러나 계를 받은 승려가 되기 위해서는 앞의 다섯 가지 도덕 계율에 더해 다섯 가지 '청규清規'를 지키겠다는 서약을 한 번 더 해야만 한다. 이 다섯 가지 청규는 다음과 같다.

- 높고 너른 침상에는 앉지도 눕지도 않는다.
- 머리에 꽃이나 보석 장식을 하지 않으며 몸에 향수를 바르지 않는다.
- 광대처럼 노래하고 춤추지 않으며 앞장 서서 연회를 구경다니지 않는다.
- 금이나 은과 같은 금붙이를 보관하지 않는다.
- 식사 시간이 아닌 때에 먹지 않는다.

앞의 다섯 가지와 합쳐서 '청정한 열 가지 맹세'라고 부르는 이 두 번째 맹세까지 거친 후에야 머리를 깎는 일이 허락된다. 이를 통해서 완전한 비구가 되는 것이다.

그러나 〈백장청규〉가 선원 관리 체계에 도입한 가장 독특한 특징은 농사짓는 의무인데, 주지를 포함해 모든 사람들이 이 의무를 지켜야 한다. 〈백장청규〉가 나오기 전까지 승려들은 생산 활동에 종사하지 않는 것으로 여겨졌다. 승려들은 오로지 탁발로만 먹을 것을 마련했다. 본디 인도의 불교에서는 땅을 경작하는 것을 금지했는데, 이는 괭이질을 하면서 땅을 갈게 되면 벌레와 곤충들을 다치게 하거나 죽일 수 있었기 때문이었다. 인도와 같은 열대지방에서는 과일과 야자 등으로 연명할 수 있었기 때문에 이런 규율이 가능했다.

실용 정신으로 가득한 백장은 탁발에 의존해야만 한다는 생각에 반기를 들었다. 왜 팔다리가 멀쩡한 승려들이 백성들의 땀과 노동에 기생해서 살아야 한단 말인가? 이런 생각에서 백장은 모든 승려들에게 날마다 시간을 내어 황무지를 개간하고 밭을 일궈 자신의 노동으로 먹고 살아야 하며, 탁발은 부차적인 것이라고 말했다.

더 나아가 백장은 거둬들인 농작물에는 백성들과 마찬가지의 세율이 부과되어야 한다고 주장했다. 이는 매우 혁명적이라 처음에는 보수적인 불교 승려들에게 많은 비난을 들었다. 하지만 위대한 개혁가들이 늘 그렇듯이, 그는 불굴의 정신으로 주장을 밀어붙였고 큰 선원의 주지인 그가 가장 일을 많이 하게 되었다. 그가 가장 좋아했던 말은 "하루 일하지 않으면 하루 먹지 않는다(一日不作 一日不食)"였는데, 이는 모든 종단의 승려들이 매우 잘 아는 말이기도 하다.

백장은 94세까지 살았다. 그의 마지막에 관해서는 감동적인 이야기가 전해온다. 그의 나이를 염려한 제자들은 이제 손에서 일을 놓으라고 간청했지만, 백장은 그 말을 들으려고도 하지 않았다. 그래서 제자들은 연장을 치워버렸다. 찾아 나섰지만, 어디에서도 연장을 발견할 수 없게 되자, 그는 제자들이 연장을 다시 내놓을 때까지 곡기를 끊어버렸다고 한다.

백장으로서는 그렇게 멀리까지 내다보지 못했겠지만, 역사적으로 볼 때, 이러한 백장의 건전한 개혁은 참으로 중요했다. 백장은 814년에 죽었다. 840년대에 중국의 불교는 그 역사에서 최악의 타격을 받고 다시는 예전의 영광을 되찾지 못했다. 814년에서 847년까지 다스린 당 무종武宗은 외래 종교를 일소하려고 들었다. 845년의 칙령에 나오는 아래와 같은 구절에서 알 수 있다시피 이 가혹한 박해의 주요한 원인은 경제적인 문제였다.

경작하지 않는 남자가 하나 있으면 굶주리는 남자가 하나 생기며, 길쌈 하지 않는 여자가 하나 있으면 덜덜 떠는 여자가 하나 생긴다. 나라에 무수히 많은 비구와 비구니들이 먹을 것은 농사에 기대고 입을 것은 양잠에 의지한다. 승원과 절은 셀 수가 없는데, 그 고상하고 아름다운 장식 덕분에 그 장엄함이 궁궐을 넘볼 정도다. 진晉, 송宋, 제齊, 양梁 등의 나라가 재력에서 쇠하고 윤리가 약해진 것도 모두 이들 때문이다.

당 전체를 통틀어 적게 잡아도 4천6백 개의 승원과 4만여 개의 사찰과 암자가 파괴되었다. 최소한 26만 5백여 명의 비구와 비구니가 환속

당하고 절에 딸린 15만여 명의 노비들이 국가에 귀속되었다.

하지만 놀라운 것은 불교의 모든 종단 중에서 선종만이 이 대재난에서 살아남아 왕조의 변천에도 불구하고 왕성한 활동을 보였다. 진관승陳觀勝 박사가 예리하게 지적했듯이 선종이 살아남을 수 있게 된 데에는 다음의 두 가지 이유가 크게 작용했다.

우선 선종은 경전, 불상 등을 비롯한 종교의 외형적인 것들에 의존하지 않기 때문에 그런 외형적인 것들이 파괴된 뒤에도 활동을 계속해 나갈 수 있었다. 또 하나, 선종에는 모든 승려가 매일 생산 활동에 종사해야 한다는 규칙이 있었기 때문에 사회에 기생한다는 혐의에서 벗어날 수 있었다. 이런 규칙을 만든 사람이 바로 백장 회해(720~814)로 노년에 밭에서 일하겠다고 고집을 부린 선사다.

하지만 장기적인 시야를 가지고 승단 조직을 바꾼 사회학적인 의미의 개혁가로 백장을 평가하는 것은 피상적인 일이다. 몸을 쓰는 노동을 계속하겠다는 백장의 주장에는 심오한 정신적 의미가 담겨 있었고 인류의 공통된 운명과 함께한다는 내밀한 감각이 숨어 있었다. 백장이 보기에는 초월에 대한 일방적인 관심은 이 세계를 둘로 나눠놓을 수 있었다. 그가 바라보는 세계에는 인과관계로 구성되는 현상세계도 있었지만, 그 너머도 포함되어 있었다. 이런 관점을 빌리자면, 여전히 신비하긴 해도 백장이 늙은 여우를 깨달음으로 이끌었다는 이야기도 충분히 이해할 수 있다. 얘기에 따르면 백장이 설법을 하기 위해 단상에 올라가기만 하면 이름을 알 수 없는 노인이 중들을 따라 법당에 들어와 설법을 들었다고 한다. 하루는 모든 사람들이 물러간 뒤에도 그 노인은 떠나지 않고 있었다. 백장은 그에게 누구냐고 물었다. 노인은 이렇게 대답했다.

"나는 사실 인간이 아닙니다. 옛날, 그러니까 마하가섭 존자가 살던 아주 오랜 옛날, 저는 이 산의 주지였습니다. 그때 어느 학인學人이 제게 덕이 높은 사람도 인과법칙에서 벗어나지 못하느냐고 물었는데, 저는 '그런 사람은 인과법칙을 따르지 않는다'라고 대답했습니다. 이 대답이 원인이 되어 저는 여우의 몸으로 오백 생을 살아 왔습니다. 이제 스님께 바라옵건대 제가 여우의 몸에서 벗어날 수 있도록 한 말씀만 해 주소서."

백장이 말했다.

"먼저 질문을 해 보시오."

노인은 그 학인의 질문을 다시 백장에게 던졌다. 이에 백장이 답했다.

"그런 사람은 인과법칙을 무시하지 않소."

이 말에 그 노인은 완전히 깨치게 되었다. 예를 갖춘 뒤, 노인은 선사에게 말했다.

"이제 저는 여우의 몸에서 벗어났습니다. 저는 산 저쪽에서 살고 있습니다. 간청하옵건대 저를 승단의 장례 예법에 따라 묻어 주십시오."

백장은 선원의 일을 보는 중을 불러 식사 후에 장례를 치를 테니 다들 모일 수 있도록 전하라고 말했다. 그간 앓던 사람은 아무도 없었기 때문에 다들 어리둥절했다. 식사를 마친 뒤, 백장은 그들을 이끌고 산의 반대편에 있던 동굴로 갔다. 거기에는 여우의 사체가 있었다. 백장은 예법에 맞게 다비식을 치르라고 일렀다.

같은 날 저녁 법회 시간에 백장은 중들에게 그 이야기를 들려 주었다. 이에 황벽黃蘗이 물었다.

"그 옛날 주지의 경우에는 단 한 번 잘못된 대답이 원인이 되어 오백 생 동안 여우의 몸으로 떨어졌습니다. 그러면 올바른 대답을 수없이 많이 한 주지가 있다면 어떻게 되는 것입니까?"

백장이 말했다.

"가까이 오면 이야기해 주마."

황벽은 곧장 앞으로 다가가더니 느닷없이 스승의 뺨을 쳤다. 스승은 손뼉을 치면서 웃음을 터뜨렸다.

"이 녀석, 오랑캐에 붙은 붉은 수염인 줄 알았더니만, 붉은 수염을 지닌 오랑캐였구나."

여우와 관련한 이 이야기를 곧이곧대로 받아들이기는 곤란하지만, 그 뜻은 분명하다. 완전히 깨달음을 얻은 사람은 인과 법칙이 다스리는 현상 세계를 무시하지 않는다. 그런 사람은 변하지 않는 초월세계를 보는 동시에 끊임없이 변하는 현상세계도 같이 본다. 도는 이 두 세계 어디에도 속하지 않기 때문에 두 세계 모두를 파악한다. 장자의 말을 빌자면, "극단에 치우치지 않고 양면을 모두 살피는 참된 현자는 도의 빛으로 두 극단을 모두 본다. 이를 가리켜 한 번에 두 길을 따른다고 한다.(是以聖人和之以是非, 而休乎天鈞, 是之謂兩行)" 한 번에 두 길을 따르는 것만이 일원론과 이원론을 넘어서는 유일한 길이다. 장자도 다음과 같이 밝혔다.

하늘에만 매달린다면
땅에 대해서는 무엇을 알겠는가?
하늘과 땅은 서로 연결되어 있으니,
하나를 알려면 다른 하나를 알아야만 한다.
하나를 피하면 둘 모두를 피하는 셈이다.
나쁜 것은 모두 피하고
옳은 것에만 매달린다면
무엇에 빗대어 옳은 것을 옳다고 할 것인가?
그래도 할 수 있다고 든다면
그건 사기꾼, 아니면 미친 놈.

    여우가 무슨 잘못을 했는지 알아맞히기는 쉽다. 하지만 만약 백장이 자신의 답변이 말로 표현할 수 없는 세계에 대한, 유일하고도 충분한 대답이라고 생각했다면 여우의 잘못보다 작을지는 몰라도 그만큼 심각한 잘못이었을 것이다. "그러면 올바른 대답을 수없이 많이 한 주지가 있다면 어떻게 되는 것입니까?"라는 황벽의 질문에 숨은 날카로운 의미가 여기서 발견된다. 황벽에게 가까이 오라고 할 때, 백장은 모든 긍정과 부정의 구분을 뛰어넘는 '참된 나', 궁극의 현실을 일러주기 위해 황벽의 따귀를 때릴 생각이었음에 틀림없다. 하지만 스승이 따귀를 때리기를 기다리는 대신 황벽은 잽싸게 스승의 따귀를 때림으로써 바로 그것을 정확하게 가리켰다. 백장으로서는 웃지 않을 수 없는 일이었다. 백장은 황벽이 여태 구분 짓는 세계에 있다고 생각했다가 기쁘게도 이를 초월했다는 사실을 알게 된 셈이다. "오랑캐에 붙은 붉은 수염"이란 현상에 매달리는 일이다. 결국 중요한 것은 붉은 수염이 아니라, 오랑캐였다!

한 번은 중이 찾아와 백장에게 이렇게 물었다.

"누가 부처입니까?"

백장은 질문을 다음과 같이 받아쳤다.

"누가 너냐?"

모순과 장애 없이 세계의 안과 밖을 자유롭게 움직이려면 자기 자신이 되는 수밖에 없다. 자신의 참 본성을 발견한 뒤에는 갖은 이기적인 생각으로 가득한 작은 '나'에서 자유로워진다. 왜냐하면 참된 본성은 세계와 하나가 되어 삼라만상을 껴안기 때문이다. 이런 상태에 들게 되면 세상에 머무는 일 없이 이 세상에서 일하며 살 수 있다. 행복만을 좇는 고립적이고 자기만 아는 사람이 아니라 명상에 잠기는 은둔자가 될 수 있다.

이런 예를 우리는 황벽黃檗 희운希運(?~850)의 흥미로운 일화에서 살펴볼 수 있다. 황벽은 어린 나이에 중이 되었다. 한번은 천태산天台山을 여행하다가 기이한 중과 마주쳤다. 그 중은 마치 황벽의 오랜 친구라도 되는 양 말을 트고 농담을 건넸다. 하루는 두 사람이 함께 걸어가다가 불어난 개천을 만나게 되었다. 그 중은 황벽에게 함께 건너가자고 했다. 황벽은 건너가고 싶지 않았기 때문에 이렇게 말했다.

"노형! 건너가고 싶다면 혼자서 가 보시오."

중은 딱딱한 땅 위를 걷는 것처럼 물 위를 걸어가다가 고개를 돌리고 황벽에게 말했다.

"따라오라니까, 따라와!"

황벽이 말했다.

"빌어먹을, 이 혼자서 다 해먹는 놈아! 미리 알았더라면 그 놈의 정강이를 분질러 버렸을 텐데."

그 중은 이런 반응에 감동을 받은 듯 이렇게 말했다.

"자네야말로 진정한 대승의 그릇이네! 나는 자네 상대가 아니야."

그리고 나서 그는 사라졌다.

모든 선사가 그렇지만, 황벽에게도 '혼자서 다 해먹는 놈'은 진정한 자기 것을 얻지 못한다. 그런 사람은 마음이 닫혀 오직 자기가 아는 행복만을 추구한다. 하지만 그럼에도 진정한 행복을 얻지는 못하는데, 그 까닭은 '참 사람'이 되는 일 자체가 진정한 행복이라는 것을 알지 못하고 열심히 노력하면 얻을 수 있다는 듯이 자기 바깥에서 행복을 찾아 헤매기 때문이다. 실제로는 헛것을 좇고 있는 것에 불과하다.

황벽은 궁극의 진리를 마음, 즉 하나의 마음(一心)으로 상상했다. 이 마음으로부터 눈에 보이는 모든 것과 눈에 보이지 않는 모든 것들이 만들어졌다. 참된 지혜가 여기에서 샘솟는다. 우리 모두의 내면에서는 쉬지 않고 이런 지혜가 샘솟고 있건만 우리는 늘 바깥의 것들을 쫓아다니면서 작은 '내'가 깃들기 딱 좋도록 말도 안 되는 구별하기와 완고한 관념들로 정신이 하나도 없다. 그런 까닭으로 우리 내면의 샘에서는 지혜가 솟구치지 않는다. 황포가 지적한 바와 같이, "도를 닦는 사람이 이 근본적인 마음을 깨닫지 못하면 그 마음을 가리고 작은 마음을 만들어 바깥에 있는 부처를 찾아 나서겠다고 덤비며, 마음공부를 하면서도 외형과 관례에서 벗어나지 못하게 된다. 이 모든 것은 잘못된 길이니 최상의 깨달음에 이를 수 없다. 이 세상에 있는 모든 부처에게 기도하고 예불한다고 해도 한 명의 마음 버린 도인을 따르는 것만 못하다." 다시 말해서 자기 안에 있는 근본 마음을 얻고자 한다면, 작은 마음으로 행하는 교활한 책략에서 벗어나거나 소중하게 여겨서는 안 된다. 왜냐하면 그런 마음 때문에 우리는 참된 지혜의 근원을 보지 못하기 때문이다. 그러므로 황벽이 우주적인 마음을 논할 때, 이는 곧 마음 없음(無心)을 뜻한다. 작은 마음을 없애야만 우리는 큰마음에 이를 수 있다.

황벽이 이해한 바대로 우주적인 마음을 일상의 말로 표현하자면 무심이 되어 우주적인 마음은 형상에 집착하지 않게 된다. 그리하여 '선'과 '악'의 이분법을 넘어서게 된다. 왜냐하면 황벽이 말한 것과 같이 "좋은 행동을 하려고 들거나 나쁜 행동을 하려고 드는 일은 마찬가지로 형상에 대한 집착을 뜻한다." 곧 우리의 본래 불성과 다를 바 없는 우주적인 마음이 우리 안에 있다는 사실을 깨닫는 것이 가장 중요하다. "비어 있으나 어디에나 존재하지 않는 곳이 없으며 고요하고 청정하다. 영광되고 신비로운 평화라고밖에는 설명할 방법이 없다. 스스로 깨쳐 그 깊이를 헤아려야만 한다."

"마음공부로 깨친 본성은 허공과도 같아 시작도 끝도 없고, 태어나거나 죽지도 않으며, 존재하거나 존재하지 않는 것도 아니고, 더럽거나 정결한 것도 아니다. 시끄럽거나 조용하지도 않고, 늙었거나 젊지도 않으며, 자리를 차지하고 있지도 않다. 또한 안도 바깥도 없고 크기도 형태도 없으며 색깔도 소리도 없다."

한 마디로 말하자면 그 마음은 모든 속성을 초월한다. 그러므로 언어로 전달할 수 없고 다만 직관으로만 파악해야 한다. 스승은 시간이 무르익었다고 판단될 때만 제자의 직관을 일깨우기 위해 말과 행동을 사용한다. 이런 일이 일어나면 거기에는 제자와 스승 사이에 묵언의 이해가 오가게 된다. 이것이 바로 '이심전심以心傳心'이다.

장자와 마찬가지로 황벽도 좋은 것과 나쁜 것의 구분을 뛰어넘고자 하는 갈망을 방종과 부도덕을 부추기는 일과 혼동하지 않았다. 도인은 좋은 것을 대상으로 보지 않는다. 도인은 선善이란 자신 안에 있는 지혜의 샘에서 저절로 솟구치는 개울이라고 생각한다. 도인은 기회가 있을 때마다 이를 베풀지만 그 기회가 다하면 고요히 머문다. 좋은 일을 하면서도 도인에게는 공적을 쌓으려는 속셈이 조금도 없다. 그의 본성이 그 자체로 충만해 부족함이 없다는 것을 알기 때문이다.

육바라밀을 비롯한 숱한 실천 행위에서 비롯한 공덕 쌓기에 대한 황벽의 입장은 공자의 제자들이 강조한 윤리적인 삶의 계발에 대한 장자의 입장과 궤를 같이한다. 황벽은 점진적인 나아감(점수)에 맞서 갑작스런 깨달음(돈오)을 열렬히 옹호했다. "불성을 얻으려는 목적으로 육바라밀과, 그와 유사한 행동들을 실천하는 일은 단계에 따라 나아가려고 드는 일인데, 부처는 늘 존재하는 것이기에 특정 단계의 부처라는 것이 없다. 우주적인 마음을 깨쳐야 할 뿐이며 얻을 수 있는 것은 무엇도 없다는 것을 알아야 한다. 이것이 바로 진짜 부처다. 부처와 모든 중생들은 오직 우주적인 마음으로 통할 뿐이다." 전통적인 유교에 대한 장자의 비판만큼이나 이런 견해는 전통적인 불교에 혁명적으로 반한다. 장자에 대한 글에서 토마스 머튼은 다음과 같이 썼다.

장자가 유교에 대해 반대했다면, 이는 낮은 차원의 반발, 예컨대 사람을 지치게 하는 갖은 의무에 얽매이고 싶지 않은 마음에서 비롯한 동물적인 자유를 옹호하는 것이 아니라 완전히 고차원적인 반발이다. 서구인들의 눈에 일견 도덕 초월론처럼 보이는 장자와 선사들의 말과 행동을 이해하는 데 이는 매우 중요한 점이다. 장자는 인仁과 예義를 낮추어 보는 것이 아니라 높여서 본다. 장자는 근본까지 미치려고 들지 않는다는 점 때문에 유교를 비판한다. 유교를 통해 품행이 방정한 관리들, 진짜 교양인들이 배출될 수는 있다. 하지만 그럼에도 유교는 규정된 외적 이름으로 그들을 제한하고 그 안에 가둔다. 그 결과 그들은 끊임없이 변화하는 상황 속에서 자유롭고도 창의적으로 반응할 수 없게 된다.

내가 아는 한, 이 점에 대해 토마스 머튼만큼 공정하고 핵심적으로 관찰한 사람은 없다. 이는 선과 노장사상에서도 마찬가지다. 한 가지 덧붙이고 싶은 것은 머튼 신부가 유학자들에 대해 이렇게 말했다고 해서 말년에 이르러 사물에 대한 시야나 그 행동이 놀랄 만큼 자연스러웠고 유연했던 공자에 대해서까지 그렇게 생각해서는 안 된다는 점이다.

황벽에게 독창성이 없다는 이야기는 아니지만, 황벽과 장자의 생각은 서로 닮았다. 두 사람은 모두 절대적인 것에 대해 얘기했으나 황벽은 이를 우주적인 마음이라고 했고 장자는 이를 도라고 불렀다. 사상이 매우 깊었고 신비주의에 정통했던 두 사람이 절대적인 것을 바라보는 데에 서로 달랐다면 그것이 오히려 이상한 일이다. 루이스브뢰크 Ruysbroeck, 십자가의 성 요한 St. John of Cross, 마이스터 에크하르트 등 서양의 신비주의자들도 위대한 선사와 도인들과는 놀랄 만큼 비슷한 생각들을 피력했다.

선의 역사를 통해 살펴보자면 그 견해가 명확했다는 점뿐만 아니라 그의 강한 개성과 철저한 방법이 임제와 임제종에 강한 영향을 끼쳤다는 점에서 황벽은 중요하다. 사나움이라고 할 수는 없지만 그에게는 불같은 성미가 있어 스승인 백장은 황벽을 호랑이에 비유하기도 했다. 하루는 일하고 돌아오는 황벽에게 백장이 어디 갔었느냐고 물었다. 황벽은 대웅산 기슭에서 버섯을 땄다고 대답했다. 백장은 다시 물었다.

"거기서 호랑이를 본 건 아니고?"

그러자 황벽은 호랑이처럼 으르렁거렸다. 스승은 그 호랑이를 잡겠다는 듯이 도끼를 빼들었다. 그러자 황벽이 스승의 뺨을 쳤다. 백장은 기분 좋게 웃으며 자기 방으로 돌아갔다. 법회 시간에 백장이 승려들에게 알렸다.

"대웅산 기슭에 가면 호랑이가 한 마리 있다. 그러니까 조심해서 다녀야 한다. 나는 오늘 벌써 물렸다."

이는 황벽에게서 자기 법통을 물려줄 만한 사람됨을 발견했다는 말을 돌려서 한 셈이다.

한 번은 황벽이 염관鹽官 선사를 찾아갔다. 먼저 법당에 들어가 불상에 절을 올리는데, 사미승이 그를 꾸짖으며 말했다.

"도를 구하는 우리 같은 처지에는 부처에도, 불법에도, 승단에도 집착하지 말아야 합니다. 그런데 스님께서는 무엇을 얻고자 하시기에 이런 예불을 드리고 있는 것입니까?"

황벽이 말했다.

"나도 부처나 불법이나 승단 어디에도 집착하지 않소. 다만 통상의 예를 표하고 있는 것이지요."

"예가 무슨 소용입니까?"

그러자 황벽이 사미승을 후려갈겼다.

"촌스럽게 왜 이러십니까?"

사미승이 말하자, 황벽이 되쏘아붙였다.

"여기 앉아서 '촌스럽다' 느니 '멋있다' 느니 해서 네 놈은 뭘 구하려는 게냐?"

그리고 나서 황벽은 사미승을 한 대 더 때렸다. 그 사미승이 훗날 불교를 탄압했던 무종의 뒤를 이어 847년에 즉위한 선종宣宗이라는 것을 알면 다들 깜짝 놀랄 것이다.

황벽의 제자 중에는 배휴裵休라는 훌륭한 거사가 있었다. 배휴는 선종 아래에서 몇 년간 정승을 지내기도 한 학자이자 정치가였다. 배휴는 독실한 불교 신자였다. 한 번은 작은 불상을 사 와서는 황벽 앞에 무릎을 꿇고 그 불상에 이름을 지어 달라고 했다. 황벽이 말했다.

"배휴!"

"예, 스님!"

"난 벌써 자네한테 이름 주었네!"

황벽이 말했다.

한 번은 배휴가 불교에 대한 나름대로의 생각을 밝혀 황벽에게 건네 수었다. 황벽은 그것을 거들떠보지도 않고 한쪽에 던져 놓았다. 황벽은 오랫동안 침묵을 지키고 있다가 문득 배휴에게 물었다.

"알겠는가?"

배휴가 대답했다.

"알고 모르고 할 것이 없습니다."

"이런 식으로 알아먹겠다고 한다면 조금밖에 몰라. 종이와 먹으로 설명할 수 있는 것들이 우리 선종의 가르침과 무슨 관계가 있겠는가?"

하지만 배휴의 성실함 덕분에 우리는 지금도 황벽의 《전심법요傳心法要》와 《완능록宛陵錄》을 읽을 수 있다. 《완능록》에는 황벽이 배휴를 비롯한 제자들과 나눈 대화가 담겨 있다. 이 책은 의미심장하게도 공안公案이 깨달음으로 가는 한 방법이라는 것을 특히 강조하면서 끝난다. 이는 선이라고 하면 누구나 떠올리는 공안이라는 특별한 방법이 황벽에게서 나왔음을 보여준다. 황벽은 모든 중들에게 선이란 생사를 건 싸움이므로 가볍게 여겨서는 안 된다고 강조했다. 다음은 이 책에 실린 그의 사상을 집약한 부분을 옮긴 것이다.

사내다운 결단력을 지닐 만큼 다 자란 사람이라면 응당 공안을 따져보는 일에 기대야만 한다. 예컨대 개에게도 불성이 있느냐는 물음에 "없다(無)!"고 말한 조주趙州의 답을 생각해보자. 이 '무' 하나를 붙잡고 밤낮없이 쉬지 않고 생각해야만 하느니라. 걷는 동안에도 쉬는 동안에도 앉아 있거나 잠자는 동안에도, 옷을 입거나 밥을 먹거나 의자에 앉아 있거나 오줌을 누는 동안에도 이를 붙들고 있어야 한다. 마음에서 움직이는 모든 생각을 거기에만 맞추고 맹렬하게 정신을 집중시켜 '무' 그 한 글자를 절대로 놓치지 말아야 한다. 그렇게 날이 가고 달이 지나면 그저 깨어서 흘러가는 마음 하나만이 남게 될 것이다. 그러다가 갑자기 단숨에 마음이 터져나고 모든 부처와 조사들의 첫 마음을 알아차리게 된다. 너무나 확고한 깨달음이라 이제 그 어떤 노승의 입 발린 소리라고 하더라도 거기에 당할 리가 없으며 크게 열린 입에서는 위대한 진리가 넘쳐 흐르게 된다. 서쪽에서 달마가 올 때는 바람이 없는데도 파도가 일었다는 것을, 또한 부처가 꽃을 들어 보인 이유도 이제 무위로 돌아갔다는 것을 깨닫게 될 것이다.

이 경지에 이르면 염라대왕은 말할 것도 없거니와 그 어떤 성스러운 존재들도 그대를 어찌하지 못한다. 그런 상상도 하지 못할 놀라움이 있으리라고 누가 생각이나 했겠는가? 하지만 정신과 마음이 그에 이른 사람은 하지 못할 일이 없다.

황벽은 다음과 같은 시로 대화를 마무리했다.

누구나 먼지 낀 세상에서 멀찌감치 떨어질 수는 없는 일
塵勞迥脫事常

밧줄의 끝을 꽉 움켜쥐고 온 마음으로 매달려야만 한다
緊把繩頭做一場

뼛속 깊이 스미는 한때의 추위를 견디지 않고
不是一番寒徹骨

어찌 코를 찌르는 매화 향내를 기쁜 마음으로 즐길 수 있으랴
爭得梅花撲鼻香

내가 받은 인상으로는, 제대로 살려면 우리의 삶 자체가 반드시 거쳐야만 하는 거대한 공안이라고 위대한 선사들은 여기는 것 같다. 매순간 살아 있는 사람에게는 하찮은 일상도 정말 놀라운 일들의 연속으로 바뀐다. 어느 중이 백장에게 세상에서 제일 놀라운 일이 무엇이냐고 물었을 때, 백장은 다음과 같이 대답했다.

"대웅산에 나 홀로 가만히 앉아 있는 일이지."

이런 경지를 이해하려면 마음공부가 아주 깊어야만 한다. 명상을 통해 이를 이해하거나, 혹은 직관적으로 바로 이해한다고 해도 둘은 크게 다르지 않다. 하지만 온몸으로 이를 깨닫는 일은 완전히 다르다. 완전히 죽어보지 않는다면 완전히 살아 있을 수도 없다. 말이야 쉽지만 이렇게 행하는 것은 참으로 어렵다. 우리는 갖은 모순에 둘러싸인 데다가 하나 같이 고집불통이기 때문이다. 여기서 장자의 다음과 같은 말을 마음에 새기지 않을 수 없다.

열망의 샘이 깊어지면 하늘의 샘은 말라간다.
其嗜欲心者 其天機淺

《장자》를 읽다보면 공안의 원형이라고 할 만한 문장들을 자주 만나게 된다. 그에 해당하는 예를 찾아보자. 한 번은 도를 구하기 위해 열심인 초심자가 노자를 찾아왔다. 노자는 보자마자 그에게 물었다.

"네가 데리고 온 이 사람들은 누구냐?"

제자는 주위를 둘러보았다. 거기에는 아무도 없었다. 혼란에 빠진 구도자에게 노자가 말했다.

"아직도 모르겠느냐?"

하지만 구도자는 더 어리둥절할 뿐이었다. 그러자 노자는 무엇 때문에 고민하는지 말해 보라고 한다. 구도자는 다음과 같이 말한다.(토마스 머튼의 번역본을 따른다.)

내가 모를 때, 사람들은 저를 바보로 취급합니다.
내가 알 때, 아는 것이 화근이 되어 일이 생깁니다.
좋은 일을 하지 못하면 다른 사람에게 해를 끼칩니다.
좋은 일을 하면 내가 해를 입습니다.
할 일을 다 하지 않으면, 무책임해집니다.
할 일을 다 하면 건강이 나빠집니다.
이런 모순에서 어떻게 하면 벗어날 수 있습니까?
묻고 싶은 것은 바로 이것입니다.

노자가 대답했다.

조금 전에 나는 자네 눈동자를 들여다보았네.
자네가 갖은 모순들에 둘러싸였다는 것을 알겠네.
자네 말이 또 그것을 이야기하고 있네.
아버지와 어머니를 잃은 아이처럼
자네는 죽을까봐 겁이 나는구먼.

육 척짜리 막대를 들고서는
바다 한가운데의 깊이를 재려고 드는군.
모든 것을 다 잃고서
자기 본성으로 돌아갈 길을 찾아
안간힘을 쓰고 있구먼.
하지만 무슨 소리인지 알 수 없도록
사방팔방을 가리키는 표지판만 있으니 별무소용.
가련하다.

그 구도자는 자신을 받아달라는 청을 올려 방을 하나 얻은 뒤, 거기서 명상에 들어갔다. 마음을 닦기 위해서 그는 바람직한 생각을 모으고 자신이 싫어하는 다른 것들은 머릿속에서 털어냈다. 그렇게 열흘을 보냈으나 절망뿐이었다! 노자가 말했다.

비참하도다!
사방이 다 막혔도다!
완전히 꽁꽁 묶였도다!
매듭을 풀려고 애쓰고 있도다!
자네의 장애물이 바깥에 있다고 치면
하나하나 붙잡아 날려버리려고 해서는 안 되네.
절대로 안 되네!
무시하는 법을 배우도록 하게나.

자네 안에 있는 것이라면
조금씩 없애버릴 수는 없는 일.
그저 그것들이 움직이지 않도록
막아버리면 되는 일이지.
그것들이 안에도 밖에도 있다면,
도에 매달리려고 애쓰지 말게나.
그저 도가 자네에게 매달리기를 바라게나.

여기에는 공안의 모든 요소가 다 등장한다. 여기에는 자아가 빚어낸 딜레마에서 벗어나고자 안간힘을 쓰는 한 남자가 있다. 스승은 그의 질문은 무시하고 모든 딜레마가 그저 환영에 불과해지는 더 높은 시각을 스스로 지닐 수 있다며 곧장 도를 가리켜 보여준다. 학인의 질문이 해결되지는 않았지만 문제들은 사라진다. 악몽을 꾸다가 갑자기 깨어났을 때와 마찬가지로.

뜰 앞의 잣나무

조주 종심

선가에서 종심從諗(778~897) 선사는 흔히 '조주의 옛 부처(趙州古佛)' 혹은 간단히 '조주'로 널리 알려졌다. 오늘날의 하북河北 지방인 조주의 관음원觀音院에서 오랫동안 주지로 머물렀기 때문이다. 이 책에서는 종래의 관습에 따라 종심 선사를 조주라고 칭하겠다.

조주는 산동 지방의 학郝씨 집안에서 태어났다. 《전등록》에 따르면 조주는 778년에 태어나 120살까지 살았다고 한다. 하지만 다른 자료에는 863년에 죽었다고 되어 있다. 어느 쪽이 옳다고 말하기는 어렵지만, 120살까지 살았다는 설이 널리 받아들여지고 있다.

조주는 일찌감치 지방 선원에서 사미승이 되었다. 계를 받기 전에 남전南泉을 찾아 남쪽으로 내려갔다. 조주가 도착했을 때, 남전은 침상에 등을 대고 누워 있었다. 젊은 사미가 찾아온 것을 본 선사가 물었다.

"어디에서 오는 길이냐?"

"서상원瑞像院에서 왔습니다."

조주가 대답하자, 선사가 다시 물었다.

"그래서 상서로운 상(瑞像)은 보았느냐?"

"아닙니다. 상서로운 상은 보지 못했으나 잠자는 여래는 보고 있습니다!"

낯선 대답에 놀란 선사는 일어나 앉으며 조주에게 물었다.

"자유롭게 떠도는 중인가, 아니면 스승이 계신가?"

"스승이 계십니다."

조주가 말했다. 그 스승이 누구냐고 묻자, 조주는 그저 절할 뿐 아무런 대답이 없었다.

"겨울이라 날씨가 매우 춥습니다. 스님, 건강하십시오."

이렇게 해서 조주는 남전을 스승으로 모시게 되었다. 남전으로서는 그 제자를 뜻밖의 횡재처럼 반길 수밖에 없었다. 어쨌든 남전은 새로 온 제자를 매우 아껴 그 즉시 자신의 내실을 출입할 수 있도록 허락했다.

조주가 스승에게 "도란 무엇입니까?"라고 묻자, 스승은 다음과 같이 대답했다.

"도는 평상심平常心이니라."

"어떻게 하면 거기에 이를 수 있습니까?"

조주가 재차 물었다.

"거기에 이르고자 한다면 이미 잘못된 길에 들어서 있는 셈이다."

"의식적으로 하고자 하는 마음이 없다면, 어떻게 도에 대한 지식을 얻을 수 있겠습니까?"

이에 스승이 대답했다.

"도는 아는 것도 아니고 모르는 것도 아니다. 안다고 하면 없는 것을 인식한다는 이야기고 모른다고 하면 그저 혼돈일 뿐이다. 도를 진짜로 이해한다면, 네 눈이 무한정한 허공처럼 티끌만큼의 의심도 없이 모든 제한과 장애물로부터 자유로워질 것이다. 바깥의 것들을 끌어와 따져서 진실이니 거짓이니 하는 말은 있을 수 없다."

이 말에 조주는 깨달음을 얻게 되었다. 그런 연후에야 조주는 계를 받고 정식 승려가 되었다.

또 다른 어느 날, 조주가 스승에게 물었다.

"'있다'는 것을 알게 된 사람은 어디로 가야 합니까?"

"언덕을 내려가 아랫마을의 물소가 되어야 한다."

스승은 기이한 대답을 했다. 하지만 조주의 반응은 더욱 기이했다. 어리둥절하기는커녕 자신을 깨치게 해주어 감사하다고 했다. 그러자 남전은 이렇게 말했다.

"간밤 삼경에 달빛이 창가에 비치더라."

위의 두 대화는 상당히 중요하다. 이 대화를 통해서 조주의 내적인 눈과 정신적 깨달음의 기초가 마련되었다. 삶이라는 조주의 기나긴 순례에서 그가 보여준 말과 행동을 이해하는 데 이 대화들은 퍽 요긴하다. 그러므로 나머지 이야기를 하기 전에 좀 더 자세히 이를 살펴보도록 하자.

첫 번째 대화에서 남전은 선의 주요한 통찰을 말하기 시작한다. "도는 평상심이니라." 그 다음 남전은 도가 아는 것도 모르는 것도 아니니

제 아무리 구하려고 해도 구할 수 없으며 논증을 통해서 증명할 수도 증명하지 않을 수도 없다고 말한다. 진정으로 도를 파악하려면 어떻게 해야 하는지 남전은 말하지 않는다. 하지만 파악한 뒤에는 어떻게 되는지 매우 명확하게 설명했다. "네 눈이 무한정한 허공처럼 티끌만큼의 의심도 없이 모든 제한과 장애물로부터 자유로워질 것이다." 나는 이 말이 도의 초월적인 속성을 가리킨다고 생각한다. 도가 평상심이라면, 평상심은 참으로 매우 비상한 것이 분명하다.

두 번째 대화에서는 도가에서 흔히 볼 수 있는 구절, 그러니까 "'있다는 것'을 알게 되는 일"이라는 구절을 만나게 된다. 알기 쉬운 말로 바꾸자면, "진실, 혹은 순수한 존재를 이해하는 일", 그러니까 도를 이해하는 일이라고 할 수 있다. 조주는 도와 하나가 된 사람이 갈 수 있는 곳은 어디냐고 묻는 셈인데, 장자가 밝혀 놓았듯이 도란 어디에도 없고 어디에나 있기 때문에 나온 질문이다. 도가 어디에나 있다는 사실을 생생하게 보여주기 위해서 남전은 그런 사람은 아랫마을로 내려가 물소가 되어야 한다고 말했다. 물소란 두말할 나위 없이 제자의 정신을 단련시키기 위해 즉석에서 끌어들인 것에 불과하다. 이는 장자가 똥 더미를 가리키며 "저기에 도가 있다"고 가리킨 것과 마찬가지다.

하지만 장자보다 남전은 더 운이 좋았다. 왜냐하면 장자의 말을 듣던 사람은 그냥 도망가 버렸지만, 남전의 말은 제자를 완전히 깨치게 만들었으니. 도와 하나가 된다는 것은 온 우주와 하나가 된다는 뜻이니 그 안에 모든 것이 다 들어 있다! 조주는 이 아름다운 통찰이 그의 마음에 넘쳐흐를 정도로 가득 찼다. 남전이 지적한 바와 같이 밝은 달빛이 그의 영혼의 창가에 비쳐들었다.

그러니까 깨닫게 된다는 것은 환상과 속박에서 자유로워진다는 뜻이다. 이 말은 곧 어떤 행동들, 특히 막 깨달음을 얻은 사람의 경우에 평범하게 관습적으로 생각하는 점잖은 사람들에게 쉽게 충격을 줄 수 있다는 뜻이다. 그들이 새로 얻은 자유를 행하는 과정에서 종종 스승들은 그 방자한 행동을 받아주는 첫 사람이 되기도 한다. 그런데 이상한 일이지만 많은 스승들은 제자들에게 모욕 받는 일을 즐기는 듯하다. 예컨대 임제가 뺨을 쳤을 때, 황벽은 웃음을 터뜨렸다. 조주에게 당한 남전도 나을 바는 없었다. 한번은 남전이 조주에게 이렇게 말했다.

"요즘에는 인간의 무리를 떠나 다른 무리들을 벗 삼아 일하면서 사는 게 제일 좋다."("사람 구제보다 짐승 구제가 더 쉽다"라는 불교 속담을 모르면 이 말을 이해하기 어렵다.)

하지만 조주는 생각이 달랐다.

"다르다고 하는 것이야 일단 제쳐두고서라도 '무리'라는 건 도대체 무엇입니까?"

남전은 두 손을 땅에다 대고 네발짐승 흉내를 내었다. 조주는 남전의 뒤로 다가가더니 발로 밟아버리고는 "잘못했습니다, 잘못했어요!"라고 소리치며 극락전으로 도망쳤다. 자신을 밟아버린 조주의 행동을 이해한 남전은 왜 잘못했다고 말하는지 그 까닭을 이해할 수 없었다. 그래서 사람을 보내어 무엇을 잘못했는지 물어보라고 일렀다. 그러자 조주가 대답했다.

"잘못했어요! 두 번은 더 밟았어야 했는데."

이제 스승은 전보다 제자를 더 많이 아끼고 사랑했다.

선의 세계란 정말 요지경 속이 아닐 수 없다! 그러나 남전이 제자가 얼마나 깨달았는지, 혹은 진실로 깨달았는지 떠보기 위해서 그런 질문을 던졌다는 사실을 기억한다면, 또한 스승을 밟은 조주의 행동이 '무리'라는 개념을 없애버리기 위해서라는 걸 이해한다면, 이 사람들이 아무렇게나 미친 사람처럼 행동하는 것이 아님을 쉽게 알아차릴 수 있을 것이다.

큰 승원의 주지인 남전에게는 수많은 중들과 사미가 있었지만, 그의 마음에 든 사람은 조주뿐이었다. 어떻게 보면 제자와 스승은 서로 밀접한 관계를 유지하며 함께 힘을 합쳐 다른 사람들을 이끄는 듯하다. 처음에 조주는 부엌에서 불 때는 일을 맡았다. 하루는 조주가 문을 다 걸어 잠그고 땔감 더미에 불을 붙여 온 부엌이 연기로 가득 찼다. 조주는 "불이요! 살려주세요!"라고 소리쳤다. 사람들이 죄다 부엌문으로 몰려들자, 조주는 "올바른 말을 하지 않으면 절대로 문을 열어주지 않겠다"라고 말했다. 모인 사람들에게서는 어떤 말도 들려오지 않았다. 그러나 남전은 말없이 열쇠를 창문 너머로 던져 주었다. 이게 바로 듣고 싶어 하던 올바른 말이었기에 조주는 즉시 문을 열었다.

이 일화에 어떤 의미가 숨어 있는지 정확하게 아는 사람은 아무도 없다. 하지만 이 일화를 깨달음의 과정을 설명하는 것으로 받아들이면, 그 안에 숨은 의미가 조금이나마 드러난다. 그러니까 깨달음이란 결국 '올바른 말'을 계기로 모든 마음의 문이 활짝 열리는 것이 아닐까? '올바른 말'이 반드시 입에서 나오는 것이 아니라 침묵이나 이 일화처럼 열쇠를 건네주는 간단한 행동이 될 수도 있다는 사실은 흥미롭다. 그 문에

도 교훈은 숨어 있다. 오직 안에서만 문을 열 수 있다는 것이다. 끝까지 읽어보면 불 때는 사람은 열쇠가 없이도 문을 열 수 있었다는 이야기가 된다. 창문으로 열쇠를 건네준 스승은 사실 문을 여는 데 실질적인 도움을 준 것이 하나도 없다. 그의 행동은 제자의 내면에서 들리는 목소리를 그대로 보여주는 메아리일 뿐이었다. 그 때문에 그간 선사들이 수많은 제자들을 깨달음으로 이끌었음에도 그들은 이를 자신의 공로로 돌리지 않았던 것이다. 이것이 바로 노자와 장자의 특징에 대해서 설명하면서 토마스 머튼이 말한 '존재론적' 혹은 '우주적' 겸손이다. 위대한 선사들에게도 이런 특징은 그대로 적용된다. 사실 토마스 머튼도 "장자의 사상과 정신을 진정으로 이어받은" 사람들이 바로 선사들이라고 말했다.

스승 남전과 제자 조주가 마음이 얼마나 잘 통했는지 보여주는 다른 일화가 있다. 하루는 고양이 한 마리를 서로 차지하려고 동쪽 방 중들과 서쪽 방 중들이 서로 싸움을 벌였다. 남전이 그 고양이를 잡아서는 중들에게 말했다.

"너희들 중 누구라도 바른 말 한 마디를 들려준다면 이 고양이를 살려주고 그렇지 않으면 죽이겠다."

하지만 그 누구도 대답하지 않았고 남전은 사정없이 고양이를 두 동강 내버렸다.

저녁에 조주가 돌아오자, 스승은 그 일에 대해 말하며 너라면 어떻게 했겠느냐고 물었다. 조주는 아무런 말없이 그저 짚신을 벗어 머리에 이고 걸어 나갔다.

"네가 있었더라면 고양이를 살릴 수 있었을 텐데!"

이 일화는 선에 관한 책에 가장 많이 등장하는 일화다. 왜 남전은 아무 죄 없는 고양이를 그토록 가혹하고 잔인하게 대했을까? 한 칼에 고양이를 두 동강 낸 행동을 통해 남전이 가르치고자 한 뜻은 무엇일까? 짚신을 머리에 이고 걸어 나간 조주의 행동이 지닌 의미는 무엇일까? 왜 남전은 조주의 이 기이한 행동이 자신이 기다리던 바른 말 한 마디라고 생각해, 조주가 있었더라면 고양이의 목숨을 구할 수 있었을 거라고 얘기했는가?

이런 의문들을 해결하는 데에는 그저 선이란 파격적인 것이라 말로 설명할 수 있는 것은 하나도 없다고 하는 것이 제일 간단할 것 같다. 물론 선은 격을 파괴한다. 하지만 선은 파격 역시 파괴한다는 사실을 기억해야 한다. 이들 질문에 대해서 논리적으로 대답할 수 있는 방법은 하나도 없지만, 두 선사로 하여금 그런 행동을 하게 만든 정신적·영적 동기를 짐작할 수는 있다. 남전의 행동이 충격적이라면, 그것은 중들에게 충격을 주어서 고양이에 대한 집착을 끊게 하려는 것이리라. 남전은 이미 '집을 나온 자들(出家者)'이 여전히 고양이 한 마리에 매어 있다는 사실에 충격을 받았을 것이다. 진정한 승려라면 그 무엇이든 자신을 옭아매는 것을 잘라버려야만 한다. 가차 없는 결단만이 우리를 자유자재로운 길로 이끈다. 그 상황에서 남전이 사용한 방법이 가장 옳았는지는 나도 확신할 수 없다. 다만 남전이 궁극적으로 중들에게 영적 해방에 관한 잊을 수 없는 교훈을 가르치려 했다는 것만은 분명하다.

마찬가지로 머리에 짚신을 올리고 밖으로 걸어 나간 조주의 행동은 완전히 자기 멋대로의 행동처럼 보이지만, 이는 중들에게 이 세계와는 그 가치 체계가 정반대인 다른 세계가 있을 수 있다는 것을 상기시켜 속인들이 옳은 것이니 그른 것이니 심각하게 다툼을 벌이는 것들이 실은 헛것에 불과하다는 것을 보여준다. 그에 덧붙여 우스꽝스러운 이런 행동이 화난 스승의 심기를 누그러뜨리기도 했을 것이다. (깨달은 사람일지라도 감정은 있는 법) "안녕히 주무세요, 스승님! 화 푸시구요." 이런 마음도 담긴 행동이니 말이다.

깨달음을 얻은 뒤, 조주는 여러 지방을 여행하며 많은 선사들을 만났다. 더 배워야 할 것들이 있었다기보다는 선사들과 의견을 교환하기 위해서였다. 조주는 산과 강을 좋아했으며 여기 저기 떠돌아다니는 것이 제일 편하다고 생각했다. 친구들은 조주에게 이제는 절을 정해두고 정착하라고 충고했지만, 조주는 그러고 싶은 생각이 전혀 없었다. 한 번은 수유茱萸를 찾아갔더니 수유가 이렇게 말했다.

"스님 연세시면 마땅히 머물 곳을 찾아 후학을 가르치셔야죠."
"그런데 내가 머물 곳이 어딘가?"
조주가 되물었다.
"뭐라고요? 나이를 얼마나 잡수셨는데, 스님의 상주처를 모른단 말입니까?"

조주는 자신이 머물 곳이 어디냐고 물었는데, 수유는 참사람(眞人)이 곧 상주처라는 불교 진리에 기대 그렇게 받아친 셈이다. 그 간단한 진리를 그렇게 말하니 참으로 우스워졌다. 그리하여 조주가 말했다.

"40여 년 세월을 말 잔등 위에서 자유롭게 떠돌았다네. 그런데 오늘에야 처음으로 엉덩이를 걷어차이는구나!"

조주가 오대산에 있는 청량사를 향해 떠나려고 하는데 한 유식한 중이 조주를 희롱하는 시를 하나 지었다.

도량 아닌 청산이 어디 있기에	何處靑山不道場
지팡이 짚고 청량사까지 순례한단 말인가	何須策杖禮淸凉
구름 속에서 황금털 사자가 튀어나온다 해도	雲中縱有金毛現
바른 눈으로 보면 길조라고 할 수 없는데	正眼觀時非吉祥

(오대산의 청량사는 화엄종의 4대 조사인 청량국사를 기려 세운 절이다. 청량국사가 산중에서 설법을 펼칠 때 구름 가운데서 황금털 사자가 나타났다고 한다.)

하지만 조주는 여행을 포기하려고 하지 않았다. 조주는 그 시에 대해 "바른 눈이란 무엇인가?"라고 되물었다. 그 중은 어떤 대답도 하지 못했다. 조주가 그저 지팡이만 들고 다니는 것이 아니라 바른 눈도 지니고 다닌다는 사실을 그 중은 알았어야 했다.

조주趙州 동쪽 교외에 있는 관음사에 자리를 잡은 것은 조주 나이 여든 살 무렵이었다. 조주는 대단히 청렴했다고 전해진다. 주지로 지내는 40년 동안, 새로운 가구를 단 하나도 들여놓지 않았으며, 시주를 부탁하는 편지도 전혀 쓰지 않았다. (오늘날의 시각으로 보자면 조주는 대단히 무능력한 주지였다.)

하지만 조주는 혼자서 지내기에는 너무나 세상에 많이 알려져 있었다. 한번은 매우 힘이 센 왕자가 조주를 방문했다. 조주는 자리에 가만히 앉아서 왕자에게 물었다.

"세자께서는 이해하시겠습니까?"

왕자가 말했다.

"이해하지 못하겠습니다."

그러자 조주가 말했다.

"어릴 적부터 저는 곡기를 끊어 왔습니다. 이제 이렇게 늙고 보니, 좌선 방석에서 몸을 일으켜 손님을 맞이할 기력도 없는 처지입니다."

왕자는 모욕을 받았다고 느끼기는커녕 조주를 더욱 존경하게 되었다. 다음 날, 왕자는 조주에게 감사의 마음을 전하려고 장군을 보냈다. 그러자 선사는 당장 뛰어내려와 그를 맞이했다. 장군이 돌아간 뒤, 시중을 드는 중이 스승에게 물었다.

"세자가 왔을 때는 방석에서 내려오시지도 않았습니다. 그런데 오늘은 장군에 불과한데도 당장에 내려와 그를 맞이했습니다. 이런 예법이 어디 있습니까?"

스승이 대답했다.

"너는 이것을 이해할 수 없겠지. 제일 가는 손님이 오면 나는 자리에 앉은 채로 맞이한다. 둘째 가는 손님이 오면 자리에서 일어나 맞이할 것이다. 하지만 제일 하찮은 손님이 오면 문 앞까지 나가서 맞이할 게야."

조주가 말하는 것은 사회적인 예절과는 무관하다. 영적인 가능성에 따라 대접이 달라져야 한다는 것을 설명하고 있다.

이미 조주가 "조주의 옛 부처(趙州古佛)"라고 불렸다는 것을 앞에서 말한 바 있다. 이 별명은 남쪽의 유명한 선사인 설봉雪峯이 지어준 것이다. 두 사람이 개인적으로 만난 적이 있는지는 자세히 알 수 없다. 하지만 어느 날 남쪽에서 조주를 찾아온 한 중이 설봉과 그 제자 사이에 오간 대화를 들려준 적이 있다.

> 제자 : "옛 연못의 차가운 샘(古潭寒泉)"이 무슨 뜻인지 말씀해 주십시오.
> 설봉 : 제 아무리 두 눈을 부릅뜨고 본다고 해도 그 바닥을 볼 수는 없도다.
> 제자 : 그 물을 마시면 어떻게 됩니까?
> 설봉 : 입으로 그 물을 마실 수는 없도다.

여기에 이르자, 조주가 우스개 소리를 했다.
"입으로 마시지 못하면, 코로 마시나보다."
그 중이 말했다.
"그럼 스님께서는 '옛 연못의 차가운 샘'에 대해 뭐라고 말씀하시겠습니까?"
"쓴 맛이라고 하지."
"그럼 그 물을 마시는 사람은?"
중이 묻자, 조주가 대뜸 말했다.
"죽어버리지!"
이 이야기를 전해들은 설봉은 칭찬을 아끼지 않았다.

"옛 부처로다! 옛 부처로다!"

이렇게 해서 조주는 그런 별명을 얻게 되었다.

'옛 연못의 차가운 샘'이란 도를 의미한다. '그 맛이 쓰다'고 하는 것은 엄격한 자기 수련과 헌신을 통해서 자신이 완전히 죽을 정도가 되어야만 도를 얻을 수 있다는 뜻이다. 쓰라림 없이 얻을 수 있는 참된 기쁨은 없다. 죽음을 거치지 않은 진정한 삶이란 있을 수 없다. 이 대화는 조주의 쾌활함과 씩씩함, 깊은 지혜와 마음을 가볍게 하는 유머의 원천이 어디에 있는지 보여준다.

한번은 유학자 한 명이 그를 찾아왔다. 조주의 혜안에 큰 감명을 받은 객홈은 이렇게 외쳤다.

"스님은 참으로 옛 부처올시다!"

그러자 조주는 그 찬사를 그에게 바로 돌려주었다.

"선생은 새로 오신 여래시군요."

이 대화에는 서로 상찬을 주고받았다는 의미 이상이 담겨 있다. 현명한 대답을 한 조주의 마음 속에는 아마도 '옛 부처'라는 별명을 바꾸고 싶다는 속셈이 담기지 않았나 모르겠다. 참된 자아는 언제나 새롭다. 하지만 옛 부처는 죽은 부처일 가능성이 높다.

새로 불교에 입문한 사람들이 자신의 참된 자아를 발견할 수 있도록 이끄는 것은 모든 선사들의 공통된 목표다. 이는 조주가 가르치는 이유이기도 했다. 하지만 조주의 방식은 참으로 독창적이고도 재미있다.

어느 아침, 새로 온 손님들을 대접하다가 그 중 한 사람에게 조주가 물었다.

"전에 여기 와본 일이 있는가?"

"그렇습니다."

그 사람이 대답했다.

"그럼 차나 한 잔 드시게."

이번에는 조주가 다른 사람에게 물었다.

"전에 여기 와본 일이 있는가?"

"아닙니다, 스님. 처음 왔습니다."

그러자 조주가 다시 말했다.

"그럼 차나 한 잔 드시게."

이를 지켜보고 있던 원주院主가 조주에게 물었다.

"전에 와봤다는 사람에게도 차나 한 잔 드시라고 하시고, 전에 와보지 못했다는 사람에게도 차나 한 잔 드시라고 하시니, 이게 도대체 어찌 된 일입니까?"

그러자 조주가 외쳤다.

"이보게, 원주!"

"예."

원주가 대답했다.

"차나 한 잔 드시게."

차를 마시는 행위는 누구나 할 수 있는 기능적인 행위에 불과하지만, 저마다 다음과 같은 질문, 즉 차를 마시는 사람은 누구인가라는 질문을 불러일으킨다. 게다가 만약 도가 평상심이라면 평상시의 행동은 도를 표현하는 일이다. 어느 사미승이 조주에게 물었다.

"이 선원에 들어온 지 얼마 되지 않았습니다만 스님께 가르침을 받고 싶습니다."

그러자 조주가 물었다.

"아침은 먹었느냐?"

"예, 스님. 먹었습니다."

"그럼 밥그릇 씻어야지."

스승이 말했다. 이 말에 사미승은 홀로 깨닫는 일이 무엇인지 알게 되었다.

장자처럼 조주 역시 '우주적인 민주주의자'라고 부를 만하다. 그의 세계관에서 보자면 만물은 모두 동등하다. 왜냐하면 모든 세계가 가장 하찮은 것이라고 낮춰보는 것들 안에 도는 존재하기 때문이다.

어느 나른한 여름날, 조주는 신심이 깊은 제자 문원文遠과 함께 방 안에 한가롭게 앉아 있었다. 그런데 돌연 이 장난꾸러기 노인의 머릿속에 재미있는 생각이 떠올랐다.

"문원아, 우리 누가 더 비천한 것에 자신을 비유할 수 있는지 한 번 겨루어보자. 세상에서 제일 비천한 것을 대는 사람이 이기는 게다."

두 사람은 이기는 사람이 진 사람에게 떡을 사주기로 했다. 문원은 득의만만한 표정으로 내기를 받아들였으나 스승부터 시작하라고 말했다. 조주가 말했다.

"나는 개새끼다."

문원이 받았다.

"나는 개새끼 똥구멍이다."

조주가 받았다.

"나는 개새끼 똥구멍의 똥이다."

문원이 다시 받았다.

"나는 개새끼 똥구멍의 똥 속에 있는 벌레다."

말문이 막힌 조주가 문원에게 물었다.

"그 안에서 너 지금 무얼 하고 있느냐?"

문원이 대답했다.

"피서하고 있는 중이지요."

그러자 조주가 졌다며 떡을 내놓으라고 말했다.

이 꾀 많은 선사가 자신의 패배를 인정한 건 이것이 유일한 기록이 아닐까 싶다. 하지만 내가 보기에는 배가 고팠던 이 영감이 떡을 먹으려고 일부러 내기에서 진 것이 아닐까 의심스럽다.

성인들이 왜 귀에 거슬리는 불쾌한 이야기를 하는 일에서 즐거움을 찾는지 종종 이상할 때가 있다. 장자는 도가 똥 더미 속에 있다고 말하곤 했다. 홈즈 대법관은 과연 창자의 장운동이 대뇌의 두뇌 활동에 비해 열등한가에 대해 회의를 품곤 했는데, 장자와 선사들은 의심의 여지없이 창자의 장운동이야말로 단순한 대뇌 운동이 지니지 못한 우주적인 정당성을 지닌다고 생각했다.

순수한 사람에게는 만물이 순수하다. 하지만 불순한 사람에게는 아무리 순수한 것이라도 불순하게 느껴진다. 어느 날 아침, 비구니 하나가 찾아와 조주에게 불가에서 흔히 가장 근본적인 이치를 뜻하는 '비밀 중의 비밀(密密意)'을 말해 달라고 부탁했다. '옛 부처' 조주는 그냥 비구니의 어깨를 툭 쳤다. 가장 근본적인 이치는 그녀 안에 있다는 사실을 보여주려는 것이 분명했다. 하지만 비구니는 '옛 부처' 조주의 갑작스런 행동에 깜짝 놀랐다.

"이게 무슨 짓입니까! 스님에게 아직도 그런 마음이 남아 있단 말입니까!"

비구니가 소리치자, 조주가 다음과 같이 반박했다.

"거시기한 마음이 여태 남아 있는 건 스님인 것 같소!"

어떤 것에도 매이지 않는 마음이 있기 때문에 이런 재치 있는 대답이 즉석에서 나온 것이다.

조주는 정형화된 원칙이나 주장으로 진실을 발견할 수는 없다고 생각했다. 한 번은 중 하나가 이렇게 물었다.

"조주의 선방에서는 어떤 문장으로 마음을 다스립니까?"

선사가 대답했다.

"여기에는 문장 반 푼어치도 없소이다."

"아니, 스님께서 주지로 계시지 않습니까?"

그 중이 이상하다는 듯이 묻자, 조주가 말했다.

"그렇다고 이 늙은 중이 문장은 아니니까!"

혜능의 참된 후계자로서 조주의 눈은 늘 본성에만 초점을 맞추고 있었다. 조주에게는 그 본성이 곧 도이자 진실이었다. 설법에서 조주는 이렇게 말한 적이 있다.

"수천 만의 사람들이 부처를 찾아다니지만, 그 중 단 한 사람도 도인이 아니다. 이 세계가 이렇게 생겨나기 전에도 본성은 있었다. 이 세계가 파괴된 뒤에도 본성은 그대로 남는다. 이 늙은 중을 한 번 보았다고 해서 다른 어떤 사람이 되는 것이 아니다. 그저 자기 자신의 주인이 될 뿐이다. 바깥에서 다른 것을 찾아다닐 필요가 없다."

다른 곳에서는 이렇게 말하기도 했다.

"내가 제일 듣기 싫어하는 말이 바로 '부처'다."

마조와 남전에게도 마찬가지였지만, 조주에게도 도나 진실은 마음도, 부처도, 한 물건도 아니었다. 도는 시공간의 우주를 초월하는 동시에 만물에 널리 퍼져 있다. 이런 형이상학적 배경에 기대야만 우리는 조주의 수수께끼 같은 말들을 이해할 수 있다. 예컨대 어느 중이 조주에게 이렇게 물었다.

"달마가 서쪽에서 온 까닭은 무엇입니까?"

(선에서는 이 질문이 암묵적으로 "불교의 근본 교리는 무엇인가?", 혹은 더 간단하게 말해서 "도란 무엇인가?"라는 질문과 같은 것으로 통한다.)

조주의 대답은 다음과 같았다.

"뜰 앞의 잣나무니라."

스님이 다른 물건을 빗대어 자신의 주의를 돌리려고 한다고 그 중이 항의하자, 조주는 "아니다. 네 주의를 돌리려고 다른 물건을 거론한 것이 아니다"라고 말했다. 그러자 그 중이 다시 질문을 반복했다.

"뜰 앞의 잣나무래두!"

조주가 한 번 더 말했다.

말장난 같은 것은 전혀 없다고 가정해 보자. 조주가 한 말은, 도란 뜰 앞에 서 있는 잣나무라는 것이 전부다. 사실, 도는 만물에 퍼져 있다

처음 조주의 눈에 보였으니까 잣나무가 언급된 것이다. 만약 조주의 눈에 하늘을 나는 독수리가 보였다면 아마도 "저 멀리 독수리니라!"라고 말했을 것이다. 조주가 대상을 언급한 것은 사실이지만, 그것은 도를 가리키기 위해서였다. 다른 물건을 거론함으로써 그 중의 주의를 돌리려 한 것이 아니었다. 대상에 너무 집착해 그 너머를 보지 못한 사람은 오히려 바로 그 중이다.

도에 관한 조주의 견해는 노자와 장자의 생각과 완전히 일치한다. 그렇다고 노장의 사상을 조주가 열심히 추종했다는 뜻이 아니라 우연하게도 그들의 통찰이 일치했다는 뜻이다. 다른 한편으로 조주는 제3조 승찬僧璨의 다음과 같은 말들에는 전적으로 동의하지 않았다.

우리가 분별심을 삼갈 수 있다면	至道無難
도를 구하는 일은 어려울 게 하나 없네	唯嫌揀擇
좋아하는 것과 싫어하는 것에서 자유로울 수 있다면	但莫憎愛
환한 대낮 속에 있는 것처럼 맑게 보리라	洞然明白

조주는 어느 법회에서 이 구절에 다른 의견을 제기했다.

"단 한 마디라도 하는 순간, 이미 무엇인가를 택하는 꼴이 된다. 늙은 나로 말하자면 '도'에 대해 별로 분명하지 않다. 나는 오직 자네들이 아직도 마음속에 도를 잘 간직하고 있는지 궁금할 뿐이다."

그러자 한 중이 조주에게 물었다.

"스님께서 그렇게 '도'에 대해 분명하지 않으신데 우리에게는 왜 잘 보듬고 간직하라고 말씀하십니까?"

"모르기는 나도 자네들과 마찬가지네."

그러자 그 중이 내처 물었다.

"모른다는 것을 그렇게 잘 아신다면, '도'에 대해 분명하지 않다는 것은 어찌 말하실 수 있습니까?"

그 질문에 대답하는 대신에 조주는 딴소리를 했다.

"가능하면 현실에 맞게 질문을 하도록 하세."

예불을 드린 뒤, 대중은 해산했다.

여기에 나오는 중은 아마도 선 공부를 꽤 많이 했던 모양이다. 이 중은 스승의 철학적 신조를 들어보고야 말겠다고 결심한 모양인데, 그랬다면 아마도 노자의 다음과 같은 말과 비슷한 것이 나오지 않았을까.

자신이 모른다는 것을 아는 것이 최상의 지혜요,   知不知上
자신이 안다는 것을 알지 못하는 것이 가장 큰 병이다.   不知知病

하지만 조주는 과녁의 정중앙을 겨냥하기보다는 과녁을 살짝 비껴가는 재주가 좋았다. 위대한 선사들처럼 조주 역시 제자들이 잘 짜인 공식으로 이루어진 편안한 서재로 들어가는 것을 막기 위해서 바닥에다가 미끄럼 칠을 많이 해놓았다. 마조가 "석두의 길은 미끄럽다(石頭路滑)"고 했을 때, 선가에서는 더할 나위 없는 찬사였다.

하지만 미끄럽기로 치자면 조주가 으뜸일 것이다. 한 번은 중 하나가 조주에게 물었다.

"만물이 하나로 돌아간다고 하는데, 그러면 그 하나는 어디로 돌아갑니까?(萬法歸於一 一歸何處)"

"내가 청주에 있을 때, 무명옷을 지었는데 무게가 일곱 근이더라."

이 얼마나 얼토당토하지 않은 대답인가! 이 대화는 그 후에도 초심자들의 호기심을 자극하는 대표적인 공안으로 후대에 널리 사용되었다. 하지만 우리는 조주가 하나와 여럿을 서로 상대적이면서 보완적인 관계로 보았다는 사실을 기억해야 한다. 여럿이 하나로 돌아간다면 하나는 여럿으로 돌아간다. 그러므로 아무리 하찮게 보이는 것들이라도 각각의 사건들은 그 어느 곳에서 언제 일어났다고 하더라도 모두 불가피하게 하나와 연결될 수밖에 없고 그 하나를 가리킬 수밖에 없다.

여기서 조주가 청주에서 무게가 일곱 근인 무명옷을 지어 입었다는 사실은 매우 특수한 사례다. 반면에 하나라고 하는 것은 너무나 보편적이다. 그런데 그 하나가 들어가 있지 않은 특수한 사례들은 이 세상에 하나도 없다!

그러면 조주는 그 하나를 도道와 같은 것으로 여겼는가? 절대로 그렇지 않다! 그렇게 하면 도가 상대적인 것이 되어버린다. 도란 하나와 여럿을 초월한다는 것이 조주의 생각이었다. 이것이 바로 조주의 철학에서 가장 핵심이 되는 지점이 아닌가 싶다. 아주 초기부터, 그러니까 남전을 모시던 시절부터 조주는 이미 도의 순수하고 초월적인 속성을 분명하게 파악하고 있었다. 남전의 유명한 말인 "도는 물질세계의 바깥에 있는 것도 아니고 물질세계를 떠나서 도가 있는 것도 아니다.(道不離物 離物非道)"라는 구절을 인용한 뒤, 조주가 물었다.

"그럼 초월적인 도는 어디로 갔습니까?"

남전이 조주를 쳤다. 남전의 지팡이를 움켜쥐고 조주가 말했다.

"앞으로는 엉뚱한 사람 치지 않도록 조심해 주십시오."

이에 남전은 진심에서 우러난 찬사를 조주에게 보냈다.

"뱀 사이에서 용을 알아보기는 쉽지만, 진짜 중놈을 속이는 건 불가능하구나."

도는 하나와 여럿의 경계뿐만 아니라, 유有와 무無, 즉 보이는 현상과 숨겨진 본체의 경계도 뛰어넘는다. 조주는 항상 도의 초월적인 속성에 깨어 있었기 때문에 상대적인 것들을 다루는 솜씨가 대단히 유연했다. 하루는 조주가 개에게도 불성이 있느냐는 질문을 받게 되었다. 조주의 대답은 "없다!"였다. 이는 명백히 불교의 교리에 어긋난다. 그러므로 질문이 이어졌다.

"부처에서 개미에 이르기까지 모든 존재에는 불성이 있습니다. 개에게는 불성이 없다고 말씀하시는 까닭은 무엇입니까?"

조주가 대답했다.

"그 놈의 분별하려는 버릇 때문이지."

다른 기회에 같은 질문이 던져졌을 때, 조주는 "있다"라고 대답했다. 그러자 이런 질문이 다시 이어졌다.

"개도 불성을 지니고 있는데, 어찌하여 개의 몸으로 태어나게 된 것입니까?"

"그것을 모르고 행동했으니까."

같은 질문을 세 번째로 조주에게 던졌다면, 이마도 "있고 또 없다!"

라고 대답했을 것이다. 이렇게 보면 있고, 다르게 보면 없다.

　제 아무리 많은 질문을 던진다고 하더라도 조주가 같은 대답을 하는 경우는 없다. 새로운 것을 좋아해서가 아니라 다른 사람을 위한 깨달음의 길을 닦으려는 그의 성실한 마음 덕분에 각각의 경우마다 각기 다른 대답을 내놓은 것이다. 이런 대답만이 그 마음이 생생하게 담긴 살아 있는 대답이다.

　반면에 질문이 같다고 해서 똑같은 대답을 내놓는다면, 그 대답은 공식처럼 죽어버린다. 그런 대답은 기계적으로 암기되고 형식적으로 전해질 뿐이다. 처음에는 독창적이고 생생하게 살아 있는 대답이었다고 하더라도 반복하게 되면 단물을 다 빨아버린 레몬처럼 아무런 과즙도, 맛도 없는 것이 되기 십상이다. 이렇게 해서 결국 앵무새가 되고 만다.

　이런 식의 시험을 통해서 조주는 사기꾼들의 정체를 밝힌 적이 있다고 한다. 조주의 예민한 코는 가짜를 금방 알아보았다. 이따금 양자강 남쪽의 여러 유명한 선원에서 유식한 중들이 조주를 찾아오곤 했다. 그 중들은 자기 스승의 입을 통해 익힌 표현이나 화두가 많았다. 조주와 만나 얘기하는 와중에도 그 중들은 입심 좋게도 심오한 주제에 대해서 언급하며 자기 스승들의 말들을 즐겨 입에 담았다. 조주는 그런 자들을 가리켜 "봇짐장수"라고 불렀다.

　오대산에 가는 길에 조주는 이상한 노파를 만났다. 함께 여행하던 사람들에 따르면 그 노파는 오가는 중들에게 인사를 건네며 길가에 앉아 있다가, 산중에 있는 절로 가는 길을 묻는 중이라도 있으면 "앞으로 계속 가시오!"라고 말한다고 했다. 그리하여 중이 가리키는 대로 걸어가면

"그래서 저렇게 가는구나!"라고 말한다고 했다. 사람들은 모두 그 노파가 선에 대해 많은 것을 안다고 생각했다. 하지만 조주가 "내가 한 번 알아보지"라고 동행들에게 말했다. 조주가 다가가자, 노파가 언제나처럼 인사했다. 절로 가는 길을 묻자, 노파는 "앞으로 계속 가시오!"라고 대답했다. 조주가 걸어가자, 노파는 "그래서 저렇게 가는구나!"라고 말했다. 다음날, 조주는 동행들에게 말했다.

"어떤 사람인지 알겠네."

언제나 하던 대로 반복하는 건 선이 아니었으니까.

장자는 "진실된 사람만이 진실된 지식을 얻을 수 있다.(有眞人而後有眞如)"라고 했다. 조주도 똑같은 생각을 지니고 있었다. 선 수행에서도 모든 것은 사람에 달려 있다고 주장할 정도였으니까 말이다. 조주는 이렇게 말하기까지 했다.

"만약 올바른 사람이 그릇된 말을 하고 있다면, 그 그릇된 말은 올바른 것이 된다. 만약 그릇된 사람이 올바른 말을 하고 있다면, 그 올바른 말은 그릇된 말이 되고 만다.(正人說邪法 邪法亦隨正 邪人說正法 正法亦隨邪)"

나이가 든 뒤에도 조주의 마음은 처음의 뜨거움을 잃지 않았으니 놀라울 따름이다. 조주는 노쇠와는 애당초 거리가 멀었다. 조주의 마음만은 그 어떤 젊은이들 못지 않았다. 삶의 마지막 나날들을 보내면서 조주는 선의 전통이 점점 퇴락해진다는 것을 분명히 감지했다.

"아흔 평생 동안, 마조 선사의 법통을 이은 선사들을 여든 명 이상은 봤는데, 다들 하나같이 생기가 넘쳤나. 최근에 들어서는 선을 따르는 일이 점점 더 지엽말단으로 흘러가고 있다. 덕 높은 스님들에게서 점점 멀어져가니 다음 세대 그 다음 세대에 이르러서도 계속 쇠퇴하리라."

조주가 이 말을 한 것은 10세기를 10년 앞두고 있던 시절, 그러니까 조주의 나이 110세 무렵의 일이라는 것을 감안하면 조주의 관찰이 정확했다는 사실을 인정할 수밖에 없다. 그 무렵에는 선의 황금시대가 끝나고 있었다. 조주는 당나라 시기 최후의 정신적 거장이었다. 최후의, 그러나 최고의.

조주는 자신의 종파를 세우지 않았다. 워낙 자유로운 영혼이다 보니 그의 모습을 가슴에 품고 법통을 이어가는 똑똑한 후계자들의 '시조'가 되는 일에는 통 관심이 없었다. 하지만 이후에 나온 오가五家가 모두 정신적인 지주로서 "조주의 옛 부처"를 들고 있다. 그런 까닭에 조주에 관해서는 소개하지 않은 일화와 법어가 아직 남아 있다. 그 중 선의 정신이 잘 표현된 것들을 몇 개 뽑았다.

조주와 그의 모습

중 하나가 스승의 초상화를 그렸다. 초상화를 바치자, 조주는 이렇게 말했다.

"이것이 진짜 내 모습이라면, 나를 죽일 수 있을 것이다. 하지만 그렇지 않다면 태워버려라."

"내려놓게!"

새로 온 신참이 조주에게 미안하다고 했다.
"빈손으로 왔습니다!"
"그거 내려놓으시지!"
조주가 말했다.
"아무것도 가져온 게 없다는데, 뭘 내려놓으시란 말씀입니까?"
찾아온 이가 물었다.
"그럼 계속 들고 가게나!"
선에 입문하겠다면 빈손만으로는 부족하다. 더 중요한 것은 빈 마음이어야 한다는 점. 자신의 무지를 부끄러워 한다는 말은 곧 그 마음이 자신으로 가득 차 있다는 이야기다.

조주의 가풍

한 중이 물었다.
"스님의 가풍은 무엇입니까?"
조주가 대답했다.
"안으로는 오직 없을 뿐이고, 밖으로는 오직 없음을 구할 뿐이다."

없는 게 있는 거지

한 중이 물었다.
 "거지가 오면 무엇을 적선해야 합니까?"
 조주가 대답했다.
 "거지는 없는 것 빼고 다 있지."

참사람, 아닌 사람

한 중이 물었다.
 "이 우주에서 무엇도 벗 삼지 않는 사람이 누구입니까?"
 조주가 대답했다.
 "그런 건 사람도 아니지!"

누가 너냐?

한 중이 물었다.
 "부처가 누구입니까?"
 조주가 말했다.
 "누가 너냐?"

장례 행렬에서

제자 한 사람이 죽어 장례를 지내는데, 조주도 그 행렬에 들어가게 되었다.

"시체들이 길게 줄지어 서서는 눈 부릅뜨고 깨어 있는, 오직 하나 살아 있는 사람을 따라가고 있구나!"

웃음으로 무마시킨 패배

두 선사들이 서로 놀리고 다리를 걸어 넘어뜨리는 것을 보고 있노라면 참 재미있다. 조주가 대자代子 선사를 만나러 갔을 때의 일이었다. 조주가 물었다.

"반야의 실체란 무엇일까?"

대자가 그 질문을 따라 외었다.

"정말, 반야의 실체가 무엇일까?"

그런 눈치 없는 질문을 던지다니, 이번만은 '옛 부처'가 당한 셈이었다! 하지만 당황하는 기색을 보이지 않고 조주는 그저 너털웃음을 크게 한 번 터뜨리고 나가버렸다.

다음날 아침, 마당을 쓸고 있던 조주는 우연히 대자와 마주치게 되었다. 대자는 조주를 꿇렸다.

"반야의 실체가 무엇일까?"

조주는 빗자루를 내려놓고 온마음으로 실컷 웃음을 터뜨리고 떠나 버렸다. 그러자 대자는 조용히 자기 방으로 돌아갔다.

대신할 수 없는 일

중 하나가 조주에게 와서 선에서 가장 중요하면서도 결정적인 교리를 가르쳐 달라고 말했다. 조주는 이렇게 둘러댔다.

"나는 지금 소변을 보러 가야 하거든. 이런 일 같지 않은 일도 나는 몸소 해야 한단 말이지!"

선은 공공연한 비밀

한 중이 찾아와 조주에게 물었다.

"조주가 무엇입니까?"

분명히 그 중은 조주라는 지방이 아니라 그 특출한 선사에 대해 물어보는 것이었다. 하지만 조주는 지방에 대한 이야기를 꺼냈다.

"동문, 서문, 남문, 북문."

조주의 선 역시 문이 열린 마을과 같이 어느 방향에서도 다가갈 수 있다. 조주의 가르침은 전혀 난해하지 않다. 상식적으로 생각하는 사람이라면 누구나 그 문들을 통해 마을로 들어갈 수 있다.

하지만 그렇다고 문들이 항상 열려 있다는 말은 아니다. 문을 열어 놓을 때가 있고 문을 닫아 놓을 때가 있다. 문이 닫힌다면, 그 어떤 힘으로 당기더라도, 온 우주의 힘을 다 그러모아 당기더라도, 그 문은 열리지 않는다. 그러므로 이런 것이 바로 조주의 선, 열려 있는 비밀이다.

석두 법통의 뛰어난 선사들

이 장에서 다루는 다섯 명의 선사들은 석두石頭와 운문雲門, 현사玄沙 사이에 다리를 놓았을 뿐만 아니라 저마다 독창적이고 신선한 통찰력으로 선을 풍부하게 만들었다는 점에서 중요하다.

천황 도오

천황사天皇寺의 도오道悟(748~807)는 절강浙江 지방의 장張씨 집안에서 태어났다. 열네 살이 되던 해에 도오는 승려가 되어야겠다고 결심했다. 이에 부모가 들은 척도 하지 않자, 음식을 줄여 피골이 상접할 정도로 말라버렸다. 마침내 보다 못한 부모가 이를 승낙했다. 도오는 이십대 중반에 항주抗州에서 계를 받았으며 극단적인 금욕 생활로 유명했다. 그 뒤 여항餘杭으로 가 경산徑山 도흠道欽(?~792)을 만났다. 경산은 제4조 도신道信에서 우두牛頭 법융法融으로 이어지는 법통을 받은 뛰어난 선사였다. 이 경산이 도오를 선으로 이끌었다. 5년 동안 경산을 모신 뒤, 도오는 마조를 방문했다. 마조는 금방 도오를 알아보았다. 마조와 함께 두 번의 여름을 보낸 뒤, 도오는 석두를 찾아가 다음과 같이 물었다.

"선정과 반야에서 자유로워진다면 무슨 방법으로 진리를 다른 사람들에게 보여줄 수 있겠습니까?"

석두가 대답했다.

"내 자리에서는 구속된 것이 하나도 없는데, 자유로워진다는 것이 무슨 소리인고?"

"그것을 어떻게 입증할 수 있겠습니까?"

도오가 계속 따져 묻자, 석두가 받아쳤다.

"허공을 잡아오면 가르쳐 주지."

"그게 안 된다는 것은 어제 오늘의 이야기가 아니지요."

도오가 말했다.

"그럼 너는 언제 거기서 왔느냐?"

"나는 거기 있던 사람이 아닙니다!"

도오가 대답했다.

"네가 있던 곳을 나는 오래 전부터 알고 있었느니라."

"스님, 어찌하여 아무런 구체적인 근거도 없이 사람을 몰아붙이시는 겁니까?"

"네 몸뚱어리 자체가 명백한 증거니라!"

석두가 말했다.

"그렇다고 합시다. 그래도 문제는 남습니다. 후대를 어떻게 가르쳐야 합니까?"

도오의 말에 석두가 매섭게 질타했다.

"먼저 그 후대라는 게 도대체 누구인지 말해 보거라."

이에 도오는 홀연히 깨닫게 되어 앞서 두 스승이 자신에게 전해 주었던 모든 이치를 이해하기 시작했다. 제자인 용담龍潭(?~838)을 다룬 방법을 통해 도오가 어떻게 제자들을 가르쳤는지 살펴볼 수 있다.

용담 숭신

용담은 호떡을 팔아 먹고사는 가난한 집안 출신이었다. 용담이 어렸을 때부터 도오는 그 총기를 알아보았다. 도오는 용담의 가족이 살 수 있게끔 절 움막 하나를 내놓았다. 용담은 이에 대한 감사의 표시로 스승에게 매일 호떡 열 개를 바쳤다. 스승은 호떡을 받으면서도 아홉 개는 먹고 나머지 한 개는 용담에게 돌려주었다.

"이것은 네 자손들이 번성하기를 바라는 의미에서 주는 내 선물이다."

하루는 용담에게 의아한 마음이 들었다.

'호떡을 주는 사람은 나다. 그런데 고작 하나를 돌려주면서 어떻게 내게 주는 선물이라고 할 수 있을까? 여기에 무슨 숨겨진 의미가 있는

것일까?'

그래서 소년은 감히 용기를 내어 스승께 질문했다. 스승이 대답했다.

"원래 네 것이었던 것을 네게 돌려주는 게 뭐가 잘못됐다는 말이냐?(是汝持來 復汝何咎)"

용담은 그 숨은 의미를 이해하고 사미승이 되기로 결심해 매우 성실하게 스승을 모셨다. 얼마간 시간이 흐른 뒤, 용담이 도오에게 말했다.

"여기 온 지 꽤 지났지만, 마음공부에 대해 스님께 들은 이야기가 없습니다."

그러자 도오가 대답했다.

"네가 온 뒤로 단 한 순간도 쉬지 않고 네게 마음공부에 대해 말했느니라."

어리둥절해진 제자가 물었다.

"제게 가르쳐 주신 것이 무엇입니까?"

도오가 대답했다.

"네가 차를 내올 때마다 나는 그 차를 받아 쥐었다. 네가 밥을 내올 때마다 나는 그 밥을 받아 먹었다. 네가 절할 때마다 나 역시 고개를 숙였다. 그런데도 내가 마음공부에 대해 가르쳐주지 않았다는 말이냐?"

용담은 고개를 숙이고 잠시 말없이 있었다. 도오가 말했다.

"옳게 느끼는 자는 그 자리에서 바로 본다. 생각하고 자시고 하기 시작하면 이미 놓친 것이다."

이 말에 용담의 마음이 열리면서 이해가 생겼다. 용담은 이런 깨달음을 어떻게 간직하느냐고 물었다. 도오가 말했다.

"태어난 본성대로 경계를 넘어 노닐도록 하여라. 완벽한 자유 속에서 무엇에도 구애받지 말고 그때그때 상황에 따라 행동하라. 네 평상심이 시키는 바를 따르라. 이를 떠나서 '고귀한' 가르침이란 없느니라.(任性逍遙 隨緣放曠 但盡凡心 別無勝解)"

용담은 그 뒤 호남 지방에 있는 용담龍潭에 터를 잡았다. 하루는 어느 중이 이렇게 물었다.

"머리카락 속의 진주를 누가 얻겠습니까?"(성경에 나오는 '고귀한 진주'처럼 이 표현 역시 현상세계 속에 숨은 고귀한 진리를 뜻한다.)

용담이 대답했다.

"그것에 집착하지 않는 사람이 차지하겠지!"

"얻는다면 어디에 보관하시겠습니까?"

그 중이 묻자, 용담이 대답했다.

"마땅한 장소가 있으면 가르쳐 주게나."

어느 비구니 한 명이 용담을 찾아와 다음 생에는 비구로 태어나고 싶은데 어떻게 하면 좋겠느냐고 물었다. 이에 용담이 되물었다.

"비구니로는 얼마나 오랫동안 사셨소?"

"그게 아니라 제가 비구가 되는 날이 오기는 오느냐고 물었습니다."

"지금은 무엇이오?"

용담이 묻자, 비구니가 이렇게 대답했다.

"현재야 비구니의 삶이죠. 그걸 모를 사람이 어디 있겠습니까?"

"누가 당신을 안단 말이오?"

용담이 쏘아붙였다.

또 한 번은 유명한 유학자인 이고李翶가 용담에게 물었다.
"영원한 지혜(眞如般若)란 무엇입니까?"
용담이 대답했다.
"내게는 영원한 지혜가 없소."
"큰스님을 뵙게 되어 영광이었습니다!"
이고가 이렇게 말하자, 용담이 중얼거렸다.
"그 말은 하지 않는 것이 좋았는데!"

덕산 선감

덕산德山 선감宣鑒(780~865)은 용담이 있었기에 깨달을 수 있었다. 사천성 성두의 주周씨네에서 태어난 덕산은 매우 어린 나이에 율종에 귀의해 경전 공부에 조예가 깊었다. 덕산은 청룡靑龍 법사가 쓴 박식한 해설을 바탕으로《금강경》을 매우 깊이 있게 공부했다.《금강경》강론을 하도 자주 열어 결국에는 '주금강周金剛'이란 별명까지 얻었다. 그 뒤, 남쪽 지방에서 선이 크게 일어난다는 이야기를 전해 듣고 덕산은 분개했다.

"그동안 수많은 출가자들이 불교를 공부하느라 수천 겁을 보내고 그 세세한 계율을 지키느라 수만 겁을 보냈는데도 아직 불성을 얻지 못했다. 그런데 남방의 이 도깨비 같은 무리들은 사람의 마음을 곧장 가리켜 그 본성을 보게 하면 그 즉시 불성을 얻게 된다고 떠들어대고 있다. 내 당장이라도 이 놈들의 소굴로 쳐들어가 요절을 내야지 부처님의 은혜에 보답하는 길이 되겠다."

청룡의 해설집을 두 보따리나 챙겨들고 덕산은 사천성을 떠나 용담이 강론하는 호남성으로 향했다. 가는 도중에 덕산은 중국말로 점심點心, 곧 '마음 달래기'라는 이름의 호떡을 파는 노파를 만났다. 지치고 배도 고팠으므로 덕산은 짐을 내려놓고 호떡 몇 개를 사 먹을 작정이었다. 그런데 그 노파가 보따리를 가리키며 물었다.

"이 책들은 무엇입니까?"

"《금강경》에 대해 청룡 법사가 해설한 책이라오."

그러자 노파가 말했다.

"그렇다면 궁금한 것이 하나 있소이다. 만약 대답해 주신다면 점심은 공짜로 드리겠소. 하지만 대답하지 못하신다면 점심일랑 다른 곳에 가서 알아보시오. 《금강경》에 보면, '어디에서도 과거의 마음을 찾지 못하고, 어디에서도 현재의 마음을 찾지 못하고, 어디에서도 미래의 마음을 찾지 못한다.(過去心不可得 現在心不可得 未來心不可得)'고 되어 있는데, 그렇다면 스님이 점심으로 달랠 마음은 도대체 어떤 마음입니까?"

이에 말문이 막힌 덕산은 용담으로 떠났다. 법당에 도착한 뒤, 덕산이 말했다.

"용담이 있다기에 오랫동안 뵙기를 청했건만, 정작 와서 보니 용은커녕 연못도 보이지 않는구나."

그때 용담이 밖으로 나와 덕산에게 말했다.

"그렇네. 이제야 자네는 용담에 오게 된 것일세."

덕산은 다시 할 말이 없었다. 덕산은 당분간 머물러 보기로 결심했다. 저녁에 함께 있는데 용담이 말했다.

"밤이 깊었네. 이제 그만 돌아가서 쉬게나."

용담에게 잘 주무시라고 말한 뒤, 덕산은 밖으로 나섰다가 이내 돌아와 "바깥이 칠흑처럼 어둡다!"고 말했다. 그러자 용담이 초를 밝혀 덕산에게 건넸다. 하지만 덕산이 초를 받으려는 찰나, 용담이 바람을 불어 초를 꺼버렸다. 이 순간 덕산은 완전히 깨쳐 스승에게 절을 올렸다. 용담이 말했다.

"대체 네가 무엇을 보았느냐?"

덕산이 말했다.

"이제부터 천하의 노승들이 하는 말들을 절대로 의심하지 않겠습니다."

다음날 아침, 용담이 방석 위에 올라앉아 대중들에게 선언했다.

"자네들 가운데 이빨이 바늘 같고, 그 입이 핏물받이 통과 같은 자가 있도다. 느닷없이 머리통을 후려갈긴대도 끄떡하지 않을 인물이다. 언젠가 이 자가 외로운 봉우리 위에다 내 뜻을 펼치리라."

그 날, 덕산은 청룡의 해설집을 법당 앞으로 가져와 불을 지르며 이렇게 말했다.

"진이 빠지게 난해한 경전을 토론한다고 해도 그것은 텅 빈 허공에 머리카락 한 올 떨어뜨리는 것과 같고, 할 수 있는 한 진력을 다한다는 것도 깊이를 헤아리기 힘든 심연에 물 한 방울을 떨어뜨리는 것과 다르지 않다."

그리하여 덕산은 해설서를 물실러버렸다.

이 일화는 아주 볼 만한 장면인 동시에 뜻하는 바가 깊다. 이는 노자의, "어둠이 가장 짙은 곳에 지혜로 드는 문이 있다.(玄之又去 衆妙之門)"는 말을 떠올리게 한다. 위의 사례에서 대단히 어두운 밤이었으나, 일단 촛불이 밝혀졌다가 꺼지니 이루 말할 수 없을 정도로 어두워졌다. 자기 바깥의 빛이 모두 사라지고 나면, 내면의 빛이 그 광휘를 밝힌다. 물론 저절로 이렇게 되지는 않는다. 덕산의 경우에는 그 마음이 깨달음을 향해 무르익었기 때문에 가능했다. 껍질을 깨고 나가려고 알 속에서 병아리가 발버둥치고 있을 때, 암탉이 그저 한 번 쪼아주기만 하면 되는 것과 같다.

유식한 해설서를 불태운 덕산의 행동과 철학자들의 모든 추리가 텅 빈 허공에 떨어지는 머리카락 한 올과 같다는 덕산의 깨달음은, 생의 마지막 순간 책을 계속 쓰라고 채근하는 비서에게 다음과 같이 말한 성 토마스 아퀴나스를 떠올리게 한다.

"레지날드, 나는 이제 더 이상 쓸 수 없네. 쓰면 쓸수록 내가 이제까지 쓴 글들이 아무짝에도 소용없는 지푸라기로 보일 뿐이라네."

덕산은 워낙 성질이 불같은 사람이었다. 깨달음을 얻기 전에는 경전의 자구에 맹렬하게 매달렸다. 남쪽 지방에서 선이 기세를 떨친다는 이야기를 듣고는 몹시도 분개해 그 이단적인 '도깨비' 집단을 당장 박살내겠다고 했다. 마음이 바뀐 뒤로 덕산은 인습을 타파하는 데 누구보다도 열을 올렸다. 절대적으로 진실하고 참된 것이 아니면 만족하지 않았다. 그 복된 밤의 캄캄한 어둠 속에서 덕산이 발견한 것은 즉 참된 '나'였다. 그러므로 그것이 아닌 다른 모든 것은 덕산에게는 쓰레기에 지나지 않았다. 이런 관점에서 우리는 덕산의 몇몇 충격적인 말들을 이해할 수 있다.

예컨대 "나는 선배들과 생각이 아주 다르다. 조사도 없고 부처도 없다. 달마는 냄새나는 야만족이다. 석가모니는 말라비틀어진 똥 덩어리다. 문수보살이나 보현보살이라는 것도 똥 푸는 인부다. 오묘한 깨달음이니 어쩌니 하는 것은 인간이라면 누구나 족쇄에서 벗어나고 싶어 한다는 소리와 다르지 않다. 지혜니 극락이니 하는 것은 당나귀를 매어두는 죽은 그루터기다. 일체 경전은 귀신의 잡기장이요, 코푸는 휴지다. 수행한 끝에 높은 경지에 오른 성자라느니 새로 보살이 된 자라느니 해봐야 황폐한 무덤가나 떠도는 망령으로 저 자신도 지키지 못하는 것들이다."

제자들을 다룰 때 임제가 고함을 잘 지른 것처럼 덕산은 방망이를 잘 휘둘렀다. 그래서 '덕산의 방망이 임제의 고함(德山棒 臨濟喝)'이란 말이 나왔다. 한번은 덕산이 대중들에게 이렇게 말했다.

"만약 올바로 말한다면 서른 대를 칠 것이다. 만약 잘못 말한다면 역시 서른 대를 칠 것이다."

이 말을 들은 임제는 친구인 낙포洛浦에게 말했다.

"덕산에게 가서 왜 올바로 말하는데 서른 대를 치느냐고 물어보게나. 덕산이 방망이로 때리려고 하면, 그걸 맞잡고 밀어 보게나. 어떻게 하나 보게."

낙포는 하라는 대로 했다. 낙포가 질문을 던지자마자 덕산은 낙포를 때리기 시작했다. 그래서 낙포는 방망이를 잡고 덕산을 밀쳐버렸다. 그러자 덕산은 말없이 자기 방으로 돌아갔다. 낙포가 돌아와 임제에게 있었던 일을 말하자, 임제는 이렇게 말했다.

"그 친구 처음부터 어딘가 좀 의심이 갔단 말이야. 그건 그렇다 치고, 자넨 진정한 덕산을 이해했는가?"

낙포가 우물쭈물하자, 임제는 그를 한 방 갈겨버렸다.

임종을 앞두고 병석에 누워서도 덕산은 언제나 그랬던 것처럼 오직 하나뿐인 세계에 머물렀다. 누군가 물었다.

"절대로 앓지 않는 사람도 있습니까?"

덕산이 말했다.

"그럼, 있고 말고."

"절대로 앓지 않는 그 사람에 대해 말해 주십시오."

그러자 덕산은 앓는 소리를 내었다. 앓는 사람이나 절대로 앓지 않는 사람이나 매한가지라는 것이다.

암두 전활과 설봉 의존

덕산에게는 제자가 많지 않았는데, 그 중에서도 두 사람이 빼어났다. 암두巖頭 전활全豁(828~887)과 설봉雪峯 의존義存(822~908)이다. 영적인 자질에서는 암두가 설봉보다 나았는데 암두의 마음은 칼날처럼 날카로웠다. 그는 누구에게도 고집을 꺾지 않았다. 심지어는 덕산이나 동산 같은 스승들에게도 마찬가지였다. 하루는 덕산을 찾아가 문을 열고 들어서자마자 "고귀한 것이오, 더러운 것이오?"라고 암두가 물었다. 덕산이 소리를 치자, 암두는 절을 했다. 후에 누군가 동산에게 그 일을 전하자, 동산은 이렇게 말했다.

"암두가 아니었더라면 그렇게 잘 받아치지 못했을 걸세."

암두는 이 칭찬을 듣고 이렇게 말했다.

"그런 그릇된 판단을 내리다니 동산 영감도 어지간히 눈치가 없구면. 그때 그 일만 하더라도 덕산을 한껏 치켜 올리면서도 다른 한편으론 꼬집고 있었는데 말이야."

"고귀한 것이오, 더러운 것이오?"라고 물으면서 암두는 고귀한 것과 더러운 것 사이의 구분이 더 이상 없음을 말한 것이다. 덕산은 이 질문에 고함을 치면서 암두와 마음이 같다는 것을 이해시켰다. 암두는 절을 통해 스승의 반응에 기뻤다는 것을 보여주는 한편, 이 절에 스승이 어떻게 반응할까 떠보고 있었다. 하지만 덕산은 아무런 의심 없이 우상처럼 앉아서 절을 덥석 받았으니, 덕산이야말로 가련하게도 자신이 '고귀한 사람'임을 스스로 인정한 셈이 되었다.

암두가 얼마나 간절히 분별심을 초월하고자 했느냐는 다른 일화에서도 잘 드러난다. 친구인 설봉, 흠산欽山과 담소를 나누고 있는데, 설봉이 갑자기 잔잔한 물이 담긴 물동이를 가리켰다. 흠산이 말했다.

"물이 맑으니 달이 나타나네."

설봉이 말했다.

"물이 맑으니 달이 사라지네."

암두는 아무 말도 하지 않고 물동이를 발로 차버리고는 가버렸다.

이 일화에서 흠산의 접근법은 긍정론, 설봉의 접근법은 부정론이다. 하지만 물동이를 발로 차버리는 일은 어떨까? 아마도 암두는 그 행동으로 긍정론과 부정론을 모두 뛰어넘어야 할 필요성이 있다는 사실을 보여주고자 했을 것이다. 암두는 그 어떤 선사도 이해하지 못했다며 '마지막 한 마디(末後句)'라는 말을 잘 썼다. 이처럼 물동이를 발로 걷어차는 일이 '마지막 한 마디'일까? 어쨌든 다른 사람이 마지막 한 마디를 하는 것을 암두가 내버려둔 일은 거의 없다.

설봉의 마음은 암두처럼 그렇게 빨리 움직이지 않았지만, 성실함, 겸손, 참을성, 이타심 등으로 인해 그 역시 위대한 선사 중 하나로 손꼽힌다. 설봉의 가장 훌륭한 자질은 다른 선사들에게서는 쉽게 찾아볼 수 없는 것인데, 설봉은 기꺼이 다른 사람들이 마지막 말을 하도록 양보한 뒤, 충심으로 기뻐하며 그 말에 동의했다. 만약 암두가 번뜩이는 머리를 지녔다면, 설봉은 그릇이 훨씬 컸다. 인내심이 많은 암탉처럼 설봉은 운문雲門을 비롯해 법안法眼의 할아버지라 할 수 있는 현사玄沙 등 뛰어난 제자들을 여럿 품었다. 그리하여 설봉으로부터는 두 줄기 중요한 선맥禪脈이 갈라져 나가게 된다. 반면에 암두에게는 그런 계승자가 없었다.

그러나 설봉과 암두가 모두 덕산의 제자로서 설봉이 암두를 형님처럼 여기고 그의 도움을 받아 깨달음에 이르렀다는 것은 부정할 수 없다. 한 번은 설봉과 암두가 여행하고 있었다. 호남성 오산鰲山 지방에 도착했을 때, 눈보라가 몰아쳐 더 이상 나아갈 수가 없었다. 암두는 마음을 편히 먹고 내처 잠만 자는데도 설봉은 좌선과 명상으로 시간을 보내고 있었다. 하루는 설봉이 암두를 깨우려고 소리쳤다.

"사형, 일어나시오!"

암두가 대답했다.

"왜?"

설봉이 궁시렁거렸다.

"전생에 무슨 죄를 지었기에 이런 사람과 여행을 하게 되었단 말인가. 사람을 짐짝처럼 질질 끌고 다니질 않나. 이제 여기 와서는 하루 종일 잠만 자고 있으니……"

암두가 설봉을 향해 소리쳤다.

"입 닥치고 잠이나 자라, 이 녀석아! 날마다 이불 위에서 다리나 꼬고 앉아 있으면 어쩌자고. 하는 꼴이 어수선한 것이 귀신 나올까봐 겁난다. 좋은 집안의 선남선녀들을 죄다 등쳐먹을 작정이냐, 뭐냐!"

설봉이 가슴을 가리키며 말했다.

"여기 내 안에서 평화라는 것이 느껴지지 않소. 나를 속일 수는 없지."

암두는 이 말을 듣고 매우 놀랐다. 설봉은, 다시 한 번 내면이 흔들리고 있다는 것을 자신은 안다고 말했다. 그러자 암두는 설봉에게 느낀 것과 경험한 것을 모두 말해 보라며 그 중에서 가짜와 진짜를 가려 주겠노라고 약속했다. 설봉은 염관鹽官 선사 밑에서 선에 입문하게 된 일, 동산이 깨달은 직후에 지은 시(悟道頌)를 읽고 감명 받은 일, 마침내 덕산을 찾아와 탈 것 중의 탈 것(最上乘, 최상의 가르침)에 관해 물은 일, 이에 덕산이 "무슨 소리를 하느냐?"며 방망이로 후려친 일, 그 순간 뒤집어진 물동이와 같은 느낌이 든 일 등을 주섬주섬 외었다. 그러자 암두는 크게 고함을 치며 말했다.

"남의 집 문으로 들어가는 사람은 자기 집의 보배가 되지 못한다는 이야기도 듣지 못했느냐?"

설봉이 물었다.

"그럼 지금부터 나는 무엇을 해야 하오?"

암두가 말했다.

"앞으로 위대한 가르침을 널리 전파하고 싶다면 모든 것이 네 가슴에서 솟구쳐 하늘과 땅을 뒤덮고 적시게 만들어라!"

이 말에 설봉은 완전히 깨쳤다. 설봉은 절을 한 뒤, 벌떡 일어서서 외쳤다.

"사형이시여! 이 오산에서 나는 완전히 도를 얻었소!"

나중에 설봉은 1천5백 명의 제자를 거느린 큰 절의 주지가 되었다. 한번은 중 하나가 스승 덕산에게 무엇을 배웠느냐고 설봉에게 물었다. 그는 이렇게 대답했다.

"그 분께는 빈손으로 갔다가 빈손으로 돌아왔다네."

"스승에게 무언가를 얻어내는 제자는 없다"는 설봉의 지적은 사실이다. 이 점만 보더라도 설봉은 다른 위대한 선사들만큼이나 그 시야가 초월적이다. 한편으로 설봉에게는 너무나 많은 제자들이 있어서 그들의 요구에 따라 이것저것 맞추어야 할 일이 많았다. 설봉은 칼을 칼집 안에 넣어 두어야 했다. 누군가 그에게 물었다.

"화살이 그 날카로운 촉을 드러내면 어떻게 합니까?"

설봉이 말했다.

"명사수가 과녁을 맞히지 못하지요."

그러므로 설봉은 '자신의 번뜩이는 광채를 낮추라'는 도가의 교훈을 명심한 모양이다. 하지만 설봉은 다른 사람들과 마찬가지로 특정한 방법에 너무 집착하면 초심자의 눈을 멀게 할 수 있다는 것을 알고 있었다. 한번은 어느 신참이 설봉에게 선으로 들어가는 확실한 방법을 가르쳐 달라고 말했다. 설봉은 이렇게 대답했다.

"자네의 눈을 멀게 하느니 내 몸이 부서져 가루가 되는 편이 낫다!"

설봉은 다른 사람의 뛰어난 자질을 빨리 알아챘다. 자신이 황열반黃涅槃 선사禪師(부처님)에게 뒤진다는 것을 인정하며 이렇게 말했다.

"나는 세 가지 세계 안에서 살고 있습니다만, 당신은 그 세 가지 세계를 뛰어넘었습니다."

설봉은 위산潙山을 '위산의 옛 부처', 조주를 '조주의 옛 부처'라고 불렀다. 한 번은 삼성三聖이 설봉에게 물었다.

"그물 사이를 빠져 나온 황금비늘의 물고기에게는 어떤 음식을 먹여야 할까요?"

옛 선사들의 방식대로 설봉이 대답했다.

"자네가 그물을 빠져 나오면 이야기해 주지."

"사람들은 저마다 오래된 거울을 가졌는데, 저 원숭이도 그렇군."

삼성이 말했다.

"1천5백 명의 중을 돌보는 사람이 질문의 핵심조차 모르니 이것이 어찌된 일입니까?"

설봉이 사과했다.

"이 늙은 중이 주지랍시고 일하느라 너무 정신이 없네."

또 다른 일화인데, 설봉과 삼성이 들판에서 일을 하다가 원숭이를 보았다. 설봉이 말했다.

"사람들은 저마다 오래된 거울을 가지고 있는데, 저 원숭이도 그렇군."
삼성이 말했다.
"자고로 영원히 이름 붙일 수 없는 것을 두고 어찌 오래된 거울이라고 말할 수 있겠습니까?"
설봉이 대답했다.
"흠집이 커지고 있으니까."
삼성은 또 말의 뜻을 이해하지 못한다고 설봉을 탓했다. 설봉은 다시 일하느라 너무 바빴다고 사과했다.

두말할 필요 없이 설봉은 삼성과 마찬가지로 질문의 핵심을 알고 있었다. 하지만 설봉이 '오래된 거울' 운운하며 흠집이 커지고 있다고 할 때는 초심자들을 위한 것이 아니었다. 자신이 무엇을 하는지 설봉이 잘 알고 있었다는 것은 다른 일화에서도 알 수 있다. 한 번은 설봉이 자신을 찾아온 중에게 어디서 오느냐고 물었다. 그 중은 이렇게 대답했다.

"복선覆船 선사 밑에서 왔소."

복선이란 '뒤집힌 배'라는 뜻이다. 그래서 설봉은 그 이름을 가지고 장난을 쳤다.

"생사의 바다를 건너가자면 아직도 멀었는데, 그 양반은 왜 그렇게 일찍 배를 뒤집어 버렸을까?"

무슨 소리를 하는지 몰랐던 그 중은 복선에게 돌아가 그 얘기를 들려주었다. 복선은 이렇게 말했다.

"그 양반은 이미 생사를 뛰어넘었소이다, 라고 말하지 그랬느냐."

그 중은 설봉에게 다시 돌아가 그대로 말했다. 이에 설봉이 말했다.

"그건 자네 말이 아니네."

그러자 그 중은 그렇게 말하라고 시킨 사람은 복선이라고 털어놓았다. 설봉은 이렇게 말했다.

"매는 복선 스무 대, 나 스무 대네. 자네는 상관없어."

복선의 잘못은 초월성에 치우친 데에 있고, 설봉의 잘못은 자기 주관에 치우친 데에 있다. 하지만 노자도 "밝음을 알아도 어둠을 지켜라.(知其白 守其黑)"라고 말하지 않았던가! 설봉도 피안彼岸을 알지만, 강 이쪽 기슭에 머문 것뿐이다. 스승의 고초이자 사투가 아닐 수 없다!

깊은 강은 소리 없이 흐른다

위산 영우

백장의 제자인 위산 영우(771~853)는 처음으로 자신의 종파를 세운 선사다. 위산은 정말 뜻하지 않게 깨달음을 얻었다. 하루는 백장을 모시는데, 백장이 위산에게 불씨가 남아 있는지 화로를 뒤져보라고 말했다. 화로 속을 뒤졌으나, 위산은 불씨를 찾지 못했다. 백장은 몸을 일으켜 손수 화로를 뒤진 뒤 작은 불씨 하나를 찾아내었다. 그 불씨를 제자에게 보여주며 백장은 "이것은 불씨가 아니더냐?"라고 말했다. 이에 위산은 깨달음을 얻었다.

숨겨진 불씨는 위산이 창시한 위앙종潙仰宗의 상징이라고 할 수 있다. 우연찮게도 위앙종을 일으키는 데 마찬가지로 큰 공헌을 한 위산의 제자 앙산仰山도 이 신성한 불씨를 두고 스승과 대화를 나누다가 결국 깨닫게 되었다. 이 일화를 살펴보면, 앙산의 질문은 참된 부처가 머무는 곳에 관한 것이었다. 위산은 이렇게 말했다.

"생각 없는 생각의 오묘함으로 내면으로 시선을 돌려 그 신성한 불꽃의 무궁한 힘을 생각하라. 생각이 더 이상 나아가지 못할 때, 그 생각은 다시 근원으로 돌아오니, 본성과 형상이 영원히 머무는 곳이며 현상과 본체가 하나인 곳이다. 거기에 참된 부처의 여여함이 머문다."

현상과 본체의 비이원적 속성이라는 말은 노자의 말을 떠올리게 한다. 노자는 외면과 내면을 뜻하는 '묘妙'와 '요徼'의 신비한 동일체(玄同)에 대해 말한 바 있다. 우리 안에 숨겨진 마음의 불꽃은 노자의 '미묘한 빛(微明)'이나 '안의 눈(玄覽)' 등과 조응한다.

임제와 위산은 모두 도가와 가까운 편이었는데, 그 기질로 보자면 임제는 장자에 가깝고 위산은 노자의 원숙함과 고요함을 지녔다.

한 중이 물었다.

"도가 무엇입니까?"

위산이 대답했다.

"마음 두지 않는 것이(無心) 도다."

그 중이 말했다.

"무슨 소리인지 모르겠습니다."

"무슨 소리인지 모르는 그 작자를 알아내기만 하면 되느니라!"

그 중이 다시 물었다.

"무슨 소리인지 모르는 그 작자는 누구입니까?"

위산이 대답했다.

"그는 바로 네 자신이니라."

위산은 계속 말했다.

"지금 살아 있는 모든 사람들이 자신의 본성을 곧장 경험하는 방법을 알기 바란다. 이해하지 못하는 사람이 바로 자신의 마음, 바로 자신의 부처임을 알기를. 바깥에서 지식 나부랭이를 얻어내고는 그것을 선이나 도라고 여긴다면 빗나가도 한참 빗나간 셈이다. 이런 식으로 공부해서는 마음에 쓰레기만 쌓일 뿐, 그 쓰레기가 치워지지 않는다. 그래서 나는 그걸 절대로 도라고 부를 수 없다."

이 대화에 비추어보면, 노자가 "도란 매일 잃어버리는 일이다.(爲道日損)"라고 한 뜻을 분명히 이해할 수 있다.

앙산은 여래선如來禪과 조사선祖師禪을 구분했는데, 이는 위앙종이 선의 역사에 가져온 가장 큰 일이라고 할 수 있다. 하루는 앙산이 후배인 향엄香嚴 지한智閑을 찾아갔다. 앙산은 향엄의 선 공부가 얼마나 진척되었는지 보려고 요즘에는 어떤 소식을 들었느냐고 물었다. 이에 향엄은 시를 지었다.

작년의 가난은 진짜 가난이 아니었지	去年貧 未是貧
올해의 가난이 정말 가난이네	今年貧 始是貧
내가 작년에 가난했다고 하나	去年貧
송곳 하나 세울 땅은 있었지	猶有卓 錐之地
올해에는 어찌나 가난한지 송곳조차도 없다네	今年貧 錐也無

하지만 앙산은 이렇게 말했다.

"이 시로 봐서 자네가 여래선을 얻었다는 것은 확실하네만 조사선은 아직 꿈도 꾸지 말아야겠어."

그러자 향엄이 즉각 다른 시를 지었다.

내게 타고난 기질이 하나 있어	我有一機
단번에 그를 알아보네	瞬目視伊
이를 이해하지 못하는 사람이 있다면	若人不會
중이라고 부르지는 말아야지	別喚沙彌

이번에는 앙산도 기뻐했으며 위산에게 이렇게 말했다.

"아우 향엄이 조사선을 얻었다는 사실을 알게 되어 무척 기쁩니다."

이 두 편의 시를 비교하면 여래선과 조사선의 차이를 알아볼 수 있다. 첫 번째 시는 마음공부가 꽤 높다는 것을 보여 주지만, 여전히 신앙, 좌선, 금욕 등의 단계에 있다. 이 단계에 있을 때는 경전에 나오는 가르침과 충고만을 신중하게 선택해서 따라야 한다. 이를 두고 여래선이라 한다. 두 번째 시는 참된 '나'라고 할 수 있는 '안의 사람'을 곧장 가리키는 통찰을 매우 자연스럽게 표현하고 있다. 이를 가리켜 앙산은 '믿음의 단계(信位)'에 반하는 '사람의 단계(人位)'라고 불렀다. 이는 그 어떤 개념이나 이성이나 윤리가 결부되지 않은 순수한 정신적 경험, 내재화된 관조의 상태에 속한다. "단번에 그를 알아보네(瞬目視伊)"라는 2행이 이 시의 핵심이다. '伊'자는 '그'를 뜻하는데, 중국어에서는 멀리 있는 사람이나 물건을 가리키는 '他' 혹은 '那箇' 그리고 '이것'을 뜻하는 '此'와 같다. 선사들은 신비로운 자아를 가리킬 때 이런 글자들을 사용했다.

안에 있는 '나'가 선가에서는 어디나 중요하지만, "단번에 그를 알아보게" 하고 우리와 그가 같다는 것을 알려주는 신성한 불꽃이 우리 안에 있다는 사실이 드러난 것은 위앙종 덕분이다. 신성한 불꽃, 혹은 신비한 직관은 '기機'로, '참된 나'는 고유한 존재 혹은 '체體'로 부른다. 깨달은 뒤에 나오는 모든 행동과 말은 이 '참된 나'의 기능, 즉 '용用'이라고 한다. '참된 나'가 아트만atman이라면 도는 브라만Brahman이랄 수 있다.

위앙종의 값진 공헌을 또 하나 들자면, 즉각적인 깨달음(頓悟)의 원칙을 엄격히 고수하면서도 한편으로는 점진적인 수양(漸修)의 필요성도 주장했다는 점이다. 한 중이 위산에게 물었다.

"즉각적인 깨달음을 얻은 뒤에도 마음공부를 해야 합니까?"

이 질문에 대한 위산의 답변은, 즉각적인 깨달음과 점진적인 수양의 결합에 대해서 말할 때면 언제나 언급되는 유명한 구절로 불교철학자들도 이 견해에는 대개 동의한다. 그런 까닭에 조금 길지만 여기에 인용한다.

어떤 사람이 진실로 깨달음을 얻어 이 세계의 근본을 깨달았다면, 또한 스스로 그것을 알고 있다면, 그는 수행해야 한다느니 수행하지 않아도 된다느니 하는 데에 더 이상 얽매이지 않는다. 하지만 보통 원래의 마음은 지금까지의 인연으로 깨친 것임에도 불구하고, 한 사람의 정신이나 마음이 즉각적으로 깨달았다고 하더라도 거기에는 시간이 생겨나면

서부터 형성된 습성이 아직 남아 있게 되지, 단 한 번에 완전히 사라지거나 하는 일은 없다. 그러므로 전생의 업으로 인해 여전히 작용하고 있는 습관적인 생각이나 관념들을 완전하게 잘라버리는 방법을 배워야 한다.

이렇게 깨끗하게 만드는 것이 바로 수행이다. 수행이라고 해서 아주 엄격한 방법을 말하는 것은 아니다. 그저 수행의 방향만 대략적으로 가르쳐 주면 된다. 들은 바를 먼저 이성으로 받아들여야 한다. 그 이성적 이해가 말로 표현할 수 없을 정도로 깊어지고 세련되게 다듬어지면, 마음이 저절로 충만해지고 밝아져 이제 다시는 의심과 혼동의 상태로 빠지지 않게 된다. 오묘한 가르침이 아무리 많고 다양하다고 해도 이제는 각각의 상황에 따라 어떤 수행을 그만하고 어떤 수행을 계속할 것인지 본능적으로 자신에게 적용하게 된다. 여기까지 와야만 참된 삶의 예술가로서 법복을 입고 의자에 앉을 자격이 생긴다.

한 마디로 말하자면 궁극적인 진리 혹은 이성의 요체는 단 하나의 티끌도 허락하지 않으며 수없이 많은 행동의 길과 그 문에서는 단 하나의 법도 버려지지 않는다. 더 법석 떨 필요도 없이 단칼에 뚫고 나갈 수 있다면, 세속적인 것이니 성스러운 것이니 하는 구분은 영원히 사라지게 될 것이며 너는 참된 불멸의 본성을 드러낼 것이다. 그 본성 안에서는 우주적인 이성과 특별한 사물이 서로 둘이 아니다. 이것이야말로 '있는 그대로의 부처(如如佛)'라고 할 수 있다.

위산은 타고난 선생이었던 모양이다. 위산은 현명하고 원숙하고 강인한 태도로 제자들을 완벽한 깨달음으로 이끌었다. 어느 날, 아직 깨달음을 얻지 못한 앙산이 차 잎을 따고 있는데, 위산이 말했다.

"우리가 하루 종일 함께 차 잎을 땄네만 자네 목소리만 들었을 뿐, 모습을 보지 못했네. 내가 볼 수 있게 모습을 좀 드러내게."

그러자 앙산이 차나무를 흔들었다. 하지만 위산은 이렇게 말했다.

"자네는 그 기능은 깨쳤지만, 본체는 아직 멀었네."

"스님이라면 어떻게 하셨겠습니까?"

스승은 아무런 대답도 하지 않고 잠시 침묵을 지켰다. 그러자 앙산이 끼어들었다.

"스승께서는 본체만 깨쳤을 뿐, 아직 그 기능을 깨치지는 못하셨습니다."

"몽둥이 서른 방은 맞아야겠군."

앙산이 반박했다.

"스님의 몽둥이는 달게 맞겠습니다만, 저의 몽둥이는 누구를 때려야 합니까?"

이에 위산은 이렇게 말했다.

"네가 맞은 서른 방을 나에게 되돌려 주면 되지."

육조 혜능이 말한 대로 '본성'이라고 해도 좋고, '원래 얼굴'이나 '본체'라고 불러도 상관이 없는 그 내적 자아는 물론 눈에 보이지 않는다. 그러므로 직접 보여줄 수도 없다. 나무를 흔들면서 앙산은 그 기능을 통해 자신의 내적 자아를 보여주려고 했을 것이다. 하지만 대부분의 선사들은 입을 다물거나 그 자리를 피하는 것으로 내적 자아를 표현한다. 여기서 앙산이 심각한 실수를 저지른 것은 아니다. 하지만 스승이 그 기능을 깨닫지 못한 채 내적인 자아만을 깨달았을 뿐이라고 말한 것은 앙산의 큰 실수였다. 기능은 본체에 내재해 있으므로 기능 없는 본체란 존재할 수 없다. 위산이 용서해 주겠다고 말하긴 했지만, 앙산이 스무 방은 맞아야겠다고 생각하게 된 까닭이 여기에 있다.

이 일화는 위앙선의 또다른 매력으로 우리를 이끈다. 기록에 따르면 위앙종의 선사들은 자기 제자들을 가르치는 데에 몽둥이를 사용하거나 고함을 지르지 않았다. 다소 과격한 방법을 동원한 경우는 앙산에게 일어난 일화뿐이다. 하루는 위산이 대중들에게 말했다.

"많은 가능성을 지닌 사람들이 참으로 허다한데, 정작 실천으로 옮겨지지 않는도다."

앙산은 이 말이 이해되지 않아 산 아래 어느 암자의 스님에게 가서 물었다.

"큰스님께서 이렇게 가르치셨는데, 이것이 대체 무슨 소리입니까?"

그러자 그 스님은 다시 한 번 질문을 들려달라고 했다. 앙산이 질문을 다시 하는 순간, 그 스님은 앙산을 발로 걷어차 땅에 쓰러뜨렸다. 산중으로 다시 돌아온 앙산이 위산에게 있었던 일들을 말했다. 이 일이 어찌나 우스웠던지 스승은 참지 못하고 큰 소리로 껄껄거리며 웃고 말았다.

위에서 말한 암자의 스님이 위앙종에 속하는지는 알 수 없다. 위산은 워낙 웃음이 많은 사람이라 제자가 당한 일을 두고 껄껄대긴 했지만, 발로 차거나 때릴 수 있을 만큼 운동 신경이 발달하진 않았다.

하지만 이런 위산의 아버지다운 원숙함 밑에는 겁내지 않고 우상을 부수는 능력이 숨어 있었다. 하루는 위산이 앉아 있는 방으로 앙산이 들어왔다. 이에 위산이 말했다.

"앙산, 지금 당장 한 마디를 해보아라. 머뭇거리지 말고!"

이 말은 곧 어떤 식으로든 말과 관념에 집착하지 않은 채 곧장 통찰을 내놓으라는 뜻이었다. 스승이 말하는 바를 알아차린 앙산은 다음과 같이 대답했다.

"제 신앙은 아직 갖춰지지도 않았습니다."

위산이 물었다.

"아직 갖춰지지 않았다고 해도 믿을 수 있는 신앙이 있다는 뜻이냐, 아니면 신앙이 없기에 갖추고 자시고 할 것이 없다는 이야기냐?"

앙산이 대답했다.

"제가 믿을 것은 안에 있는 '나'일 뿐이지 않겠습니까?"

위산이 말했다.

"그렇다면 너는 선에나 매달리는 소인배다."

앙산이 대답했다.

"저는 어떤 부처도 보지 못했습니다."

그러자 마침내 위산이 물었다.

"《열반경》 40권 중에서 부처의 말은 어디서 어디까지고 마군魔軍의 말은 어디서 어디까지냐?"

"《열반경》 모든 말이 마군의 말입니다!"

이 대답에 위산은 매우 기뻐하며 다음과 같이 말했다.

"이후로는 그 어떤 사람도 너를 당해내지 못할 것이니라."

이 일화는 홈즈 대법관이 내게 한 말을 떠올리게 한다.

"어떤 철학 체계이든 그 기본적인 사고는 상당히 간단하고 이해하기 쉽다. 하지만 말로 표현하면 마귀를 대하듯 어렵다."

'말로 표현하면 마귀를 대하듯 어렵다'는 사실을 잊어버리지만 않는다면 언어와 관념의 복잡한 체계 속에서 빠져나오지 못하는 어려움 없이 경전들을 즐겁게 읽을 수 있을 것이다.

내가 보기에 앙산은 스승인 위산보다 훨씬 더 심오하다. 하루는 두 사람이 밭으로 나갔다. 위산이 말했다.

"저 밭이 이 밭보다 높구나."

앙산이 말했다.

"아닙니다. 이 밭이 저 밭보다 높습니다."

"내가 본 것이 틀렸다는 말이냐? 그럼 여기 가운데 서서 우리 같이 양쪽을 한 번 비교해보자."

위산이 이렇게 말하자, 앙산은 다음과 같이 대꾸했다.

"가운데 가서 설 필요도 없고 양쪽에 모두 집착할 필요도 없습니다."

그러자 위산이 제안했다.

"그러면 물을 가져와서 그 수면의 기울기로 서로 높이를 재어보도록 하자. 물보다 더 정확한 것은 없지 않느냐?"

"물의 기울기도 상대적이지요. 높은 곳에 가면 높고 낮은 곳에 가면 낮으니까요. 그것이 다입니다."

그러자 노승은 그만 입을 다물었다.

위앙종에는 위앙종만의 매력이 있다. 위앙종은 임제종이나 운문종雲門宗처럼 험준하고 날카롭지 않고, 조동종曹洞宗처럼 치밀하고 기발하지 않으며, 법안종法眼宗처럼 사변적이고 그 폭이 넓지 않다. 하지만 위앙종에는 깊이가 있다. 향엄이 깨닫게 된 이야기가 그 사실을 전형적으로 보여준다.

향엄은 원래 백장 문하의 사미승이었다. 향엄은 대단히 명석하고 눈치가 빨랐으며 분석력과 이론이 뛰어났고 경전에 조예가 깊었다. 하지만 선의 이치는 깨닫지 못했다. 백장이 열반하자, 향엄은 백장의 수제자인 위산의 아래에 들어가기를 자청했다. 위산은 향엄에게 이렇게 말했다.

"열반하신 백장 선사 곁에 있을 때, 하나를 물으면 열을 대답했다고 들었다. 네가 얼마나 똑똑하고 재간이 많은지 알 수 있다. 그러니 하나를 들으면 둘을 깨칠 수 있었으리라. 그렇다면 태어나고 죽는 문제가 가장 근본적이다. 네가 부모에게서 태어나기 전에 너는 어떠했는지 내게 말해 보아라."

이 질문에 향엄은 가슴 속으로 짙은 안개가 가득 밀려드는 듯했다. 향엄은 따져보는 방법조차 알지 못했다. 방으로 돌아온 향엄은 그 질문에 대한 답변으로 쓸 만한 구절을 찾을까 싶어 모든 책을 샅샅이 뒤졌지만 단 한 문장도 찾을 수 없었다. 그리하여 홀로 탄식하기를, "그림의 떡이라는 속담이 있더니만"이었다. 그 다음부터 향엄은 시도 때도 없이 위산을 찾아가 그 비밀을 알 수 있도록 분명하게 말해 달라고 간청했다. 그럴 때마다 위산은 이렇게 말했다.

"지금 내가 너한테 잘 설명해줄 수는 있겠지만, 그렇게 하면 얼마 가지 않아서 네가 나를 원망할 것이다. 어쨌든 내가 하는 말은 다 나한테 해당하는 것들이니 너하고는 아무 상관이 없다."

절망에 빠진 향엄은 책을 다 불태우고 이렇게 말했다.

"이 생에서는 더 이상 부처의 진리를 공부하지 않겠다. 탁발승이 되어 여기 저기 떠돌기만 할 테다."

향엄은 눈물을 머금고 스승의 곁을 떠났다. 여기저기 떠돌던 향엄은 혜충慧忠 국사와 인연이 많은 남양의 어느 절터를 지나게 되었다. 향엄은 거기서 얼마간 머물렀다. 하루는 풀을 뽑고 나무를 자르다가 무심결에 부서진 기왓장을 던졌는데, 그 기왓장이 대나무에 가 부딪히면서 상쾌한 소리를 내었다. 뜻하지 않은 그 소리에 향엄은 문득 본래의 '나'는 태어나면서 생겨난 것이 아니라는 사실을 깨달았다. 향엄은 암자로 다시 돌아와 몸을 깨끗하게 씻고 초를 밝힌 뒤 멀리 있는 위산에게 절을 하면서 말했다.

"큰스님, 존경합니다. 제게 베푼 자비를 잊지 않겠습니다. 부모보다 더 많은 은혜를 스님께 받았습니다. 그때 제게 비밀을 알려 주셨더라면 어찌 제가 오늘의 이런 놀라운 일을 겪을 수 있었겠습니까?"

때로 나는 스승들이 너무나 많은 것을 알려주는 바람에 촉망받던 많은 재능 있는 사람들이 어린 나이에 그 싹이 잘리는 것을 보게 된다. 알게 된다는 것은 그것이 무엇이든 직접 경험해보아야 하는 것이기 때문이다. 위산이 많은 위대한 가르침을 전해 주었지만, 더 위대한 가르침은 말하지 않고 전했다.

위앙종은 5대에 이르러 끝났다. 하지만 그 정신만은 죽지 않아 위앙종에서 비롯한 많은 심오한 깨달음들은 선을 공부하는 모든 사람들의 자산이 되었다. 나도 스승과 제자 사이에 오가는 그 깊은 유머와 말없는 대화를 보면서 많은 즐거움을 얻었다. 예를 들자면, 앙산이 하안거夏安居를 마치고 스승인 위산을 뵈러 갔다.

"애야, 여름 내내 네 모습이 뵈질 않더구나. 어디 숨어서 한소식이라도 들었느냐?"

앙산이 대답했다.

"뭐, 밭 한 뙈기 갈아서 한 됫박의 씨를 뿌린 것이 답니다."

"그럼 이 여름을 한가하게 보낸 건 아니구나."

이번에는 앙산이 스승에게 여름 동안 무엇을 했느냐고 물었다.

"낮에는 밥을 먹었고 밤에는 잠을 잤느니라."

"그럼 스님도 이 여름을 한가하게 보내신 건 아니네요."

이렇게 말하고 나서 앙산은 이 말이 얼마나 앞뒤가 안 맞는지 퍼뜩 깨닫고는 사람들이 흔히 자기도 모르게 실수를 할 때처럼 혀를 낼름 내밀었다. 제자가 당황했다는 것을 안 위산은 꾸짖듯 말했다.

"애야, 왜 도끼로 네 발등을 찍느냐?"

선의 이치에 합당한 말을 해놓고서도 당황한다는 것은 그 사람의 시야가 아직 세속적인 생각에 젖어 있다는 뜻이다. 아무것도 아닌 것에 법석을 떨어대는 일들에 대한 무의식적인 향수가 남아 있어서 순간적으로 중요한 것을 망각했다는 뜻이다. 혀를 내밀 이유도 없었고, 야단맞을 까닭도 없었다. 꾸짖는 내용은 꽤 심각했으나 그 방식은 참으로 온화하고 해학적이다. 깊은 강은 소리 없이 흐르는 법이다.

나중에 주지가 된 뒤 한 말들을 보면, 위산의 가르침과 그 정신에 앙산이 얼마나 감화받았는지 알 수 있다. 앙산의 설법 가운데서 뽑은 다음 구절은 위앙종의 경향과 사상을 그대로 보여준다.

"그럼 다들 불빛을 자기 자신에게 돌릴 것이지 내 말을 외우려 들지는 마시게. 시작도 없는 무한의 시간 속에서 모두들 그 불빛에 등을 돌리고 어둠만을 좇아왔지. 잘못 생각하는 버릇이 자네들 안에 얼마나 뿌리 깊게 박혔던지 하룻밤에 다 뽑아내기는 역부족이네. 그런 막 돼먹은 사고방식을 없애기 위해서는 그렇다고 믿게 하는 방편에 의지할 수밖에 없는 것이야. 말하자면 이는 아이의 울음을 그치게 하기 위해 그것이 마치 값진 금화라도 되는 양 노란 이파리를 건네주는 것이나 마찬가지지.

또한 이는 여러 계층의 손님들의 취향에 맞추기 위해서 일용품에서 금은보화까지 구비한 가게와 똑같아. 내가 말하지 않았나. 석두는 금은방이지만 나는 온갖 것들을 다 파는 잡화상이라고. 쥐똥을 구하러 오는 사람이 있다면 나는 쥐똥을 팔 것이고, 순금덩어리를 구하러 오는 사람이 있다면 순금덩어리를 팔 거야. 장사라는 것이 사는 사람이 있어야만 돼. 사는 사람이 없으면 장사도 안 돼.

내가 선의 정수만을 다룬다고 하면 남아 있을 사람이 나밖에 없을 거야. 아마 한 사람도 남아 있지 않을 걸. 5백 명이니 7백 명이니 하는 중들이 모여 있을 까닭은 더더군다나 없지. 하지만 내가 동서東西의 일들을 죄다 말한다면 사람들이 구름같이 몰려와서는 귀를 쫑긋 하고 내 말을 토씨까지 죄다 들으려고 하겠지. 그것이 바로 아이에게 빈 주먹을 들이밀면서 그 안에 엿이 있는 것처럼 구는 일이지. 죄다 사기지.

자, 이제 쉽게 이야기하겠네. 고귀한 깃들에 마음은 빼앗기지 마시게. 차라리 그 마음을 자기 본성으로 돌리게. 땅에 두 발을 붙이고 서서 자기를 닦도록 하게. 신비술이니 초능력 같은 것에 빠지지 말게. 왜냐? 그건 죄다 부수적인 것에 불과하니까. 지금 반드시 필요한 것은 마음을 모아 근본에, 자네들의 뿌리에 닿는 일이네. 뿌리까지 가기만 하면 그런 부수적인 것들은 신경 쓸 필요도 없어. 자네들 안에 온갖 보화와 권력이 다 들어 있다는 것을 곧 알게 될 걸세. 반대로 그 뿌리에 가 닿지 못하는 한에는 제 아무리 배우고 익힌다 하더라도 그런 보화나 권력은 그림의 떡이 될 게야."

집으로 돌아가라

동산 양개

조동종은 동산 양개(807~869)와 그 제자인 조산曹山 본적本寂(840~901)이 함께 세웠다. 그럼에도 동조종이라고 하지 않고 조동종이라고 한 까닭은 제자가 스승보다 뛰어나서가 아니라 조산이 훗날 주지로 들어앉았던 조산曹山이 육조 혜능이 자리했던 조계曹溪와 같은 조曹자를 쓴 연유로 육조를 높인다는 측면에서 조자를 앞에 내세운 것이다.

동산은 지금의 절강浙江 지방에서 태어나 어린 나이에 사미승으로 출가했다. 그를 가르치던 스승이 《반야심경般若心經》을 외우라고 해서 읊다가 "눈도 귀도 코도 혀도 몸도 마음도 없다.(無眼耳鼻舌身意)"라는 구절을 만나게 되었다. 동산은 손으로 얼굴을 만지며 스승에게 물었다.

"저는 눈도, 귀도, 코도, 입도, 그리고 나머지도 다 지니고 있습니다. 그런데 어찌하여 경전에서는 그런 것들이 없다고 하는 것입니까?"

예기치 않은 질문에 스승은 당황하면서도 어린 소년의 당연한 질문에 놀라워했다.

이 작은 사건은 매우 중요하다. 이 소년이 일찌감치 그 싹을 보인 것이다. 소년은 도를 찾아나서는 데 반드시 필요한 독립적인 심성을 보여주었다. 그 시절의 평범한 사미승들은 성스러운 경전이 잘못됐으리라고는 생각하지 않았다. 하지만 어린 동산은 자신이 이해하지 못하는 것이라면 그것이 사람이든 경전이든 받아들이지 않았다. 바로 이러한 점 때문에 그 스승은 놀라워하며 말했다.

"나는 네 스승감이 아니다!"

동산은 이십대 초반에 계를 받았다. 그 후 관례에 따라 다른 절을 다니며 공부하고 여러 스님들에게 가르침을 받았다. 먼저 동산은 말년에 마조가 가장 아끼는 제자였던 남전에게 갔다. 마침 그날은 마조의 제사 전날 밤이었다. 법회 시간에 남전이 대중들에게 물었다.

"내일은 마조 선사의 제삿날이다. 마조 선사가 올지 안 올지 나로서는 참 궁금한데, 너희들은 어떻게 생각하느냐?"

사람들은 아무런 말이 없었다. 그때 동산이 앞으로 나서며 말했다.

"벗할 사람을 찾으면 오시겠지요."

그 젊은 객승을 눈여겨 보게 된 남전이 말했다.

"이 사람 어리기는 하지만 갈고 닦을 물건이로다."

그러자 동산이 말했다.

"스님, 자유로운 영혼을 노예로 삼지 마세요!"

여기에서 다시 어디에도 기대지 않는 동산의 영혼과 내적인 '나'는 갈고 닦을 수 있는 것이 아니라는 그의 생각을 읽을 수 있다.

그 다음에 동산은 위산을 찾아가 생명이 없는 것들도 진리를 말한다는 것이 사실인지, 만약 그것이 사실이라면 왜 우리는 그 말을 듣지 못하는지 물었다. 얼마간 토론이 있은 뒤, 위산이 말했다.

"부모가 주신 이 입으로는 자네한테 절대로 설명할 수 없다네."

머리가 복잡해진 동산은 그 설명을 들을 수 있는 다른 선사가 없는지 물었다. 위산의 추천에 따라 동산은 운암雲巖 담성曇晟(782~841)을 찾아가 단도직입적으로 그 질문을 던졌다.

"생명이 없는 것들이 진리를 설명하면, 그것을 누가 듣습니까?"

"생명이 없는 것들이 듣지."

운암이 바로 대답했다. 동산이 다시 물었다.

"스님은 들습니까?"

"내가 그 이야기를 들으면 네가 어찌 내가 하는 설법을 듣겠느냐?"

그럼에도 동산은 여전히 생명이 없는 것들이 정말 진리를 말하는지 의심스러웠다. 그러자 운암은 지휘봉을 들면서 말했다.

"들리느냐?"

"아니오. 들리지 않습니다."

"내가 하는 말도 들리지 않는데, 무슨 생명이 없는 것들이 하는 말을 듣겠다는 것이냐?"

그러면서 운암이 덧붙였다.

"《아미타경阿彌陀經》에 보면, '물줄기, 새들, 나무들이 모두 부처님과 진리를 노래하네'라는 구설이 나오는데 읽어보았느냐?"

여기에 이르러 동산은 진리를 깨치고 이를 다음과 같은 시로 남겼다.

놀랍도다, 놀랍도다!   也大奇 也大奇
불가사의한 무정물의 설법이여.   無情說法不思議
귀로 듣자면 들을 수 없으리니   若將耳聽終雜會
눈을 통해 듣고자 할 때 진실로 들을 수 있으리.   處聞聲方得知

운암이 물었다.
"그래서 행복하냐?"
동산의 대답은 늘 그렇듯 솔직했다.
"행복하지 않다고는 말하지 못하겠습니다. 다만 이 행복은 쓰레기 더미에서 밝은 진주를 발견한 사람의 행복과 같습니다."

밝은 진주란 당연히 새로 얻은 통찰을 뜻한다. 쓰레기 더미란 그도 고백하듯이 동산의 마음속에 여전히 남아 있는 낡은 습관을 뜻하는 것이 분명하다.

나중에 동산이 운암에게 이별을 고하자, 운암은 애정을 담아 이렇게 말했다.
"오늘 헤어진 연후에는 우리가 다시 만나기 어려울 것이다."
"우리가 다시 만나지 않는 것이 더 힘들 텐데요!"
그렇게 말한 뒤, 동산이 다시 운암에게 물었다.
"스님께서 이 생을 버리신 뒤에 누군가 제게 네 스승의 진짜 얼굴을 보았느냐고 물어보면 뭐라고 대답해야 합니까?"

운암은 잠자코 있다가 말했다.

"요렇게 생겼다."

이 말에 동산은 많은 생각을 하게 되었다. 마지막으로 운암이 말했다.

"이를 늘 명심하고 매사에 자중자애하기를 바란다."

여행하는 내내 동산은 "요렇게 생겼다"라는 운암의 알쏭달쏭한 말을 되새겼다. 얼마 뒤 개울을 건너다가 동산은 그 물에 비친 자신의 얼굴을 바라보았다. 그리고 그 자리에서 "요렇게 생겼다"라는 말의 참된 의미를 깨쳤다. 그리하여 그 경험을 동산은 아래와 같은 시에 담았다.

그를 다른 곳에서 찾지 말라!	切忌從他覓
그러면 네게서 도망갈 뿐이로다!	沼沼獨自往
이제 나 홀로 가더라도 어디서나 그를 만나리	處處得逢渠
그는 지금 바로 나이지만	渠今正是我
나는 지금 바로 그가 아니다	我今不是渠
이것을 깨달아야	應須恁麽會
늘 '그러한 나'와 진정으로 맺어질 수 있다	方得契如如

여기에서 내가 '그러한 나'라고 번역한 부분의 원문은 '如如'인데, 이는 '진여眞如', 즉 산스크리트어의 부타타다타Bhutatathata와 같은 뜻이다. 이는 '스스로 존재하는 본질', '그러함', '영원한 그것'을 뜻한다. 이는 《도덕경》의 '늘 그러한 도(常道)', 힌두교에 나오는 브라만, 《구약성서》에 나오는 '나는 스스로 난 존재다'라는 구절과 마찬가지다. 이 시

에서 가장 중요한 구절은 이 두 행이다.

그는 지금 바로 나이지만,
나는 지금 바로 그가 아니다.

분명히 여기에는 '나' 와 '그' 사이에 미묘한 차이가 존재한다. 그는 나이지만, 나는 그가 아니다. 이는 신이 나보다 더 나이지만, 내가 신은 아닌 것과 마찬가지다. '나' 와 '그' 사이의 관계는 '작은 나' 와 '큰 나' 의 사이, 그리고 '참사람' 과 '늘 그러한 도' 사이의 관계와 같다.

이 시는 보석처럼 소중하다. 비단 불교에서뿐만 아니라 전 세계의 모든 종교 문헌에서 살펴보아도 그렇다. 이 시는 글 전반에 걸쳐서 진실함이 깃든 생생한 경험을 담았으며 보여주는 세계가 깊다. 심오하지만 분명하기 때문에 두보杜甫의 다음과 같은 시를 떠올리게 한다.

가을 물 맑아 바닥이 없네   秋水淸無底

이 시는 여전히 독립적이고 확실한 것만을 추구하는 동산의 시야가 새로운 경지로 올라갔다는 사실을 보여준다. 동산은 혼자이면서 여럿이다. 동산은 홀로 존재하는 경지에 도달했으니, 이는 마음을 달랠 다른 것을 원하지 않는 상태다. 동산의 마음은 하늘에 닿아 있었지만, 그 발은 딱딱한 땅 위를 서슴지 않고 걸었다. 늘 그대로 그와 같은 상태를 보게 된 동산은 다시 지금 여기로 돌아왔다.

정처없이 떠돌다 늑담泐潭이란 곳에 이른 동산은 어느날 초初라는 중이 이렇게 말하는 소리를 들었다.

"아, 놀랍고도 놀랍구나! 말할 수 없어라, 부처와 도의 나라여!"

동산이 그에게 물었다.

"부처와 도의 나라에 대해서는 말하지도 않겠소. 하지만 부처와 도의 나라를 말하는 사람이 누군지 알고 싶을 뿐이오. 부처와 도는 그저 이름과 문자에 불과할 뿐인데 어찌 참된 가르침에 기대지 않는 것이오?"

이에 그 중이 물었다.

"참된 가르침이라는 것이 무엇이오?"

"뜻을 얻었으면 말을 잊어버리는 것이오.(得意而忘言)"

이는 《장자》에 나오는 말로 동산이 얼마나 보편적인지를 보여주는 증거인 동시에 선과 도가 얼마나 가까운지를 나타낸다.

동산이 오십대 초반이던 860년경, 그는 지금의 강서江西성에 있는 동산洞山에서 주지가 된다.(다른 경우와 마찬가지로 동산 역시 자신이 설법하던 산의 이름을 따서 '동산'으로 불렸다.) 운암의 제삿날, 한 중이 동산에게 물었다.

"큰스님, 운암 스님 밑에 계실 때, 뭐 특별히 배우신 건 없습니까?"

동산이 대답했다.

"글쎄, 거기에 있긴 했지만, 뭘 특별히 배웠다고 할 것까지는 없지."

"그렇다면 제사를 모시는 까닭은 무엇입니까?"

그 중이 묻자, 동산이 말했다.

"그건 돌아가신 운암 스님이 뭐 넋이 높거나 학식이 뛰어나서가 아니라 나한테는 아무런 비법도 전해주지 않아서야."

그러자 그 중은 운암의 가르침에 모두 동의하느냐고 동산에게 물었다.

"반은 맞다고 생각하지만, 반은 동의하지 못해."

"왜 반만 동의하십니까?"

그 중이 묻자, 동산이 대답했다.

"내가 다 맞다고 하면 돌아가신 운암 스님이 얼마나 부끄럽게 여기시겠는가."

여기에서 알 수 있다시피 동산은 나이가 든 뒤에도 어디에도 기대지 않는 뜻이 여전했다. 사실 스승이 자신보다 더 뛰어나다는 사실을 증명한 제자에게 등불을 전해준다는 것은 선가에서는 하나의 전통이기도 했다.

중 하나가 "추운 날과 더운 날에는 어디로 가야 추위와 더위를 피할 수 있겠습니까?"라고 묻자, 동산은 다음과 같이 대답했다.

"춥지도 않고 덥지도 않은 곳으로 가면 되지."

"거기가 어딥니까?"

"추우면 얼어 죽고 더우면 타 죽는 곳이지."

이 대화는 동산이 얼마나 인내심이 많고 뜻이 깊은 스승인지 보여준다. 동산의 손에 들어가면 제 아무리 우습게 보이는 질문이라도 심오한 지혜의 바다로 뛰어드는 발판이 된다.

동산은 성품이 매우 온화해 고함을 지르거나 방망이를 휘두르는 일이 전혀 없었다. 애간장을 태우는 공안에 의지하지도 않았다. 동산의 대화는 간단하지만, 심오하다. 그 맛은 올리브와 같다. 더 많이 씹을수록 단맛이 더해진다. 예를 들어, 운암이 "요렇게 생겼다"라고 말했다는데 그것이 사실이냐고 어느 중이 물었다. 동산은 "그렇다"라고 대답했다.

"스님께선 그때 큰스님의 뜻을 아셨습니까?"

"자칫하면 엉뚱하게 이해할 뻔했지."

그러자 그 중이 다시 물었다.

"그 분도 '있다'라는 걸 알고 있었을까요?"

그 중이 묻자, 동산이 대답했다.

"큰스님께서 '있다'는 것을 몰랐다면 어찌 그런 말씀을 하셨겠는가? 반대로 스님께서 '있다'라는 걸 아셨더라면, 왜 그렇게 말씀하실 수밖에 없으셨겠는가?"

'요렇게'라는 건 두말할 필요 없이 '참된 나'를 가리키고, '있다(有)'라는 건 선의 일화에서는 흔히 순수한 존재, 혹은 진실을 뜻한다. 엄밀하게 말하자면 '참된 나'도 순수한 존재도 말로는 표현할 수 없다. '참된 나' 혹은 순수한 존재가 분명히 존재한다는 것을 깨칠 수 있는 한편, 이는 본질적으로 언어로 표현되지 않는다. 제 아무리 '요렇게'라고 말한다고 해도 이미 주제넘은 짓이다. 아마도 동산은 이것을 말하려고 했을 것이다. 하지만 선가의 교육법을 익히 아는 선사이므로 동산은 자신의 의견을 분명히 말하는 대신에 질문의 방식을 빌어 제자가 스스로 생각해서 그 해답을 얻도록 한 것이다. 배우는 사람이 스스로 찾아낸 해답 하나가 가르치는 사람이 머릿속에다 쑤셔 넣은 백 가지 해답보다 훨씬 더 낫다.

동산이나 조동종의 가르침을 공부하려는 사람은 누구나 '왕과 신하의 다섯 단계(五位君臣)'라는 원리를 만나게 된다. 이것이 조동종의 중심 사상은 아니고, 말하자면 학습능력이 떨어지는 사람들을 위해 만들어 놓은 방편이거나 교육 방법론이랄 수 있다. 선의 역사를 공부하는 사람들이 이런 부수적인 것들을 대단한 것인 양 만들어 놓고서는 진짜 중요한 것들을 망각하는 경향이 있는데, 이는 매우 유감이다.

이런 점들을 반드시 기억하면서 이 '다섯 단계(五位)'를 간략하게 살펴보자. (사실은 이를 풀어내는 방식은 다양하다. 동산의 방식도 있고 조산의 방식도 있다.) 동산은 이렇게 설명했다.

1. 현상계 아래에 진실이 숨은 단계 - 정중편正中偏
2. 현상계가 진실을 가리키는 단계 - 편중정偏中正
3. 현상계로 진실이 의도적으로 들어가는 단계 - 정중래正中來
4. 현상계와 진실이 서로 어울리는 단계 - 겸중지兼中至
5. 현상계와 진실이 완전히 어울리는 단계 - 겸중도兼中到

이 다섯 단계는 마음공부와 깨달음의 진행 정도를 가리킨다. 첫 단계에서 수행자는 어느 정도 자기 안에 진실이 있다는 것을 알지 못하고 현상계에 마음을 빼앗긴다. 본래는 자신이 주인이건만, 수행자는 손님으로 머무른다.

하지만 실제로 진실과 현상계는 서로 마디가 없이 연결된 하나의 세계, 노자의 말을 빌자면 '신비한 동일체(玄同)'로, 현상계에만 집중해서 그 법칙과 상호 관계를 열심히 공부하는 것만으로도 높이 오르고 깊이 들어가기 위한 좋은 준비 과정이 될 수 있다. 게다가 현상계를 오랫동안 공부하다 보면 점차적으로 어느 부분에서 자신의 마음이 작용하고 개입하는지 깨닫게 된다. 객관적인 세계에서 주관적인 요소를 찾아낼 때 자기 발견이 시작된다.

그러므로 도덕적인 차원에서 보자면 처음에는 속한 사회의 일반적인 관습이 모든 사람들에게 적용될 수 있는 성스럽고 보편적인 것이라고 인정한 가운데 행동하게 된다. 하지만 경험이 쌓여가면서 익숙하다고 모두 옳은 것이 아니며, 낯설다고 해서 반드시 옳지 않다는 것을 의미하는 건 아니라는 걸 알아차리게 된다.

이렇게 현상계의 도덕적 기준이 모두 엇갈리면서 얼마간 혼동이 오게 되면 불가피하게 자기 안으로 돌아서게 되고 이성과 양심에 따라 행동하려고 한다. 이렇게 해서 수행자는 자신이 원래 노예가 아니라 자유인이라는 것을 조금씩 깨닫게 된다. 하지만 어떤 단계라 해도 낡은 습관은 쉽게 사라지지 않는다.

동산은 이 첫 번째 '자리'를 이렇게 규정했다.

현상계 아래에 숨은 진실이여!	正中偏
달이 뜨기 전, 초저녁 어스름 속이라면	三更初夜月明前
서로 만나 알아보지 못해도 이상할 게 없네	莫怪相逢不相識
어둑어둑 옛날 의심을 아직 품고 있어라	隱隱猶懷舊日嫌

두 번째 단계에서는 현상계가 진실을 향해 움직이게 된다. 이는 중심으로 향하는 움직임이다. 어두웠을 때 친구인 줄 알고 다가갔다가 도

둑과 강도를 만난 사람은 주위가 환해지기 전까지는 그때의 기억 때문에 공포와 의심을 가질 수밖에 없다. 하지만 주위가 환해지면 친구라는 것이 분명히 보인다. 이제는 환영의 세계에 더 이상 현혹되지 않는 동시에 변하지 않는 진실의 세계에 눈뜨게 된다. 이 단계는 깨달음이라고 하는 중대한 경험으로 나타난다. 이에 대한 동산의 시적 설명은 분명하고도 흥미롭다.

> 현상계가 진실을 가리키네! 　　　　　偏中正
> 동이 트자 노파가 우연히 거울을 보네 　失曉老婆逢古鏡
> 또렷하게 보이는 얼굴은
> 자기가 알던 얼굴이 아니네 　　　　　分明覿面別無眞
> 앞으로는 머리에 속지 않고
> 오직 비치는 모습만을 따르길 　　　　休更迷頭猶認影

이 두 번째 단계에서 깨닫게 되면서 이제 자신이 누구인지 알게 된다. 자신은 참된 사람이며 자유인이며 주인이자 왕이다. 수행자는 이제 확실히 '사람의 단계'에 들어섰다. '진실을 알게 된 사람'이라고 불러도 된다. 진실을 알게 된 사람은 현상계로 돌아가 다른 중생들을 위해서 일하고 가르쳐야 한다.

그래서 세 번째 단계를 '현상계로 진실이 의도적으로 들어가는 단계'라고 한다. 수행자는 이렇게 해서 세계로 돌아오지만, 그 세계의 일부는 아니다. 동산은 이를 다음과 같이 표현했다.

현상계로 진실이 의도적으로 돌아가네!

正中來

세상의 티끌에서 벗어난 보이지 않는 길이 있네

無中有路隔塵埃

단지 하지 말아야 한다면 능히 지금 말하지 않지만

但能不觸當今諱

또한 지난날의 말재주보다는 훨씬 낫도다

也勝前朝斷舌才

다시 말하면, 진실을 알게 된 수행자는 첫 번째 단계에 있는 사람들에게 자신이 몸소 경험하고 친히 알게 된 것들을 말로 표현하는 일이 불가능하다는 것을 알게 된다. 또한 진짜 물건을 보여주는 대신에 이해하기 쉽게 정리한 말들을 주게 되면 그 사람들을 잘못 이끌 수 있다는 사실도 알게 된다. 이 때문에 선사들은 대개 부정하는 방법을 통해 이야기하고 닳아빠진 방법에서 멀찌감치 떨어져 비밀스럽게 다가가는 것이다. 때때로 재미난 우화를 끌어들이기도 하고 생전 처음 듣는 충격적인 말을 하기도 한다. 심지어는 딱 잘라 말해서 규정 내리고 체계적으로 설명해 되려 사람들의 환영을 더 확실하게 하고 그대로 잠에서 깨어나지 못하게 하느니 차라리 고함이나 방망이질 혹은 이성적인 질문에 동문서답을 하는 까닭도 여기에 있다. 적어도 훌륭한 선사라면 마음에 한 가지 생각뿐이다. 제자들의 잠자고 있는 능력을 일깨우는 것, 제자들이 본래의 자신으로 돌아갈 수 있게 스스로 생각하게 만드는 것이다. 그들에게 어떤 방편을 써야 가장 좋을지에 대한 것은 또 다른 문제다.

깨달은 사람이 현상계를 깊이 꿰뚫어보게 되면 세 번째 단계에 있을 때보다 현상계에 있는 것이 훨씬 더 편함을 느끼게 되고, 결국에는 번뇌가 곧 열반임을 알게 된다. 머리로 이미 깨달았던 사실, 그러니까 현상계와 진실이 본질적으로 하나라는 사실을 경험적으로 알게 된다. 이 단계에서는 눈에 현상계나 진실 모두가 절대성이 아니라 상대성의 영역에 있음을 알게 된다.

노자가 말한 바와 같이 '신비한 동일체(玄同)'에서 '묘妙(진실)'와 '요徼(눈에 보이는 것)'가 모두 비롯하니 근원이 진실과 현상계 모두보다 더 우선하고 크다는 것은 이치에 닿는다. 실제로 진실과 현상계는 근본根本에서 흘러나오는 하나의 강이다. 진실이니 현상계니 하는 말 자체가 인간의 마음이 만들어낸 것이므로 둘 사이에 실제적인 차이는 없다. 깨달은 사람을 진실한 자아를 찾은 사람이라고 해서는 안 된다. 그는 진실과 현상계, 이 둘을 모두 합쳐 놓은 전체로서의 인간이다.

그러므로 그는 진실만으로 갈망하는 것이 아니라 그것보다 무한하게 높고도 깊은, 그 이상의 닿을 곳이 없는 경지를 찾는다. 동산이 설명해 놓은 바를 찬찬히 읽어 본다면 이것이 무슨 뜻인지 분명해진다.

현상계와 진실이 서로 어울리도다!	兼中至
두 칼날이 서로 교차하더라도 피하지 말라	兩刀交鋒不須避
명검은 오히려 불 속의 연꽃처럼 피어나니	好手猶如火裡蓮
스스로 하늘을 꿰뚫을 뜻을 품은 것이 분명하다	宛然自有沖天志

마지막 단계에서는 진실과 현상계가 완전히 어울리는 경지에 도달한다. 그 경지에 이르면 진실과 현상계의 어울림은 결국 하나가 된다. 네 번째 단계까지만 해도 이 우주를 뛰어넘으려는 열망이 남아 있었다. 그러므로 네 번째 단계는 '초우주적'이라고 부를 만하다. 그에 비해 이 다섯 번째 단계는 '초우주적 소통'이라고 할 수 있다. 초월적인 곳까지 솟구쳤다면 반드시 이 진실이면서 동시에 현상계로 돌아와야 한다. 네 번째 단계에 있을 때, 깨달은 사람은 영웅이었다. 하지만 이 단계에 이르면 지상에서 극락을 발견하기 때문에 그에게는 세상의 가장 하찮은 것이라도 성스럽기만 하다. 동산은 이렇게 적었다.

드디어 최상의 하나됨에 이르렀도다!
兼中到
있고 없음의 경계에 떨어지지 않는 그를 따를 자 누구인가?
不落有無誰敢和
사람들은 평범한 것에서 벗어나려 진을 빼지만
人人盡欲出常流
그는 즐거이 돌아와 숯 가운데 앉는구나
折合還歸炭裏坐

'숯 가운데 앉는다'는 것은 완전한 어둠 속에 묻힌다는 뜻이다. 이렇게 되는 일을 동산이 이 놀라운 여정의 최고 경지로 둔 것은 언뜻 보기에 실망할 정도까지는 아니더라도 이상하기는 하다. 이런 놀라운 반전이 어디 있겠는가! 하지만 위대한 세계의 종교가들이 행한 신앙고백에 정통한 사람이라면 제일 마지막에 발견한 것들이 그간 실제로 발견하고 기록한 것들과 다르다는 사실에 놀랐을 것이다. 있는 그대로 모든 것을 보여주는 놀라운 태도 덕분에 동산은 고차원적인 신비주의의 세계 속에서 한 자리를 차지할 수 있게 된 것이다.

동산은 노자, 장자, 플로티노스, 마이스터 에크하르트, 십자가의 요한 등과 어깨를 나란히 한다. 노자는 "알지 못한다는 것을 아는 것이 최상(知不知上)"이라고 일갈했고, 어둠 속의 진실을 아는 신비주의자들이 모두 이와 비슷한 말을 했다. 동산이 말한 숯은 이 어둠 속의 진실을 나타내는 하나의 상징이다. 다르게는 이렇게 표현한 적도 있다.

"물건이 하나 있는데 위로 하늘을 떠받치고 아래로 땅을 지탱하며 검기가 옻과 같고 쉼 없이 활동하고 움직인다.(有一物 上柱天 下柱地 黑似漆 常在動用中)"

수수께끼처럼 들리는 말이다. 사실은 수수께끼보다 더한 것이다. 이는 비밀 중의 비밀인 도道를 뜻하기 때문이다.

동산은 다섯 단계를 간략하게 소개하면서 다른 말을 사용하기도 했다. 즉 찬양, 끌림, 갈망을 뜻하는 '향向', 자발적 복종을 뜻하는 '봉奉', 성취를 뜻하는 '공功', 여러 겹의 성취를 뜻하는 '공공共功', 성취 중의 성취를 뜻하는 '공공功功' 등이 그것이다. 이는 제자들에게 마음공부의 방향을 제시하기 위해 만든 것이다.

제일 먼저 '향'의 단계에서 스승은 행동과 지혜로써 제자들에게 사랑과 존경을 받아야 한다. 그래야만 제자들도 스승의 경지를 갈망하게 된다. 동산은 이 단계를 다음과 같이 시로 적었다.

어진 임금들은 요임금에게서 말미암았으니	聖主由來法帝堯
백성을 대하되 예의와 공경을 앞세워	御人以禮曲龍腰
시끄러운 저자와 거리를 지날 때마다	有時鬧市頭邊過
여기저기 백성들이 어진 임금을 반겼다네	到處文明賀聖朝

정치가라면 이보다 더한 일은 없을 것이다. 하지만 마음공부를 하는 사람에게는 이것이 겨우 시작, 들어가는 단계일 뿐이다.

'봉'의 단계에서 제자는 온 마음으로 진지한 명상과 엄격한 수련에 임해야 한다. 처음의 열정이 이제 타오르는 불꽃으로 바뀌어야 한다. 동산은 이렇게 시로 남겼다.

누구를 위해 짙은 화장 깨끗하게 지웠는고?	洗淨濃妝爲阿誰
두견새 울음은 집으로 돌아가라 이르네	子規聲裏勸人歸
온갖 꽃잎이 다 떨어져도 그 소리 그치지 않아	百花落盡啼無盡
어지러운 봉우리 깊은 산중을 향해 다시 소리 내네	更向亂峯深處啼

이 시에는 약간의 설명이 필요하다. 첫째 행에서는 막 평생에 걸친 일, 그러니까 원래의 자신으로 돌아가는 일을 이미 시작한 수행자를 발견할 수 있다. 이 수행자는 자기 몸에 걸친 모든 화려한 장식을 벗어버린다. 누구를 위해서인가? 그 답은 둘째 행에서 찾을 수 있다. 그것은 분명

히 스승이 강요해서가 아니라 그저 집으로 돌아가라는 신비한 목소리를 들었기 때문이다. 이 신비한 목소리는 두견새의 울음으로 상징되었다.

두견새는 한자로 '자규子規'라 하는데 중국에서는 자규의 울음소리를 '자귀子歸(집으로 돌아가라는 뜻)'의 발음과 비슷하다고 여긴다. 그래서 두견새의 울음을 듣는 나그네는 향수에 젖게 된다. 하지만 그것이 누구의 목소리인가? 아마도 형제, 자매, 연인, 친구, 어쩌면 부모의 목소리일 수 있다. 어쨌든 그것은 그와 매우 친한 누군가의 목소리, 아무런 사심도 담지 않고 그렇게 헤매다가는 어디에도 이르지 못한다고 충고해주는, 그런 목소리일 것이다. 그것은 막무가내로 이야기하는 준엄한 목소리가 아니라, 더운 여름날 불어오는 시원한 바람처럼 부드러운 목소리다. 더구나 어찌나 부드러운지 뿌리칠 수가 없다. 하지만 누구의 목소리일까?

하지만 이 단계에 이른 수행자는 그 목소리의 주인공보다는 목소리의 내용 자체에 더 끌린다. 지금 그는 '신앙의 단계'에 있지, 아직까지 '사람의 단계'에는 이르지 못했다. 목소리의 내용은 집으로 돌아가라는 것이다. 하지만 승려들은 스스로 '출가出家'했다고 일컫는다. 그렇다면 두견새는 집을 떠난 승려에게 다시 그 집으로 돌아가라고 하는 것일까? 그것은 불가능하다. 그렇다면 목소리가 말하는 집이란 어디일까? 그것은 우리 안에 있는 집이다. 다시 자기에게 집중하는 것은 내면으로 향한 삶의 시작이다.

마지막 두 행에서 이 경험 많은 스승은 마음공부의 길로 막 나선 사람들만이 집으로 돌아가야 한다는 목소리를 들은 것이 아님을 말하고 있다. 마음공부를 많이 한 사람들 역시 여전히 집으로 가는 길 위에 있기 때문이다. 그래서 마음공부를 하기 시작한 사람들도 멈칫거리지 않게 된다. 집으로 가는 길에는 혼자만 있는 것이 아니라 많은 도반들이 함께하기 때문이다.

이렇게 해서 우리는 세 번째 단계, 첫 성취의 단계에 이르게 된다. 여기에 이르면 쉬면서 기쁨을 누리게 된다. 이 휴식은 충분히 누릴 만한 것이지만, 기쁨은 뜻밖의 선물이다. 동산의 시 자체가 휴식과 기쁨을 암시한다.

고목에 꽃이 피니 봄이 오히려 겁을 내네	枯木花開劫外春
거꾸로 옥 코끼리 타고 앉아 기린을 좇아가네	倒騎玉象趁麒麟
일천 봉우리 넘어 높은 집 마련하니	而今高隱千峯外
달빛 희고 바람 맑아 좋은 날이로다	月皎風清好日辰

이 얼마나 아름답고 고요한 광경인가! 여기에다 대고 뭐라고 말하는 것 자체가 티가 될 듯하다. 둘째 행에는 설명이 좀 필요하다. 옥 코끼리는 움직이고 작용하는 도를 상징한다. 기린은 궁극적인 목표로서의 도를 뜻한다. 이제 구도자는 가만히 있어도 성취하는 길에 들어섰기 때문에 도의 길을 가기 위해 노력하는 대신에 도가 스스로 길을 안내하게 내버려둔다. '거꾸로 탄다'는 것은 어린애처럼 철썩 같이 믿는 것을 뜻하는데, 이는 곧 모든 것을 받아들이는 영혼이다.

이제는 성취가 더 많아지는 단계가 남았다. 앞의 단계에서 고목에 꽃이 핀다는 것 자체가 봄이라는 것, 구도자가 자신의 거처를 정하는 곳이 바로 구름 속이라는 것을 보여주었다. 이번 단계에서는 삼계三界에 그 새로운 봄이 찾아오는 것을 다음과 같은 시로 알 수 있다.

중생과 모든 부처가 서로 넘나들지 않으니　衆生諸佛不相侵
산은 저절로 높고 물은 저절로 맑네　山自高兮水自淸
천차만별은 어떤 일을 밝히기에　萬別千差明底事
자고새 우는 곳에 온갖 꽃이 새롭네　鷓鴣啼處百花新

이 시는 《장자》 제물론齊物論의 축소판이라 할 수 있다. 동산은 언젠가 "부처를 넘어선 사람이 있음을 아는 사람만이 내 설법을 들을 자격이 된다"고 말한 적이 있다. 한 중이 '부처를 초월한 사람'이 누구냐고 묻자, 동산은 "부처가 아니다"라고 대답했다. 그런 사람의 눈에는 모든 부처와 다른 중생 사이에 특별한 차이가 없다. 이것이 바로 첫 번째 행이 말하는 바다. 두 번째 행의 핵심은 '저절로'에 있다. 산이 높고 물이 맑아지는 것은 우리와 아무런 상관이 없다. 자연이 스스로 그렇게 행하면서 누구에게 도와 달라고 말할 리는 없다. 우리에게는 산과 물이 어떻다고 규정할 혹은 산과 물을 서로 차별할 권한조차 없다. 산과 물을 하인 취급할 수 있는 사람은 누구인가? 아니, 우리에게 무슨 자격이 있다고 저절로 움직이는 산과 물을 판단의 대상으로 삼겠는가? 자신이 당하고 싶지 않은 일이라면 남에게 해서도 안 된다.

하지만 이제 수행자는 모든 것을 판단하던 습관에서 자유로워졌으므로 온갖 꽃들을 피어나게 하는 자고새와 같아졌다.

마지막 다섯 번째 단계는 '성취 중의 성취'라고 한다. 세 번째 단계에서는 수행자가 하나만을 성취했고 네 번째 단계에서는 성취할 수 있는 것이 더 많아졌다는 사실을 기억하자. 하지만 동산은 그쯤에서 멈출 생각이 전혀 없다! 아침을 맞은 종달새처럼, 동산은 더 이상 솟구칠 수 없는 곳까지 계속 솟구친다. 이번에는 그 경험에 대해 완전히 설명하지는 못한다.

머리에 뿔이 생겨나지만 이미 참기 어려워라	頭角才生已不堪
마음을 헤아려 부처를 구하려 하지만 부끄러울 따름이다	擬心求佛好羞漸
아득히 빈 수많은 시간 동안 아는 사람이 없도다	迢迢空劫無人識
남쪽의 53인을 찾아 묻는 사람은 누구인가	肯向南詢五十三

완벽을 추구하는 이상이 얼마나 괴로운 것인지 여기에 잘 나타나 있다! 자기도취와 이기주의는 나타나는 즉시 그 싹을 잘라야 한다. 하지만 첫 두 행의 긴장은 마지막 두 행에서 풀어진다. 만약 우리가 참된 '나'에 대해 분명하고도 자세히 알지 못한다면, 그것은 시간이 생긴 이래 자신에 대해 아는 사람은 아무도 없음을 뜻한다. 그렇지 않다면 아마도 참된 '나'는 우리 지식의 대상으로서 우리 앞에 나서지 않았을 것이다. 그렇다면 참된 '나'란 우리가 알아야 하는 것이 아니라 우리가 되어야 하는 것이다.

마음공부가 최고조에 달한 것을 이런 시로 보여주었다는 사실은 "알지 못하는 것이 가장 해박한 것이다.(不知最親切)"라고 말하던 나한羅漢 계침桂琛과 같은 마음이었음을 보여준다.

이런 연결고리의 연장선상에서 토마스 머튼이 쓴 장자에 대한 글을 읽어보자.

"장자는 삶을 하나의 세계(그리고 하나의 신비)로 본다. 따라서 삶은 사물들을 파악하는 논리적인 설명을 갖춘 분명한 이론으로 파악할 수도 없고, 질서 잡힌 사회 관습이나 행동 방식으로 행할 수 있는 것도 아니다. 장자는 다른 어떤 것, 표현될 수는 없지만, 그럼에도 살아 숨쉬는 어떤 것, 곧 언어 너머의 도道를 향해서 손을 뻗었다."(《장자의 길》서문에서)

동산은 장자에 매우 해박했다고 널리 알려진 석두의 계보이므로 머튼이 장자에 대해서 쓴 이런 글들이 동산의 경우에도 잘 맞는다고 해서 이상할 것은 없다.

동산의 최종적인 목표는 깨달음조차 뛰어넘는 일이었다. 동산은 이렇게 썼다.

하늘처럼 참된 것은 신비하여	天眞而妙
어리석음과 깨달음 어디에도 속하지 않네	不屬迷悟

이는 모든 양극단, 예컨대 주인과 손님, 진실과 눈에 현상계, 침묵

과 웅변, 긍정적 방법과 부정적 방법, 행동과 무위無爲, 돈오와 점수, 움직임과 쉼, 내면과 외면을 넘어선다. 이 신비로운 동산의 생각을 표현하는 데는 다음 한 줄이면 충분하다.

  진실은 항상 흐르고 또 흐른다　　　眞常流注

동산의 신비로운 생각들 대부분은 제자인 조산에게 법통을 전수하면서 쓴 기나긴 시 안에서 찾을 수 있다. 그러나 이 생각들은 철학적인 사고에서 나온 것이지, 신비체험을 통해 얻은 것이 아니다. 왜냐하면 대부분은 유심론적인 생각들이지, 깨달음을 얻고 나서 쓴 시에서 찾아볼 수 있는 경험적 통찰은 아니다. 조산에게 준 시의 마지막 부분에는 다음과 같은 인상적인 시구가 있다.

  숨어서 행하고 고요히 다스려라　　　潛行密用
  어리석은 듯, 미련한 듯　　　如愚如魯

이를 통해 우리는 동산이 얼마나 실용적이고 빈틈없는 스승인지 알 수 있다. 그의 핏줄 속엔 노자의 심오한 통찰력은 물론 그 실제적인 노련미도 흐르고 있었다.

겉으로는 동산이 끊임없이 마음공부의 다섯 단계를 거론한 것은 마음공부에 그 어떤 단계나 발달 상태도 인정하지 않았던 앞선 선사 청원靑原의 뜻과는 부딪히는 것처럼 보인다. 그러나 동산이 그 다섯 단계를 가르침의 방편으로만 사용했다는 사실을 잊어서는 안 된다. 일시적인 방편인 한, 이 다섯 단계는 진실로 가는 길에서 합당한 자리를 차지할 것이다. 하지만 이 방편들을 궁극적인 목표로 착각하게 되면 손에 찔린 가시처럼 방해물이 되고 만다.

무엇보다도 동산은 제자들에게 필요한 것이 무엇인가에만 모든 관심을 쏟았던 스승이었다. 세상을 버리는 마지막 순간까지도 동산은 사심 없는 스승으로 남았다. 동산의 마지막은 매우 감동적이다. 869년 봄의 어느 날, 동산은 몸져누웠다. 그런 그에게 한 중이 물었다.

"스님도 몸져누우시는데, 절대로 병들지 않는 사람이 있겠습니까?"

동산이 대답했다.

"있지."

"그 사람이 스님을 보고 있습니까?"

"그게 아니라 이 늙은 중이 그 사람을 보고 있어."

"어떻게 그 사람을 봅니까?"

"이 늙은 중이 보고 있을 때는 어디에도 병이 안 보여."

절대 병들지 않는 사람이란 곧 참된 '나'라는 사실을 선의 방식으로 말한 셈이다. 다른 식으로 표현하자면 화신化身만이 병들 뿐, 법신法身은 여전히 건강하고 불생불멸한다는 뜻이다. 떠날 시간이 됐다는 사실을 알게 된 동산은 머리를 깨끗하게 깎고 목욕을 한 뒤, 승복을 갖춰 입고 종을 울려 모든 대중들에게 작별을 고했다. 그러고 나서 동산은 꼿꼿하게 등을 세우고 숨을 멈추었다. 동산이 죽었다는 것은 분명했다. 이에 모든 사람들은 어머니를 잃은 어린아이처럼 구슬피 통곡하기 시작했다. 그때 동산이 눈을 뜨더니 울고 있던 중들에게 말했다.

"우리 출가자들은 찰나의 것들에 마음을 빼앗기지 말아야 할 것이다. 참된 마음공부는 여기에서 시작하느니라. 살아 있을 때는 일하고 죽으면 쉰다. 슬퍼하고 울 일이 어디 있겠느냐?"

이와 같이 말하고 나서 동산은 대중들에게 우치제愚癡齊를 명했다. 스승이 그 젯밥을 먹고 난 뒤에 세상을 버린다는 것을 눈치 챈 제자들은 누구도 그 젯밥을 먹으려고 서두르지 않았다. 그리하여 음식을 준비하는 데만 7일이 걸렸다. 동산은 그들과 함께 젯밥을 먹었다. 젯밥을 다 먹은 뒤, 동산이 제자들에게 말했다.

"내가 죽으매 요란스럽지 말아라! 중들의 본분에 맞게 고요하라! 바르게 얘기하자면 죽음을 맞이하는 사람에게 시끄러운 소리와 소동은 걸맞지 않다."

그렇게 자기 방으로 돌아간 동산은 결가부좌한 자세로 세상을 떠났다. 생의 마지막 순간까지도 기대지 않는 정신과 이치에 맞는 것만을 추구한 동산의 태도는 매우 흥미롭다.

차별하지 않는 참사람

임제 의현

임제 의현을 통해 우리는 철저하게 현실적인 사람, 뼛속까지 단단한 사람, 열정적으로 진실을 좇아가는 사람을 만나게 된다. 임제는 산둥성의 형邢씨 집안에서 태어났다. 출생연도는 불분명하지만, 866년이나 그 다음 해에 죽은 것만은 확실하다. 아마도 9세기 초반 연도에 태어난 것이 아닌가, 추정된다.

 타고난 기질로 보자면 임제는 전형적인 북부 사람이었다. 젊은 시절에 그는 완벽해지기 위해서 있는 힘을 다 쏟았으며 어디든 찾아 나선 승려였다. 언제나 경건한 마음을 잃지 않아 홀연히 깨달음을 얻었으나, 거기에 이르기까지 참으로 험난한 과정을 거쳐야 했다.

 승려로 완전히 계를 받은 뒤에야 임제는 선에 매력을 느끼기 시작했다. 지금의 안휘성에 해당하는 곳에 있던 황벽黃檗 선사 문하로 들어간 것은 이십대의 일인 듯하다. 당시에는 목주睦州 도명道明이 수제자였다. 목주는 임제의 인품과 행동이 선하다는 것을 알아차리고 오랫동안 그를 지켜보았다. 때가 되었다고 생각되자 목주가 임제에게 다가가 물었다.

"스님은 여기 온 지 얼마나 되셨는가?"

"삼 년이 됐습니다."

임제가 대답했다.

"큰스님에게는 한 번이라도 여쭤본 일이 있는가?"

"없습니다. 아직은 무엇을 여쭤봐야 하는 것인지도 몰라서 생각조차 해본 일이 없습니다."

"불교의 근본 원리를 여쭤보면 되지 않는가?"

그 말에 따라 임제는 말씀을 듣기 위해 큰스님을 찾아갔다. 임제가 질문을 끝내자마자 황벽은 방망이로 임제를 쳤다. 임제가 돌아오자 목주가 물었다.

"큰스님 말씀이 어떠하더냐?"

임제는 일어난 일을 그대로 말하면서 자신으로서는 큰스님의 수수께끼 같은 행동이 영 오리무중이라고 덧붙였다. 목주는 다시 가서 그대로 여쭤보라고 임제를 부추겼다. 임제는 똑같은 질문을 던졌고 지난번과 마찬가지로 얻어맞았다. 이번에는 사정이 나을 거라며 목주는 한 번 더 가보라고 권했다. 임제는 같은 질문을 세 번째로 던졌지만, 또다시 얻어맞은 결과밖에는 없었다. 그러자 임제는 이해할 수 없는 짓은 할 만큼 했으니 이제는 떠나야겠다고 결심했다. 그러는 순간에도 임제는 흥분하거나 무례를 범하지 않았다. 그는 목주에게 결심을 털어놓으며 이렇게 말했다.

"제게 불법에 관해 여쭤보라고 일러준 일에 대해 고맙게 생각합니다. 황송하게도 큰스님께서는 거듭해서 저를 때려주셨습니다. 제가 저질러 놓은 업보 때문에 그 심오한 뜻을 이해하지 못하는 것이 원통할 따름입니다. 이제 저는 아무것도 얻지 못했으니 다른 곳으로 가야 할 것 같습니다."

이에 목주가 말했다.

"가기 전에 큰스님께 떠난다고 고하는 것이 도리일 것 같네."

임제는 절을 하고 물러났다. 한편 목주는 서둘러 황벽에게 달려가 넌지시 말했다.

"말씀을 청해 듣고자 찾아왔던 그 중은 아직 나이가 어리기는 하지만 보통이 아닙니다. 그 중이 떠나겠다고 찾아오거들랑 잘 대해 주십시오. 앞으로 큰 나무가 되어 많은 사람들에게 큰 도움이 될 사람입니다."

임제가 큰스님에게 하직 인사를 하기 위해 찾아오자 황벽이 말했다.

"뭐 다른 곳을 찾아갈 필요 없다. 고안高安 강가에 가면 대우大愚 스님이 있는데 그를 찾아가라. 그 사람이 네게 다 일러줄 것이니라."

임제가 찾아오자 대우는 어디에서 오느냐고 물었고 임제는 황벽선사 밑에 있었다고 대답했다. 대우가 물었다.

"황벽 선사에게서는 무슨 가르침을 얻었느냐?"

"부처님 말씀의 근본 진리에 대해 세 번 여쭤봐서 세 번 다 두들겨 맞았습니다. 제가 잘못해서 그랬는지 어땠는지도 잘 모르겠습니다."

대우가 말했다.

"할머니가 손자를 대하듯이 번민과 고통에서 벗어날 수 있도록 황벽 선사께서 그토록 너를 애지중지하셨구나. 그런데도 이 먼 곳까지 나를 찾아와서는 잘못한 것이 하나도 없는 게 아니냐고 묻고 있느냐!"

이 말에 임제는 완전히 깨쳤다. 그러고는 이렇게 말했다.

"그렇다면 황벽의 불법도 대단한 것이 아니네!"

이 말을 들은 대우는 임제의 멱살을 붙잡고 말했다.

"이런 버르장머리 없는 놈! 아까는 잘못한 것이 하나도 없다고 떠들어대더니 이제 와서는 황벽 선사의 불법이 대단한 것이 아니라고. 네 놈 눈에는 도대체 뭐가 보이느냐? 얼른 말해라!"

임제는 아무런 말도 하지 않고 그저 대우의 옆구리를 세 번 찔렀다. 대우는 임제를 밀치며 말했다.

"그렇구나. 네 스승은 내가 아니고 황벽이니 그를 찾아가라."

임제는 대우에게서 물러나 황벽에게 돌아갔다. 황벽은 임제가 돌아오는 것을 보고 말했다.

"왔다갔다 왔다갔다 하는구나. 그 짓을 언제 그만둘 작정인고?"

임제가 말했다.

"성질 사나운 할머니 때문이 아니겠습니까!"

임제는 대우를 찾아가 들은 말을 소상히 알렸다.

"이런 말 많은 대우 녀석! 오기만 하면 먼지가 나도록 패버릴 테다."

"뭘 올 때까지 기다린단 말입니까? 지금 패세요."

그러더니 임제는 황벽의 따귀를 갈겼다. 황벽이 말했다.

"이 미친놈이 잠자는 호랑이 수염을 뽑는구먼!"

임제는 소리를 내질렀다. 황벽은 임제를 법회가 열리는 법당으로 데려가라고 일렀다.

어느 날, 일하러 나갈 시간이 되어 황벽은 괭이 한 자루를 들고 나섰다. 뒤를 돌아보니 임제가 오고 있는데 손에는 곡괭이 하나 없었다.

"괭이는 안 들고 오느냐?"

황벽이 물었다.

"누가 가져오겠죠."

"가까이 오너라. 그 문제에 대해 너하고 상의할 것이 좀 있다."

임제가 가까이 오는 동안, 황벽은 괭이를 땅에 세워 놓고 말했다.

"이 물건이 하나 있는데, 이걸 집어들 사람이 이 세상에는 단 한 사람도 없다."

황벽은 그 괭이를 가르침의 도구로 삼아 선의 등불을 전하려는 것이 분명했다. 스승의 뜻을 금방 알아차린 임제는 잽싸게 그 괭이를 집어들고는 황벽이 한 것처럼 똑바로 잡았다.

"어떻게 하다가 이 물건이 내 손에 들어오게 됐을까나?"

알쏭달쏭한 말을 하는 암시적인 방법으로 선의 등불이 자기 손에 들어왔다는 것을 임제가 알렸다. 그러자 황벽이 절로 돌아가 말했다.

"오늘 밭에 가봤더니 너희들 다 데리고 나오라는 사람이 있더라."

이는 곧 임제가 모든 대중을 이끌 사람이 되었으니 자신은 편안하게 쉬겠다는 뜻을 담고 있었다.

임제는 다른 사람들과 함께 들에서 일했다. 밭을 갈던 임제는 황벽이 다가오는 것을 보게 되었다. 그래서 일을 멈추고 괭이를 짚고 섰다.

제자를 한 번 더 시험해보기 위해 황벽은 이렇게 말했다.

"이 사람 지쳤구먼."

임제가 말했다.

"아직 괭이를 집어 들지도 않았는데, 지칠 리가 있겠습니까?"

황벽이 지팡이를 들어 치려고 하자, 임제는 지팡이의 한쪽 끝을 잡아 밀쳤고 그 결에 스승은 뒤로 넘어졌다. 황벽은 불목하니를 불러 일으켜 달라고 했다. 황벽을 부축하면서 불목하니는 이렇게 말했다.

"큰스님, 이 무례한 자를 왜 그냥두십니까?"

황벽은 일어서자마자 불목하니를 두들겨 팼다! 그러는 동안 열심히 밭을 갈던 임제가 이렇게 말했다.

"사방팔방에서 사람들이 화장당하고 있는데, 나는 여기서 산 채로 묻히고 있구나."

이 기상천외한 말은 젊은 사자의 첫 번째 의미 있는 포효였다. 이 말은 옛날의 '나'는 이제 죽어서 묻히고 '참된 나'만이 살아 있다는 뜻이며, 동시에 그런 죽음은 한 사람의 육신이 죽기 오래 전에 일어나야 한다는 뜻이며, 아울러 이런 죽음이 있어야 나지도 죽지도 않는 참된 '나'로 살아갈 수 있다는 뜻이었다.

그 순간부터 황벽은 임제가 완전히 깨쳤기 때문에 선의 횃불을 전수받아 크게 밝힐 사람이라는 사실을 추호도 의심하지 않았다. 임제는 꽤 오랫동안 황벽을 모시다가 지금의 화북 지방에 있는 임제선원의 원장이 되있다.

황벽과 막 깨달은 임제가 서로를 골탕 먹이고 한 방 먹이기 위해서

애쓴 일을 살펴보면 참 재미있다. 하루는 임제가 법당에서 낮잠을 자고 있었다. 그 모습을 본 황벽은 지팡이로 누운 자리를 툭툭 쳤다. 임제는 눈을 뜨고 큰스님이라는 것을 확인한 뒤, 다시 잠들었다. 황벽은 지팡이로 한 번 더 두들겨보고는 가버렸다. 그러다가 한쪽에서 좌선하고 있는 수제자를 발견한 황벽이 말했다.

"저기 젊은 녀석은 자리를 지키고 선을 하고 있는데, 너는 어찌하여 여기 앉아서 헛된 공상이나 하고 있느냐?"

수제자가 말했다.

"아, 스님! 그런데 저 사람이 뭘하고 있다구요?"

황벽은 방석을 한 번 툭 치더니 가버렸다. 이 얼마나 이상한 가르침인가! 잠자는 것은 좌선이고, 좌선은 헛된 공상에 빠진 것이라니!

한 번은 임제가 소나무를 심고 있는 것을 보더니 황벽이 말했다.

"어디 쓰려고 이 깊은 산중에 그리 많은 소나무를 심는 것이냐?"

임제가 대답했다.

"우선은 산의 경치를 아름답게 하니까 좋지요. 둘째로는 다음에 올 사람들에게 좋은 귀감이 될 테지요."

이렇게 말하면서 임제는 괭이로 땅을 세 번 찍었다. 황벽은 이렇게 말하며 약을 올렸다.

"그렇다면 너는 이미 나한테 서른 방 먹은 셈이다."

임제는 다시 세 번 땅을 파더니 깊은 한숨을 내쉬었다. 그러자 황벽이 말했다.

"네 대에 이르러 우리 집안의 선풍이 한껏 피어날 것이다."

하안거를 반쯤 보내고 있을 무렵, 임제는 큰스님을 만나기 위해 황벽산을 올라갔다. 거기서 경전을 읽고 있던 황벽을 보고 임제는 스승을 놀렸다.

"사람 하나 만나려고 잔뜩 기대했건만 눈먼 늙은 중뿐이구먼!"

그렇게 말하고 여러 날이 지난 뒤, 임제는 다시 하안거에 들기 위해 돌아가려 했다. 그러자 황벽이 말했다.

"하안거는 이미 끝장났는데, 이렇게 된 것 여름이 끝날 때까지 여기 있거라."

임제가 말했다.

"큰스님 잠깐 뵈려고 올라왔을 뿐입니다."

그러자 황벽은 임제를 때리며 내쫓았다. 얼마쯤 내려가다가 임제는 자신이 너무 갑자기 떠나온 것이 아닌가 싶어 다시 돌아가 여름 내내 황벽과 함께 보냈다. 그 후 임제가 다시 떠나려 하자 황벽은 어디로 갈 것이냐고 물었다. 임제가 대답했다.

"강의 북쪽이 아니라면 강의 남쪽이지요."

황벽이 때리려고 지팡이를 치켜들자, 임제가 이를 빼앗아 스승을 때렸다. 황벽은 큰 소리로 웃음을 터뜨리더니 시자를 불러 임제에게 스승 백장의 지휘봉과 방석을 전하라고 말했다. 이는 그런 물건들을 임제에게 전해줌으로써 법통을 전수하려는 것이 분명했다. 그런데 임제는 시자에게 불도 가져오라고 했다. 그러자 황벽이 말했다.

"안 된다! 이것만 가져가더라도 머지않아 자리에 앉아 세상 모든 사람들의 혀를 끊어버릴 수 있으리라."

앞에서 살펴본 바와 같이 깨닫기 전만 해도 임제는 소심하고 경건한 사람이었다. 그러나 깨달은 뒤에는 우상파괴적인 태도가 전면에 나타났다. 하루는 달마대사의 사리탑을 방문했는데, 탑을 관리하는 중이 임제에게 물었다.

"부처님께 먼저 절할 겁니까, 조사께 먼저 절할 겁니까?"

"누구한테도 절하고 싶지 않소!"

임제의 대답은 다분히 그 중을 놀라게 했다.

"부처님과 조사께 무슨 원한이 있기에 그런 소리를 하시는 게요?"

임제는 소매를 털더니 가버렸다.

이런 태도는 단순히 기질적인 것이 아니라 내적인 확신에서 기인했다. 다음과 같은 임제의 설법은 그 좋은 예다.

"구도자들이여! 우리가 왜 집을 나섰는가? 진리를 찾기 위함이다. 이 산중에 있는 중을 한번 보자. 처음에 나는 엄격하게 계율을 지키는 종단에 들어가 온 마음을 쏟아 수행했다네. 나는 경전과 주석을 열심히 공부해 그 안에 담긴 진리를 발견하려고 애썼다네. 나중에야 나는 그 모든 계율이며 예불이며 경전 등이 환자에게 주는 처방전과 같이 중생을 구제하기 위한 방편에 불과하다는 사실을 깨달았다네. 그런 까닭에 나는 그 모두를 버리고 스스로 곧장 진리를 찾기 위해 선을 추구했다네. 무척 운이 좋아서 덕 높으신 선사를 만날 수 있었지. 그러고 나서야 내 안에 진리의 눈이 생겨나 모든 선지식들이 얻은 바를 이해하게 되었고 옳고 그름이 무엇인지 구별할 수 있게 되었다네. 날 때부터 똑똑해 그 모든 것을 이해할 수 있는 사람은 없다네. 사람은 저마다 열심히 공부하고 스스로 경험해야 하지. 저마다 혹독한 수련과 시련을 거쳐야 하지. 그러다보면 언젠가는 마음이 깨치게 되는 순간이 올 거라고 생각할 수 있지.

도의 길을 따르는 자들이여! 진정한 통찰력을 얻고자 한다면 가장 중요한 것은 다른 사람에 의해 잘못된 길로 들어서지 않는 일이라네. 자네들의 길을 가로막고 선 것이라면 무엇이든 그 즉시 없애버리게. 부처를 만나면 부처를 죽이고 조사를 만나거든 조사를 죽이게. 나한을 만나면 나한을 죽이고 부모를 만나면 부모를 죽이게. 친지와 동료를 만나면 친지와 동료를 죽이게. 그래야만 자네들의 진정한 자유를 얻을 수 있네. 이렇게 해야만 그 무엇에도 집착하지 않고 완전히 홀로 존재하는 자유, 자기 자신이 될 수 있다네."

누구든 죽이라고 말하는 이 끔찍한 소리에 놀랄 필요는 없다. 진리를 추구하고 자신을 찾는 일은 임제에게 유일무이한 일이었다. 그러므로 그 길에 놓인 것이 무엇이든, 그 누구든 사정없이 치워 버려야 한다고 생각하는 것은 당연했다. 임제에게는 삶의 문제가 진짜 "사느냐, 죽느냐"의 문제였다. 궁극에 달해 그 무엇에든, 그 누구에든 집착하지 않고 자유로울 때만이 인간은 진정으로 살아갈 수 있었다. 임제의 우상파괴적인 태도는 반종교적인 태도가 아니라 진실로 종교적인 영혼에서 나왔던 것이다.

임제 철학의 핵심은 "구애받지 않는 참된 사람(無位眞人)"이다. 임제는 지치지 않고 '나'에 의지했다. 이 '나'는 우발적인 삶의 요소에 얽매인 순간순간의 개인이 아니라, 태어난 적이 없으므로 죽지 않는, 시간과 공간을 넘어선, 그리하여 도와 하나인 '참된 나'를 뜻했다. 순간순간의 '나'와 자신을 동일시하는 사람이 바로 노예다. 하지만 자기 안에 '참된 사람'이 있다는 사실을 깨친 자는 진정한 '나'에 도달했으므로 자유로워진다.

어느 법회에서 임제는 대중들에게 다음과 같이 말했다.

"자네들의 붉은 가슴 속에는 구애받지 않는 참된 사람이 있어 자네들 면전에서 쉼 없이 들락날락거린다. 아직도 이를 깨닫지 못한 자들은 능히 알아내려고 노력해야 할 것이야."

그때 한 중이 다가가 물었다.

"구애받지 않는 참된 사람이란 무엇입니까?"

임제는 단에서 내려와 그 중의 멱살을 움켜잡았다.

"말해봐, 말해봐!"

그 중이 뭔가를 말하려고 하자, 임제는 밀치며 말했다.

"구애받지 않는 참된 사람이 어찌 이리 마른 똥 막대기 같은가!"

그렇게 말하고 임제는 방으로 돌아가버렸다.

이 행동의 의미는 간단하다. 질문을 한 중은 여전히 참된 사람이 자신과는 다른 어떤 존재라고 여겼기 때문에 자신의 본성을 아직 깨치지 못했다. 본질적으로는 자유로운 사람인 그가 순간순간의 자신이 본인이라고 여겼기 때문에 노예 상태에서 벗어나지 못했고, 결과적으로 마른 똥 막대기처럼 활기도 없고 값어치도 없는 상태로 자신을 폄하시킨 셈이다.

임제가 말하는 "참된 사람"과 에머슨이 말하는 "원래의 나" 사이에는 묘한 연관 관계가 있다. 임제처럼 에머슨도 나에 의지하는 일, 나를 믿는 일을 제창했고, 믿어야만 하는 그 '나'는 개인적인 아집의 존재가 아니라 근본적인 '나'라고 강조했다. 에머슨의 '내게 의지하는 일'이라는 글을 조금 인용해보자. 이 글은 너무나 유명해 그 참뜻이 오해되기도 하지만, 선과 관련시켜서 읽으면 새로운 느낌이 들 것이라고 생각한다.

왜 자신을 믿어야 하는지 이해할 때 모든 원초적 행위가 발휘하는 자기력磁氣力을 설명할 수 있다. 모든 우주적 신뢰의 근거가 되는 원래의 '나'란 무엇인가? 과학으로 파악되지 않는, 변위變位도 없고, 예측 가능한 요소도 없이, 어디에도 기대지 않으려는 조금의 마음만 보인다면 그것이 하찮은 행동이라 해도 아름다움의 빛을 발하는 그 별의 본성과 힘은 무엇인가? 이런 물음을 통해 우리는 자발성 혹은 본능이라고 부를 수 있는, 그 모든 것의 근원이자 재능과 도덕과 삶의 본질에 도달하게 된다.
이런 본래의 지혜가 직관이라면 그 뒤의 모든 행동들은 교육이라고 할 수 있다. 그 심오한 힘 안에서 어떤 분석으로도 알아낼 수 있는 사실이 나오니, 곧 모든 사물은 공통된 근원을 지니고 있다는 점이다. 왜냐하면, 왜 그런지는 알 수 없으나, 조용한 가운데 몇 시간을 보내고 나면 우리 영혼 속에서 어떤 감각이 일어나는데, 이 감각은 사물과도, 공간과도, 빛과도, 시간과도, 사람과도 다르지 않아 그들 모두와 하나이며, 그 모든 것들과 마찬가지로 같은 근원에서 생명력이 비롯하기 때문이다.

여기서 말하는, "과학으로 파악되지 않는, 변위도 없고, 예측 가능한 요소도 없는 원래의 '나'"란 임제가 말하는 "구애받지 않는 참된 사람" 혹은 "기대지 않는 도인"이나 "이 사람"과 정확하게 일치한다고 나는 생각한다. 때로는 직접적으로, 때로는 에둘러서 말하긴 하지만, 임제의 말과 행동이 기록된 곳 어디를 들춰보더라도 이 "변위도 없는 별"을 찾아볼 수 있다.

계절이 오고 계절이 가는 동안 임제는 쉬지 않고 주위의 중들이 "어디에도 기대지 않으려는 조금의 마음만 보이기를" 지켜본다. 물론 대부분의 경우 실망스럽기는 해도 임제는 모든 사람들 안에 숨어 있는, 원래의 '나'가 드러날 때까지 끈질기게 기다리면서 자신이 얽매어 놓은 무지와 탐욕의 사슬에서 스스로 자유로워질 수 있도록 작은 아집의 껍질을 부술 기회만 노린다.

그러나 본래 자유로운 상태였다는 것을 모르는 제자들 대부분이 노예 상태를 더 편안하게 여기는 것을 보았을 때, 임제의 마음은 연민으로 가득 찼을 것이다. 직관에는 등을 돌린 채, 그들은 값어치 없는 "교육"에만 수업료를 지불한다. 자기 안에 "부처의 어미"를 지니고 있으면서도 그들은 바깥의 부처를 찾아 눈을 돌린다. 왜 마음먹고 자기 집을 떠난 구도자들이 고작 또 다른 집에 들어가 사는 것인지 임제로서는 의아했다.

임제의 난폭함 뒤에는 불같은 자비심이 있었기 때문에 더욱 매력적이었다. 이는 눈을 멀게 하는 것이 아니라 환히 밝히는 빛이었다. 이 빛이 있기에 우리는 임제가 외친 소리나 방망이 세례가 실은 자비로운 마음에서 비롯했다는 사실을 쉽게 알 수 있다.

"자식을 키워봐야 부모님 은혜를 알 수 있다"는 말은 유명하다. 임제 역시 스승인 황벽에 대해 같은 심정이었다. 한번은 대중들에게 임제가 말했다.

"진리를 알겠다고 나섰다면 자기 목숨을 잃는 일 정도는 마다하지 말아야 한다. 나는 스승인 황벽 선사를 스무 해 동안 모셨다. 불교의 근본에 대해 세 번 여쭈어 황공하게도 세 번 다 맞았는데, 그게 가시 박힌 몽둥이에 찔린 것처럼 아팠다. 또 그처럼 얻어맞고 싶으나 그렇게 때릴 사람이 이제 누가 있겠느냐?"

그 순간 중 하나가 걸어 나오면서 외쳤다.

"제가 해드리겠습니다!"

임제가 지휘봉을 건네주자, 그 중은 주춤거렸다. 그래서 임제는 그 중을 호되게 패버렸다. 누군가는 책임을 져야 했기 때문이다.

방망이를 많이 사용했음에도 "덕산의 매질, 임제의 고함"이라는 유명한 말처럼 임제는 후대에 고함치는 선사로 많이 알려졌다. 고함에 대한 철학을 발달시켰다는 사실에서 알 수 있다시피 임제는 고함에 관한 한 전문가였다. 그는 고함을 네 가지로 분류했다. 언젠가 임제는 한 중에게 이렇게 말했다.

"때로 고함은 금강왕의 보검과 같고, 때로는 바닥에 몸을 웅크린 사자와 같고, 때로는 풀을 헤치는 잣대와 같고, 때로는 고함 아닌 고함으로 사용된다."

이렇게 고함을 나눠 설명한 뒤, 임제는 그 중에게 물었다.

"이것을 이해하겠느냐?"

그 중이 머뭇거리며 대답하지 못하자, 임제는 고함을 질렀다. 내가 보기에 이 고함은 첫 번째에 속한다. 끝 간 데 없이 헤매는 그 중의 생각을 잘라버리기 위해서였기 때문이다.

하지만 어떤 단체에서나 흔히 일어나는 일이지만, 스승이 특정한 방법을 특히 좋아하게 되면, 나머지 제자들이 맹목적으로 이를 흉내 내어 결국에는 하나의 틀로 자리 잡는 경향이 있다. 마찬가지로 임제의 제자들 역시 그 철학이나 올바른 사용법에 대해서는 조금도 이해하지 못하고 밤낮없이 고함치는 일만 연습했다. 그런 상황이 되풀이되어 견딜 수 없어지자, 임제는 그 온갖 잡소리들을 집어치우라고 명령했다.

"너희들이 모두 내 고함을 흉내 내고 있으니 어디 한번 시험해 보자. 한 사람은 서쪽 건물에서 나오고 다른 사람은 동쪽 건물에서 나온다. 그렇게 해서 만나게 되면 동시에 고함을 지른다. 그들 중 누가 주인이고 누가 객인지 구별하겠느냐? 만약에 구별할 수 없다면 앞으로는 내 고함을 흉내 내는 일을 금하노라."

사실 고함은 중요하지 않다. 중요한 것은 누가 주인인지 알아내어 그와 하나가 되는 일이다. 누가 주인인가? 우리의 참된 '나'가 아니겠는가. 임제는 설법에서 이렇게 말했다.

"태어남과 죽음의 세상에서 족쇄를 풀고 자유로워지려면, 그 세상 밖으로 나가 머물려면, 지금 내 설법을 듣고 있는 사람, 모양과 형상을 넘어서 어디에도 뿌리 내리지 않고 박혀 있지 않으며, 어느 곳에도 머무르지 않는 그 사람을 인식하도록 해라. 그 사람은 늘 살아서 모든 일에 민감해, 모든 상황에 무한한 가능성으로 대처하며, 그 어디에도 붙박이는 일이 없이 주위 환경에 따라 기능한다. 그 사람은 안으려고 하면 빠져나가고 찾으려고 하면 피해간다. 그러므로 그를 가리켜 '위대한 비밀'이라고 할 수 있다."

임제는 수시로 이 신비한 듣는 이, '기대지 않는 도인'이자 '모든 부처의 어머니'를 언급한다. 그는 단순히 듣는 사람일 뿐만 아니라 말하는 사람이기도 하다.

"지금 이 순간, 이 사람은 자신만의 독특한 빛으로 우리 눈앞에 분명히 존재하면서 내 설법을 듣고 있다. 이 사람은 천지사방을 꿰뚫으면서 모든 곳에 자유자재로 움직임과 동시에 삼계 모두를 제 집처럼 여긴다. 이 사람은 어떤 환경 속으로 들어가되 그 독특한 특징들에 영향 받지 않는다. 이 사람은 눈 깜짝할 사이에 진실의 세계로 들어갈 수 있다. 부처를 만나면 부처와 얘기하고, 조사를 만나면 조사와 얘기하고, 나한을 만나면 나한과 얘기하고 아귀餓鬼를 만나면 아귀와 얘기한다. 모든 중생을 가르치고 변화시킬 때, 그들의 생각이나 욕망을 이 사람도 느끼지만, 어디에서든 순수하고도 고요하게 머물러 그 빛으로 구석구석을 다 비추고 모든 것을 하나로 본다."

만약 임제가 오늘날에도 살아가고 있다면, 아마도 토마스 머튼이 했던 말을 했을 것이다.

"우리 자신과 우리를 갈라놓는 심연을 건너가지도 못하는데 달 여행을 한다고 해서 무슨 소용이 있겠는가?"

사실 임제가 가르친 뜻은 모두 이 심연을 건너가는 방법에 관한 것이었다. 왜냐하면 '기대지 않는 도인'이란 우리의 참된 '나'와 다르지 않기 때문이다. 물론 우리는 물·불·공기·흙의 네 가지 원소로 이루어진 육신을 지니고 있다. 하지만 임제는 이렇게 말했다.

"이 네 가지 원소로 이루어진 육신이 내 설법을 듣고 있는 것이 아니다. 물론 진짜 듣는 이 사람이 육신을 이용할 수는 있다. 이것을 잘 이해한다면 노력하든 쉬든 속박 받지 않는 자유를 누릴 것이다."

육신을 혐오해서는 안 된다. 깨달은 사람은 그 모든 것이 통합된 사람이지, 육신을 버린 사람이 아니다. 깨달은 사람이 초능력을 발휘할 필요도 없다. 대신에 깨달은 뒤에는 모든 행동이 참된 사람의 행동으로 바뀐다. 엉뚱한 생각을 할 필요도 없다. 임제는 종종 남전의 말을 인용하곤 했다.

"도는 평상심일 따름이다.(平常心是道)"

임제는 이렇게 말했다.

"도를 추구하는 사람들이여! 불교의 길은 인위적인 노력을 인정하지 않는다네. 그저 법석 떨지 않고 평상시의 일들을 행하면 되는 것이네. 똥 누고 오줌 싸고 옷 입고 밥 먹고 지치면 잠자게나. 바보들은 나를 비웃게 내버려 두게나. 지혜로운 자들은 내 말을 알아들을 걸세."

또한 임제는 이렇게도 말했다.

"진짜 고귀한 사람은 걱정하지 않고 소란 피우지 않는다네. 똑똑해지려거나 영리하려고 노력하지 말게. 그냥 보통 때처럼 있으면 된다네."

우리가 우리답게 살아갈 수 있다면 우리는 모두 하나뿐인 존재들이다. 하지만 하나뿐인 존재가 되기 위해서 필사적으로 노력하게 되면 그런 존재가 될 수 없다.

임제는 노자와 장자의 도가 사상에 깊이 빠져 있었다. 그 본질이야 어떻든 간에 생각하는 방식은 매우 도가적이다. 임제가 말한 '무의無依'나 '무구無求'는 노자의 사상인 '무위無爲'와 완전히 일치한다. 임제는 이렇게 말했다.

"부처를 찾게 되면 부처를 잃게 된다. 도를 찾게 되면 도를 잃게 된다. 조사를 찾게 되면 조사를 잃게 된다."

가장 훌륭한 보물인, 기대지 않는 도인이 우리 안에 있다. 우리가 바로 그 사람이다. 그러므로 바깥에서 그것을 찾는다면 이미 빗나간 셈이다. 게다가 그 사람이 바로 우리 자신이니 안에서조차 찾을 필요가 없다. 찾는 사람이 바로 그 사람이지, 어디 다른 곳에 있는 것이 아니다. 달리 말하자면 우리의 참된 '나'는 항상 주체이지, 객체가 아니다.

주체와 객체에 대한 질문과 관련해 임제는 가능한 네 가지 단계에 따라 행할 수 있는 네 가지 방법(四料簡)으로 임했다.

"때로는 객체를 놓아두고 주체를 버렸으며 때로는 주체를 놓아두고 객체를 버렸다. 둘 모두를 버린 적도 있었으며 둘 모두를 놓아둔 적도 있었다."

이 네 가지 방법은 마음공부의 네 가지 단계에 있는 사람들에게 적용하는 것인 듯하다. 첫 번째 단계에 있는 사람은 주관적인 희망과 공포와 선입견 때문에 사물을 비뚤게 바라본다. 작은 아집에서 비롯한 이런 주관적인 요소들을 없애야만 우리는 최소한 객관적으로 바라볼 수 있게 된다. 그래야 사람을 걸어 다니는 나무로 보는 경우가 사라진다.

두 번째 단계는 이제 산을 산으로, 강을 강으로 보게 된 사람의 경우다. 정상적으로 볼 수 있게 된 이 사람은 자신의 마음이 보이는 사물에게도 영향을 미치기 때문에 객관적인 세계라고 순진하게 받아들이지만, 사실은 그것이 자신의 주관과 뒤섞인 것일 수밖에 없음을 명심해야 한다. 이 주관성을 알아차리게 되면 선으로 입문하게 된다. 이때는 더 이상 산이 산으로, 강이 강으로 보이지 않는다.

　셋째 단계에서 선을 공부하는 사람은 제 아무리 객관과 주관이 서로 균형을 이룬 시각이라고 하더라도 경험주의의 세계, 상대성의 영역에서 벗어나지는 못한다는 사실을 깨닫게 된다. 이 시점에서는 그 높은 차원으로 올라가 눈에 보이는 세계에서의 주관과 객관이 하나의 같은 근원, 즉 절대적인 주관인 마음에서 비롯한다는 사실을 보아야 한다. 이것이 바로 "주관과 객관을 모두 버린다"는 임제의 말이 가리키는 바이다.

　마지막 단계에서 참된 나와 하나가 되었으며 지난 단계에서 수행과 경험을 통해 충분히 마음을 닦았기 때문에 이제는 눈에 보이는 세계로 다시 돌아가 산 그대로의 산과 강 그대로의 강을 누릴 수 있게 된다. 이제는 꼭 그만큼만 그런 것들의 존재감을 느낄 수 있게 되었으며 완고하게 규정된 개념이 아니라 상징으로 이해하게 된다. 이를 가리켜서 순진했던 첫 번째 단계의 현실과 구분해서 다시 태어난 현실이라고 부를 만하다.

　마지막 단계까지 이른 사람만이 '자기 집을 떠나지 않고서도' 어디든 갈 수 있는, '기대지 않는 도인', '구애받지 않는 참된 사람'이라고 할 수 있다. 장자처럼 임제도 참된 사람이란 "불 속에 들어가도 불타지 않고 물 속에 들어가도 빠져죽지 않는다"라고 말한다. 장자나 임제가 말하는 사람은 육체적인 사람을 뜻하는 것이 아니다. 그 사람이란 눈에 보이는 세계의 변천에 구애받지 않는 영원한 영혼, 한 인간의 '참된 나'를 뜻한다. 이런 영혼을 두고 임제는 이렇게 말했다.

"펼치면 천지사방을 메우고 줄이면 머리카락 한 올보다도 작아진다. 홀로 존재하는 빛임에 분명하나 부족함이 없다. 눈으로 볼 수 있는 것도, 귀로 들을 수 있는 것도 아니니 이를 뭐라고 부른단 말인가? 옛사람들이 말한 바, '무엇과 비슷하다고 말한다면 이미 완전히 빗나간 것이다.' 스스로 알아낼 뿐, 다른 방법이 어디 있겠는가? 헛되니 더 말할 필요도 없다."

도와 마찬가지로 '참된 나'는 말로 표현되지 않는다.

많은 부분 임제의 생각이 노자나 장자와 같다고 해서 독창적이지 않다는 것은 아니다. 그가 이런 생각을 처음 했느냐 아니냐는 중요하지 않다. 중요한 것은 이런 통찰이 얼마나 온전한 것이었느냐는 점이다. 내가 보기에 임제는 마음의 이야기를 직접 들려준 구도자들 가운데에서도 가장 독창적인 사람이었다. 그의 말들은 힘찬 샘에서 솟구치는 물줄기처럼 생동감이 넘쳤다. 임제는 책을 많이 읽었다. 불교 경전뿐만 아니라 도가의 책들도 많이 읽었다. 그런데 임제는 공부를 통해 받아들인 것을 모두 자신만의 생생한 철학의 일부분으로 만들었다. 임제 철학을 요약한 것이라고 볼 수 있는 다음의 글을 보면 도교와 불교의 요소를 쉽게 찾아낼 수 있지만, 동시에 모든 문장에 깃든 새로운 사고를 발견할 수 있다.

진실로 도를 따르는 자는 부처·보살·나한에 매달리지 않으며 삼세三世에 걸친 명예에 매달리지 않는다. 그 모든 것 위에서 그 어디에도 매달리지 않으며 속박받지 않는 자유를 누리므로 그는 무엇에도 집착하지 않는다. 천지가 무너진다고 해도 그의 믿음은 눈 하나 깜짝하지 않는다. 열 개 하늘의 모든 부처들이 앞에 정렬한다고 해도 그는 조금도 우쭐해 하지 않는다. 세 개 지옥의 마귀들이 나타난다고 해도 그는 어떤 공포도 경험하지 않는다.

어찌하여 그는 이토록 고요할 수 있는가? 삼라만상 가운데 근본적으로 텅 비어 있는 것을 보기 때문이다. 변하지 않는 것이 아니라 변하는 것에만 얽매인 자들에게나 그것이 실체처럼 보일 뿐이다. 삼세가 모두 마음의 작용이며 만상이 모두 의식에서 나왔다. 그렇다면 꿈에, 환영에, 허공에 핀 꽃에 매달린다는 것이 무슨 소용이겠는가? 지금 자네들 면전에서 내 설법을 듣고 있는 바로 그 한 사람만이 전적으로 실체일 뿐이다. 이 사람만이 불에 들어가도 타죽지 않고 물에 들어가도 빠져죽지 않는다. 그에게는 세 개의 지옥이 보기 좋은 정원으로 바뀐다. 아귀와 짐승들을 보살피고도 어떤 보답도 받지 않는다.

어떻게 그런 상태가 가능한가? 차별하지 않기 때문이다! 고귀한 것을 사랑하고 저속한 것을 증오한다면 절대로 태어남과 죽음의 바다에서 벗어나지 못한다. 자네들 마음이 고통과 시련으로 가득 차 있기 때문에 고통과 시련은 존재하는 것이다. 하지만 고통과 시련을 버린 마음이 어찌 고통과 시련을 알겠는가? 차별하고 드러난 것들에 매달리는 헛된 수고를 하지 않는다면 단번에 아무런 노력 없이 도를 실현하리라.

위의 글을 읽어보면 "초기 불교학자들이 발전시킨 인도식 추론에 도교의 사상이 접목되어 나온 것"이 선이라고 말한 스즈키 다이세츠의 말이 옳다는 것을 알게 된다. 사실 선은 "우리가 일상생활에서 적용해 살아갈 수 있도록 도교, 유교, 불교를 종합한 것"이다. 더 나아가 스즈키는 장자의 지혜와 선의 정신 사이에 밀접한 관계가 있다는 사실을 밝힌 동시에, 도와 선에 공통적으로 중요시되는 통찰을 후대에 효과적으로 전하게 된 일을 선이 행한 가장 큰 일이라고 했다. 스즈키는 이렇게 말했다.

"하지만 선의 가장 눈에 띄는 특징은 속안의 마음이 깨어나야 한다는 것을 주장했다는 사실이다. 속안 마음의 깨달음이란 존재의 핵심에 깊이 도달할 수 있는 내적인 지각을 뜻한다. 이는 장자가 말한 '심재心齋', '좌망坐忘', '조철朝徹'과 일치한다. 하지만 《장자》는 이런 것을 다소 우연하게 다루는 반면, 선에서는 가장 본질적인 수행이다. 일본의 현대 선은 이 점에서 가장 큰 발전을 이루었다."

임제의 가장 훌륭한 점은 스승으로서 기지가 풍부했다는 점이다. 그렇지 않았다면 오늘날까지도 생생하게 소리를 내며 살아 있는 임제종을 세우지도 못했을 것이다. 그가 처음부터 임제종을 세우겠다고 마음먹은 것 같지는 않지만 스승으로서의 탁월한 자질이 그런 뛰어난 종단을 세우는 데 큰 도움을 준 것만은 틀림없다.

이미 앞에서 소리를 지르는 일에 대한 임제의 흥미로운 철학과 네 단계에 따른 네 가지 방법론을 다룬 바 있다. 기교를 경멸한 임제였지만 자신은 누구보다도 기지에 찬 사람이었다. 열린 눈을 가진 데다가 창의성도 뛰어나 기지의 화신이라고 할 만했다. 깨달은 스승으로서 임제는 기지의 방편을 자유롭게 이용하되 거기에 얽매이지는 않았다. 하지만 얼마나 많은 후대의 사람들이 임제의 방법을 흉내 내다가 거기서 빠져나오지 못하고 스스로 속아 넘어갔는지 모른다. 예컨대 임제는 이렇게 말한 적이 있다.

"우리 문중의 뜻을 펼침에 있어 모든 문장에는 세 개의 신비한 문(三玄門)이 있고, 그 각각의 문에는 세 개의 요지(三要)가 있다. 그러므로 자네들은 무엇이 방편이고 무엇이 진정한 목적인지, 무엇이 근본 생각이고 무엇이 단순한 작용에 불과한 것인지 알아야 한다."

여기서 임제는 '세 개의 신비한 문'과 '세 개의 요지'에 대해서 정확하게 말하지 않았다. 이 때문에 임제종에 속하든 아니든 선을 공부하는 사람들은 제각기 다른 해석을 내놓으며 서로 자신이 옳다고 우겨댔다. 지금까지도 이 말은 해결되지 않은 공안으로 남아 있다. 어떤 사람들은 세 개의 신비한 문이란 첫째, 주체에 관한 신비(體中玄), 둘째, 표현의 신비(句中玄), 셋째, 신비 중의 신비(玄中玄)라고 말한다. 세 가지 요지에 대해서는 첫째, 아집 없는 실체(眞體絶朕), 둘째, 방법 없는 방법(大用無方), 셋째, 안팎의 경계 두지 않기(邊中不立)로 해석한다.

현대의 육관욱陸寬昱은 《선과 선의 가르침(禪和禪敎)》이라는 책에서 이렇게 말하고 있다.

"세 개의 심오한 문이란 마음의 몸, 즉 주체, 그 목적이 되는 객체, 말과 문자를 포함한 그 표현 등이다. 각각의 심오한 문에는 준비, 개입, 종결이라는 세 개의 중요한 단계가 있다. 그러므로 불교의 이치를 깨닫기 위해서 선 수행자들은 세 개의 심오한 문과 아홉 개의 중요한 단계를 거쳐야 한다. 그 모두를 거쳐 온 임제는 자신이 깨닫게 된 과정을 분석해 제자들에게 알려준 것이다."

이 해석이 맞다면, 임제를 미로에 갇힌 생쥐로 볼 수 있겠다. 그 미로에는 빠져나갈 수 있는 문이 모두 세 개가 있는데, 각 문에는 세 개의 비밀 단추가 붙어 있다. 미로를 빠져나가려면 그 생쥐는 모두 아홉 번에 걸쳐 올바른 단추를 눌러야 한다. 내가 보기에 이것은 임제가 말한 뜻이 아닌 것 같다. 이는 내가 이해한 선의 정신과는 어울리지 않는다. 이 점에서는 다음 게송에 나타난 분양汾陽 선소善昭 선사의 정신이 훨씬 더 선의 본뜻에 접근한 것처럼 보인다.

삼현삼요는 나누기 힘드니	三玄三要事難分
뜻 얻으면 말 버려 곧장 다가가라	得意忘言直易親
한 구절에 온갖 것 또렷하게 파악되니	一句明明該萬象
중양절에 국화꽃이 새롭다	重陽九日菊花新

임제의 근본적인 통찰이란 '참된 나' 일 뿐, 그 어떤 지위도, 정도도, 이름도 없는 참된 사람을 느끼는 일 혹은 깨닫는 일이라는 것을 절대로 잊어서는 안 된다. 다른 모든 방편이나 말 많은 이론 따위는 부차적인 것이고 일시적인 방법론일 뿐이다. 그럼에도 선을 공부하는 후대의 사람들이 반드시 중요한 한 가지를 소홀히 하고 부차적인 것들에 더 많은 관심을 지니는 것은 참으로 어이없는 일이라고 할 수 있다. 바로 이런 이유로 선은 초기의 생명력을 잃어버렸다. 공안이 머리를 굴려서 해결해야 하는 문제라고 생각하게 되면 끈끈이 종이에 달라붙은 파리 꼴이 되고 만다. 대선사들이 다양하게 공안을 사용한 까닭은 우리를 벽에 부딪히게 하기

위해서였다. 그 격렬한 고통 속에서 우리는 마음의 눈을 뜨고 지금 도달한 그 절망적인 미궁이 결국에는 악몽에 불과하다는 사실을, 그러므로 깨어나자마자 그것들은 사라지고 만다는 것을 알려주기 위해서였다. 남전에 얽힌 다음과 같은 의미심장한 일화를 한 번 살펴보도록 하자.

어느날 육긍陸亘이라는 대부 벼슬을 가진 관리가 남전에게 교묘한 질문을 던졌다.

"옛날에 항아리 속에다가 새끼 거위를 키우는 사람이 있었습니다. 그리고 거위가 자랐습니다. 항아리 목이 좁아 이제 빠져나오지 못할 정도로 자랐습니다. 자, 항아리를 깨도 안 되고 거위를 다치게 해도 안 됩니다. 어떻게 하면 거위를 꺼낼 수 있겠습니까?"

남전이 갑자기 소리쳤다.

"대부!"

그러자 육긍이 대답했다.

"예."

"벌써 나왔소!"

그리하여 육긍은 자신의 '참된 나'를 깨치게 되었다.

자신의 '세 가지 신비한 문'과 '세 가지 요지'에 대해 박식한 주석과 장황한 해설이 붙은 것을 보면 임제는 뭐라고 말할까. 임제가 그 모든 것들을 변소에 처넣고 소리를 질러 거위를 항아리에서 꺼낸다고 해도 나로서는 놀랄 일이 하나도 없다.

언젠가 임제는 대중들에게 이렇게 말했다.

"도를 따르는 자들이여! 부처를 궁극적인 대상으로 삼지 말기를. 내가 보았더니 부처는 아직도 변소의 구멍과 같더군. 보살과 나한으로 말하자면, 자네들을 꽁꽁 묶어 놓는 칼과 오랏줄이지.

덕 높은 자들이여! 자신을 속이지 말게! 자네들이 경전을 전문적으로 해석한다든지, 이 세상에서 높은 지위에 오른다든지, 청산유수처럼 말한다든지, 지식이 많고 현명하다든지 하는 것은 내게 전혀 중요하지 않네. 나는 자네들의 참되고 진정한 통찰과 순수한 이해를 바랄 뿐이네.

도를 따르는 자들이여! 자네들이 수백 권의 경전을 설명할 수 있다고 하더라도 그 무엇에도 얽매이지 않는, 단순하고 겸허한 중 하나를 이기지 못할 걸세."

날마다 좋은 날

운문 문언

다른 종류의 사람들과 마찬가지로 선사들도 두 가지 타입으로 나눌 수 있다. 성격이 느긋한 사람과 성질이 급한 사람. 선의 다섯 종파를 세운 사람 중에 위산潙山, 동산洞山, 법안法眼은 성격이 느긋한 편에 속하고 임제臨濟와 운문雲門은 성질이 급한 쪽이다. 임제와 운문 둘만 놓고 보자면 임제의 성질도 대단하지만, 운문은 더 대단하다.

임제의 스타일은 맹렬한 폭격과 같다. 그는 전투에 임하듯 상대방을 때려눕히고 포화를 날리듯 소리를 지른다. 사자가 포효하면 다른 동물들은 숨어들 수밖에 없다. 임제와 대적하려고 들면 그는 당장에 머리를 쳐버린다. 그것이 부처든, 보살이든, 조사든 개의치 않으며 기회만 생기면 가만두지 않는다. 만일 누군가가 이름을 들먹이거나 지위를 뽐낸다면 임제는 당장에 '차별 없는 참된 사람'을 보내 그를 제압해 버린다. 그러니 임제란 얼마나 무서운 사람인가! 하지만 더 무서운 사람은 바로 운문이다.

임제는 길을 가다가 만나는 사람만 거꾸러트리지만 운문은 온 우주를 상대로 한다. 심지어 아직 태어나지 않은 사람들까지 모두 해치워버린다. 운문에게 '차별 없는 참된 사람'이란 이미 물에 비친 달과 같은 것이라 쓰러트리느라 고생할 가치도 없는 환영에 불과하다. 운문은 고함이나 방망이를 거의 사용하지 않았다. 대신 주술사처럼 거친 악담을 주로 사용했다. 운문의 입은 믿을 수 없을 정도로 험했고, 선사들 중에서 운문만큼 말을 잘한 사람은 없었다.

운문은 매우 과격한 우상 파괴자였다. 대중을 상대로 한 어느 설법을 보면, 부처에 관한 전설을 언급하고 있다. 부처는 태어나자마자 한 손은 하늘을 가리키고 한 손은 땅을 가리키며 일곱 걸음을 걸은 뒤, 사방을 바라보며 "하늘 위와 땅 아래에 나만이 홀로 존귀하다.(天上天下 唯我獨尊)"라고 외쳤다. 이 이야기를 들려준 뒤에 운문은 이렇게 말했다.

"내가 그 자리에 있었다면 그 녀석을 한 방에 때려죽인 뒤에 그 시체를 개한테 주었을 것이다. 그랬더라면 이 세상이 참 평화롭고 좋은 곳이 되었을 것이다."

유마維摩도 운문에게 좋은 대접을 받지 못했다. 하루는 운문이 북을 치더니 말했다.

"놀랍고도 즐겁다던 유마의 세계가 산산조각 나는구나. 손에 쪽박 차고 죽 한 사발, 밥 한 덩어리 얻어먹자고 유마가 하남의 어느 마을로 가고 있도다."

운문이 존중했던 사람은 아무도 없는 듯하다. 언젠가는 이런 말을 하기도 했다.

"아침에 도를 들은 사람은 저녁에 죽어도 좋다."

이것이 공자의 말이라는 것을 모르는 사람이 없지만, 운문은 공자의 이름은 입 밖에 꺼내지도 않고 은근슬쩍 말했다.

"속세에 사는 사람도 이런 것을 중시하는데, 하물며 우리 중들은 마땅히 아침저녁으로 무슨 일이라도 해야만 하느니라."

운문이 자신을 대하는 태도는 다른 사람들을 대하는 태도와 크게 다르지 않았다. 예컨대 운문은 이렇게 말한 적이 있다.

"내가 하는 말을 듣고 너희들이 곧장 깨달음을 얻었다고 해도 그건 너희들 머리에 똥물을 끼얹은 것이나 마찬가지다."

이는 모든 사람들의 기대에 맞게 스승이 행동한다고 해도, 또한 스승의 말로 인해 그들이 깨달음을 얻는다고 해도, 중요한 것은 가고자 하는 곳이지, 그 방편이 아니라는 뜻이다. 운문은 세속적으로 제 아무리 합리적인 말이라고 하더라도 무한한 도를 설명하는 데 언어는 어울리지 않는다고 생각했다.

운문은 노자가 말한 대표적인 구절에 사로잡혀 있었다. "말로 표현할 수 있는 도는 무한한 도가 아니다.(道可道 非可道)" 오직 무한한 도에만 관심이 있는 운문에게 언어 따위가 무슨 소용이 있겠는가? 그래서 운문은 법회를 시작할 때마다 자기가 어떤 말을 해도 이해해 달라고 말했다. 영수암靈樹庵의 주지가 된 뒤에 처음 행한 설법이 대표적이다.

오늘 내가 자네들을 말로 속이려 든다고 떠들지 말게나. 사실대로 말하자면 자네들 앞에서 말해야만 하는 처지에 놓여 있기 때문에 자네들 마음에 혼란의 씨앗을 좀 뿌리려는 것일세. 눈 밝은 사람이라면 내가 하는 짓을 이해할 테니, 내 꼴이 우스꽝스럽게 되는 일이네! 하지만 이제는 피할 방법이 없네.

여기에서 운문이 느끼는 가장 큰 역설을 알 수 있다. 청산유수처럼 말을 잘 하는 운문이건만 늘 혹시 자신의 말이 표현 불가능한 도의 성스러운 땅을 마구 짓밟는 것이 아닐까 해서 말하기를 겁냈다. 운문의 마음 속에 이런 갈등이 얼마나 컸겠는가! 다행히도 운문은 또다른 역설을 통해 이 갈등을 해결할 수 있는 방법을 구했다. 운문은 내면의 '나'는 "불길 가운데 서서도 불타지 않는다"는 사실을 깨달았다.

"하루 종일 떠들어 댄다고 해도 실제로 그의 입술과 이 사이로 빠져나가는 것은 하나도 없다. 왜냐하면 그 사람은 단 한 마디도 말하지 않았기 때문에. 마찬가지로 그 사람은 매일 옷을 걸치고 밥을 먹건만, 실제로는 단 한 톨의 쌀도 축내지 않았고 단 한 올의 실도 두른 적이 없다."

운문의 마음은 매우 섬세해 때로는 괴로울 정도였다. 운문은 자기 마음의 움직임을 일일이 다 느끼고 있었던 모양이다. 따라서 다른 사람의 생각과 감정도 쉽게 파악할 수 있었다. 마음공부의 신비를 보여주는 높은 통찰력이 그런 예민함에서 나왔다. 예컨대 운문은 이렇게 말했다.

"우리 모두는 안에다 등불을 모시고 있지만, 그 빛을 보려고 하면 캄캄해진다."

의심할 수 없는 심오한 통찰이 바로 여기에 담겨 있다.

운문은 자신이 좁은 길을 간다는 것을 의식하고 있었다. 운문의 방법은 매우 지적인 사람들에게만 통했다. 선가에서 운문종은 험하고 무뚝뚝하기로 알려져 있다. 운문은 이런 자신의 스타일에 대해 한 편의 시를 남겼다.

운문산 우뚝 솟아 흰 구름 내려뵈네	雲門聳峻白雲低
물 빨라 노는 고기 감히 깃들지 못해	水急遊魚不敢棲
들어오며 하는 말을 나는 이미 안다네	入戶已知來見解
바퀴에 낀 먼지 얘길랑 다시 하지 말게나	何煩再擧轍中泥

그러니까 이것이 바로 우리가 그 삶과 가르침을 살펴보려고 하는 이 사람의 스타일이자 아우라, 즉 굴하지 않는 영혼이다. 이런 이야기가 있다. 어느 날 운문은 목조 사자상의 입에 손을 집어넣고는 목청껏 소리쳤다.

"사람 살려! 사람 살려! 나를 물어 죽이려고 한다."

우리는 이제 운문의 입 속으로 손을 밀어 넣을 참인데, 그렇다고 걱정할 필요는 없다. 사자에게 물어뜯기는, 같은 경험을 한다고 해도 우리도 운문처럼 살아남을 게 뻔하기 때문이다.

운문雲門 문언文偃(?~949)은 절강浙江 지방의 장張씨 가문에서 태어났다. 그의 집안은 매우 가난해 어린 운문을 공왕사空王寺의 지징율사志澄律師에게 맡길 수밖에 없었다. 그는 뛰어난 머리와 타고난 언변으로 주목

받았다. 나이가 들자, 그는 머리를 깎고 정식으로 계를 받았다. 그 뒤로 몇 년간 스승을 모셨는데, 그 기간 동안 운문은 율종 계열의 불교 경전을 자세히 연구했다. 하지만 아무리 열심히 공부해도 마음속 깊은 열망은 채워주지 못했다. 경전은 자신의 근본적인 문제에 대해 아무런 빛도 던져주지 못한다고 생각했다.

그런 연유로 운문은 황벽黃蘗의 제자인 목주睦州를 찾아가 가르침을 청했다. 하지만 목주는 운문을 보자마자 그 면전에서 문을 닫아버렸다. 운문이 문을 두들기자, 목주가 안에서 물었다.

"웬 놈이냐?"

운문은 이름을 말했다.

"왜 자꾸 귀찮게 하느냐?"

목주가 묻자, 운문이 대답했다.

"저는 아직까지 제 자신에 관한 근본적인 문제에 대해 깨닫지 못했습니다. 그래서 가르침을 듣고자 왔습니다."

목주는 문을 열었다가 운문을 힐끔 보고는 다시 문을 닫았다. 그 후 이틀 동안 운문은 문을 두들겼으나 같은 대접을 받았다. 셋째 날, 목주가 문을 열자마자 운문이 그 안으로 들어가려고 몸을 들이밀었다. 그런 운문을 잡고 목주가 외쳤다.

"말해 봐! 말해 봐!"

운문이 더듬더듬 말하지 못하자, 목주는 운문을 밖으로 밀쳤다.

"요것이 진나라 식 구닥다리 수행방법이다!"

그러면서 목주가 문을 어찌나 세게 닫았던지 운문은 한쪽 발에 부상을 입고 말았다. 이렇게 해서 운문은 선에 입문하게 되었다. 목주의 소개로 운문은 설봉雪峯(822~908)을 찾아갔다.

설봉이 머무는 산 아래 마을에 도착했을 때, 운문은 중 하나를 만났다. 운문이 그 중에게 물었다.

"스님께서 오늘 산에 올라가십니까?"

그 중이 올라간다고 말하자, 운문은 그에게 큰스님께 마치 그 사람이 묻는 것처럼 자신의 말을 좀 전해줄 수 없겠느냐고 물었다. 그 중이 그러겠노라고 말하자, 운문이 말했다.

"절에 올라가셨다가 모든 대중들이 법당에 모인 뒤 큰스님이 들어오면 그 앞으로 나가 서서 손뼉을 치세요. 그리고 이렇게 말씀해 주세요. '불쌍한 늙은이여! 왜 그 목에 쇠사슬을 두르고 있는가?'"

그 중은 들은 그대로 행동했지만, 설봉은 금방 그것이 다른 사람이 시킨 일임을 눈치 챘다. 자리에서 내려선 설봉은 그 중을 꽉 움켜잡고 말했다.

"말해봐, 말해봐!"

그 불쌍한 중이 할 말을 찾지 못하자 설봉은 그를 밀치며 말했다.

"그건 네가 한 말이 아니다."

처음에는 그 중도 자기가 생각해낸 말이라고 우겼다. 하지만 사정을 봐주지 않는 스승이 사람들에게 밧줄과 몽둥이를 가져오라고 시키자 겁에 질려 제정신을 잃은 그 중이 모든 것을 털어놓았다.

"제가 하려고 한 말이 아닙니다. 절강에서 왔다는 중 하나를 오늘 마을에서 만났는데, 그 중이 제게 시킨 일입니다."

그러자 설봉이 대중에게 말했다.

"너희들 모두 아랫마을로 내려가 오백 대중을 이끌 그 자를 환영한 뒤, 이리로 데려오너라."

다음날, 운문은 절로 올라갔다. 운문을 보자마자, 설봉이 말했다.

"어찌하여 지금 여기까지 오게 되었는가?"

운문은 고개를 숙일 뿐, 아무런 말도 하지 않았다. 바로 그 순간부터 운문은 설봉과 이심전심으로 통했다. 운문은 설봉 밑에서 서너 해를 보내면서 심오한 선사상을 더 깊이 파고들었고, 설봉은 그런 그에게 불법을 전수했다.

그때부터 운문은 여기저기 떠돌며 여러 종단의 선지식들을 만나 깊은 인상을 남겼다. 마지막으로 그는 지성知聖 선사가 스승으로 있는 영수靈樹 지방으로 갔다. 그때 지성은 스무 해 동안이나 영수에 큰스님으로 있었는데, 아무도 모르는 어떤 이유로 대중을 이끌 수제자 자리를 비워 놓고 있었다.

이따금 지성이 언젠가는 그 자리를 차지할 사람에 대해 애매모호한 방식으로 언급하기는 했다. 운문이 찾아가던 날, 지성은 갑자기 중들에게 대중을 이끌 사람이 오니 종을 친 뒤, 일주문 바깥까지 나가서 영접하라고 일렀다. 그리하여 모든 대중이 나가보니, 바로 거기 운문이 오고 있었다!

지성이 세상을 뜨자, 광廣의 군주는 운문을 영수의 주지로 임명했다. 운문이 영수의 주지로 취임하던 날, 지사가 개인 자격으로 법회에 찾아와 말했다.

"스님께 한 말씀 듣고자 합니다."

그러자 운문이 말했다.

"눈앞에 다른 길이 하나도 없습니다."

운문이 보기에는 단 하나의 길이 있을 뿐, 많은 길이란 없었다. 그렇다면 운문의 마음속에 있는 그 하나의 길이란 무엇인가? 이 중대한 질문에 대한 대답 속에 운문 철학의 모든 시금석이 놓여 있다.

언젠가 운문은 마조의 말을 인용한 일이 있다.

"모든 말은 '이것 하나'를 주인으로 삼는 제파종提婆宗에 속한다."

그리고 운문은 이렇게 덧붙였다.

"멋진 말씀이야! 그런데 나한테 그것이 무엇인지 묻는 사람이 하나도 없네."

그 순간 한 중이 앞으로 나와 물었다.

"제파종이 무엇입니까?"

이 말에 운문은 화를 내며 말했다.

"인도에 가면 96가지 종파가 있는데, 너는 그 중에서도 제일 질 낮은 데 속하느니라!"

마조의 말에서 중요한 것은 분명히 '이것 하나'일 뿐 제파종이라는 것은 그저 장식품에 불과하다. 설사 마조가 다른 종파를 말한다고 해도 그 문장의 전체적인 뜻은 달라지지 않는다. 하지만 그 멍청한 중은 부차적인 것을 중요한 것으로 여기는 바람에 중요한 것을 완전히 빼먹고 말았다.

마조와 마찬가지로 운문에게도 가장 중요한 일은 모든 사람들의 참된 '나'라고 할 수 있는 '이것 하나'를 깨닫는 일이었다. 이것은 하나의 목표일 뿐만 아니라 하나의 길이었다. 그 참된 '나'를 찾는 길은 바깥에 없기 때문이다.

우리의 참된 '나'인 '이것 하나'는 그 자체로 완전한 것이라 "부족함이 없다." 이따금 운문은 대중들에게 이렇게 물었다.

"뭐 부족한 것이 있느냐?"

때로는 대중들에게 오직 한 가지만 본질적이라 다른 모든 것들은 어찌 되든 상관없다고 말했다. 또한 이 중대한 문제에서는 자기 자신에게만 의지해야 한다고 말했다. 이 문제에 관한 한 누구도 그들을 대신해주지 않기 때문이었다. 그의 설법은 모두 마치 벙어리가 마음에 품은 뜻을 나타내려고 애쓰는 일과 같다. 다음과 같은 설법이 대표적이다.

맡은 바 소임이 있으니 불가능한 일을 한 번 해보려고 한다. 자네들에게 자기 자신만 들여다볼 일이지 다른 것들에는 신경 쓰지 않아도 된다고 말할 때조차도 나는 장광설에다가 진실을 파묻고 있는 셈이다. 만약 자네들이 거기서 시작해 말과 문장만을 좇아간다면, 그 논리적인 뜻을 알아내려고 머리를 곤봉으로 두들기고 있다면, 수천 가지 가능한 뜻과 만 가지 미묘한 차이를 알아내려고 한다면, 끝없는 질문과 논쟁거리를 만들어낸다면, 그로 인해서 자네들이 얻을 것이라고는 입심 좋은 헛바닥뿐이네. 그러는 동안에 자네들은 도에서 점점 더 멀어질 뿐이며 끝임없이 방황하게 될 걸세.

만약 '이 물건'이 말 속에서 찾을 수 있는 것이었다면, 세 가지 탈 것에 관한 그 수많은 말들이며 열두 갈래 경전이 있었겠는가? 가능성과 지성에 바탕해 그 다양한 해석과 어려운 주석을 공부해서 얻을 수 있는 것이었다면, 열 단계를 거친 모든 깨친 자들은 구름과 비를 말하듯 풍요롭게 불법을 설명하지 않았겠는가? 그런데 왜 그 사람들이 그저 얇은 천을 눈에 대고 본 것인 양 알 듯 말 듯 본성을 보았노라고 말해서 비난을 자초하겠는가?

이 때문에 자네들 마음의 의도와 변덕을 좇는 일은 하늘에서 땅이 멀어지듯 '참된 나'에게서 멀어지는 일이라고 할 수 있지. 하지만 진실로 자네들이 '참된 나'를 찾았다면 불타지 않고 불 위를 걸어갈 수 있고 입술 하나 움직이지 않고 종일토록 말할 수 있고 쌀 한 톨, 실 한 올 건드리지 않고 매일 밥을 먹고 옷을 입을 수 있다네. 내가 하는 이 말도 우리 집 문에 달린 장식품일 뿐이네. 중요한 것은 자네들이 이를 경험해서 깨닫는 일이네.

운문은 '한 글자 관문(一字關)', 즉 한 글자로 관문을 통과하는 대화법으로 선가에서는 유명하다. 하지만 이는 제자들의 잠든 가능성을 일깨우려고 고안해낸 기교에 불과하니 운문의 본질적인 사상과 혼동해서는 안 된다. 선을 공부한 사람들 중에는 질문에 관계없이 운문의 한 글자 대답에는 아무런 의미가 없다고 생각하기도 했다. 그들은 선을 비이성적인 것으로 만들어 숭배하려는 경향이 있다. 하지만 이는 이성을 숭배하는 것만큼이나 잘못된 접근이라고 생각한다.

진실을 말하자면 운문은 다른 위대한 선사들과 마찬가지로 이성과 비이성의 경계를 뛰어넘었다. 운문의 대답은 질문에 대한 즉각적인 반응을 담고 있다. 질문이 없었다면 대답이 나오지 않았을 테니, 이런 맥락에서 운문의 말에는 질문에 대한 대답을 담고 있다. 질문이 있어서 나온 대답일 뿐만 아니라 질문자가 제기한 질문을 통해 그 사람의 마음공부 정도나 필요한 것을 직관적으로 감지한 스승이 질문자에게 곧장 던지는 대답이기도 하다. 그러므로 질문에 대한 논리적인 대답이 없는 것 같다고 해도 그 질문을 던진 당사자에게는 절체절명의 의미를 담고 있다고 볼 수 있다.

질문과 함께 운문의 한 글자 대답을 몇 가지 소개하겠다. 내가 더 덧붙일 것은 없고 독자들 스스로 그 의미를 새겨보기 바란다.

문: 올바른 진리의 눈(正法眼)은 무엇입니까?
답: 보普(모든 것을 포함한 전부).

문: 알 속의 병아리도 껍질을 쪼고 알 밖의 암탉도 껍질을 쪼는 이 놀라운 우연을 어떻게 보십니까?
답: 향響(메아리).

문: 운문 선사의 한 가지 길은 무엇입니까?
답: 친親(직접 체험할 것)!

문: 아버지를 죽인 사람은 부처님 앞에서 죄를 뉘우칠 수 있습니다.

그런데 부처와 조사들을 죽인 사람은 누구 앞에서 죄를 뉘우칩니까?

답: 노露(드러내어 보여라)!

문: 도가 무엇입니까?

답: 거去(가라).

문: 열반하신 영수 선사께서는 질문을 던지면 아무 말씀이 없으셨는데, 그것을 비문에 어떻게 새겨 넣습니까?

답: 사師(스승이여)!

'운문의 한 글자 관문'에 신기한 것이라고는 없다. 한 글자든 많은 글자든 그것은 모두 스스로 뚫고 나갈 관문이다. 이는 말로 전달할 수 없는 것을 일깨우려는 운문의 방법일 뿐이다.

가르치기 위한 다른 방편으로 운문은 지팡이로 '이것 하나', 즉 절대와 하나인 '참된 나'를 가리키곤 했다. 운문의 말은 겉으로 보기에 마술봉을 휘두르며 허풍을 떠는 마술사가 하는 소리처럼 들리기 때문에 항상 이 점을 염두에 두고 읽어야 한다. 하루는 운문이 대중들에게 지팡이를 치켜들고 외쳤다.

"이 지팡이가 스스로 용으로 변해서 온 우주를 다 집어삼켰다. 그렇다면 산과 강과 이 넓은 땅은 어디서 왔느냐?"

또 다른 경우에는 지팡이를 치켜들고 운문이 큰 소리로 노래를 불렀다.

"보시게나! 우리 석가모니가 여기 오시네!"

이런 경우도 있다. 운문이 모인 사람들에게 갑자기 물었다.

"조사들에 대해 알고 싶은가?"

운문은 지팡이로 사람들을 가리키더니 외쳤다.

"조사들이 자네들 머리 위에서 껑충껑충 뛰어다니고 있다! 조사들의 눈알이 어디 있는지 알고 싶은가? 자네들 발밑에 있다네!"

한 번은 절의 총무에게 물었다.

"옛날 사람들이 지휘봉을 올렸다가 내리면서 가리키고자 한 바가 무엇인가?"

총무가 대답했다.

"치켜들기 전과 내린 뒤의 '참된 나'를 드러내기 위함이지요."

이 말에 운문은 진정으로 기뻐했는데, 이것은 아주 드문 경우였다.

때로 운문은 지팡이 없이 '참된 나'를 직접 가리키기도 했다.

"티끌처럼 많은 부처들이 모두 네 혀끝에 있다. 모든 경전의 가르침이 네 뒤꿈치 아래에 있다."

운문에 따르면 이런 통찰은 '참된 나'로 들어가는 유일한 입구다. 공간과 시간을 넘어서는 '참된 나'는 어디에도 없으면서도 삼라만상에서 드러난다. 따라서 '참된 나'를 자신의 마음 가장 깊숙한 곳에서만 찾으려고 들면 찾을 수가 없다. 이 점에서는 운문이 같은 시대에 살았던 조산曹山과 의견을 같이한다. 한번은 운문이 조산에게 물었다.

"이 사람하고 친해지는 가장 좋은 길은 무엇일까요?"

조산이 대답했다.

"혼자서만 그 사람과 친해지려거나 자네 마음 깊숙한 곳에서만 찾으려는 생각을 버려야지."

운문이 다시 물었다.

"그런 생각을 버린다면, 그 다음에는 어떻게 됩니까?"

조산이 대답했다.

"그때는 진짜 그 사람하고 친해지지."

운문이 감탄했다.

"맞습니다. 정말 맞습니다."

운문이 조산에게 영향 받았건 받지 않았건 그런 것은 중요하지 않다. 분명한 것은 결국 운문은 혼자서만 아는 것과 다 드러내놓고 아는 것, 안으로 아는 것과 밖으로 아는 것을 모두 뛰어넘었다는 사실이다. 운문은 결국 삼라만상에서 절대를 보게 되었다.

"우주적 질서 안에, 이 천체 가운데, 눈에 보이는 산 깊숙한 곳에 신비로운 보배가 숨어 있도다.(中有一寶 秘在形山)"

운문은 승조僧肇의 이 말을 통해 절대적 경지가 도처에 들어 있음을 암시했다. 하지만 운문은 곧 덧붙였다.

"신비로운 보물은 등불을 법당 안으로 들고 들어와 등불 위에다 절의 세 입구를 올려놓는다. 보물이 지금 무엇을 하고 있느냐?"

대중들이 대답하지 않자, 운문이 스스로 대답했다.

"사물의 움직임에 따라 그 마음을 바꾸고 있다."

얼마간 침묵을 지킨 뒤, 운문이 덧붙였다.

"구름이 몰려들면 천둥이 치노라."

눈에 보이는 세계의 한가운데 눈에 보이지 않는 보배가 하나 있다는 사실은 비교적 쉽게 이해할 수 있다. 하지만 그 눈에 보이지 않는 보배가 법당 안으로 등불을 하나 들고 와 그 등불 위에 절로 들어오는 출입문 세 개를 올려놓았다는 말은 도대체 무슨 소리인가? 겉으로 보기에 말도 안 되는 이런 소리는 분명히 듣는 사람들의 마음을 초월적인 절대의 경지로 끌어올리기 위해서 나왔을 것이다.

운문이 스스로 던진 질문에 답한 말들은 절대의 또 다른 측면을 환기시킨다. 눈에 보이는 세계에서 절대는 어떻게 기능하는가? 등불은 선의 정신을 상징한다. 세 개의 출입문은 아마도 삼승三乘(성문승·연각승·보살승으로 중생을 열반에 이르게 하는 세 가지 가르침)을 뜻하는 듯하다. 이 셋을 등불 위에 올려놓는다는 말은 육조 혜능이 언급한 바 있는 일승一乘으로 통합한다는 말이다. 처음에는 사람들의 필요에 맞추기 위해 삼승이 저마다 일어난다. 마찬가지로 새로운 사람의 필요에 맞추기 위해서는 일승이 일어난다.

이것이 바로 운문이 눈에 보이는 세계에 그 마음을 맞출 때 절대는 사물들의 움직임에 따라 그 마음을 바꾸고 있다고 말한 뜻이다. 이때 그 작용이란 자연계에서 일어나는 현상들처럼 저절로 일어난다. 말하자면 "구름이 몰려들면 천둥이 치듯이."

이렇게 해서 우리는 유명한 '운문삼구雲門三句'와 만나게 된다. 비록 이 세 구절은 운문의 제자인 덕산德山 연밀緣密(10세기 후반에 활발하게 활동했음)이 처음으로 일련의 공식으로 묶었지만, 그 생각은 이미 스승의 가르침 속에 들어 있었다. 세 구절은 다음과 같다,

1. 천지를 뒤덮어 흠뻑 적신다.(涵蓋乾坤)
2. 모든 흐름을 단숨에 끊어버린다.(截斷衆流)
3. 파도를 따라 함께 흐른다.(隨波逐浪)

이 세 구절은 공히 궁극적으로 절대를 가리킨다. 보는 바와 같이 이 세 구절은 변증법적으로 서로 연결되면서 절대의 세 가지 측면을 대표한다. 절대의 내재적인 측면을 보자면, 절대가 모든 우주와 그 각 부분까지 스며든다는 사실을 알 수 있다. 초월적인 측면에서 절대는 우주보다도 높고, 비길 데 없이 홀로 존재하며, 이 세상 어떤 것도 다가갈 방법이 없다. 이는 "모든 흐름을 단숨에 끊어버린다"라는 구절에 암시되어 있다. 하지만 결국 우리는 위대한 반전을 볼 수 있다. 왜냐하면 세상 속에서 절대가 기능할 때는 시간의 흐름과 함께 움직이고 파도를 따르기 때문이다.

운문의 말에서 이 세 국면을 설명하는 부분을 찾을 수 있다. 예컨대 운문은 돌아가신 스승 설봉의 말을 옮기고 있다.

"불타오르는 불길 위에서 과거와 현재와 미래의 모든 부처들이 거대한 진리의 바퀴를 돌리고 있다."

이 구절을 두고 운문은 이렇게 말했다.

"오히려 불타오르는 불길이 과거와 현재와 미래의 모든 부처들에게 설명하고 있으니, 부처들은 모두 바닥에 서서 귀를 기울이고 있다."

운문은 불길 속에서, 한 줌의 모래 속에서, 작디작은 티끌 속에서 절대를 보았다. 운문은 가까이는 자기 안에서, 멀리는 북극성 속에서도 절대를 보았다. 이는 첫 번째 구절을 잘 설명한다.

한번은 궁중에서 열린 연회에 운문이 초대받은 적이 있었다. 관리 하나가 그에게 물었다.

"영수靈樹의 과일은 잘 익었습니까?"

운문이 대답했다.

"그대가 보기에 한 해라도 제대로 익지 않은 적이 있었소?"

이는 운문이 행한 답변 중에서 정말 즐겁고 재치 넘치는 것으로 유명하다. 하지만 이것이 그 관리의 물음에 대한 답일까? 분명히 그 관리는 영수靈樹(영험한 나무)의 큰스님으로서 하는 일이 잘 되는지, 영험한 나무가 훌륭한 제자라는 열매를 맺었는지 물어본 것이리라. 하지만 운문은 이 질문에 대답하는 대신에 이를 발판 삼아 영험한 나무의 열매와, '이것 하나'라고 할 수 있는 영원한 도를 동일시하면서 시간의 영역을 떠나 영원으로 솟구친다.

시간의 영역 안에 있을 때만 진보를, 태어남과 성장과 결실과 쇠퇴를 말할 수 있으니 이는 모두 절대의 영역 속에서는 해당사항이 없다. 이런 방식으로 운문은 질문자의 마음을 눈에 보이는 세계에서 눈에 보이는 모든 것을 초월한 세계로 끌어올리는데, 참으로 "모든 흐름을 단숨에 끊어버리는" 좋은 예라고 할 수 있다.

또 다른 좋은 예가 있다. 하안거를 막 끝낸 중 하나가 운문에게 누군가 앞으로의 계획을 물어보면 뭐라고 대답해야 하느냐고 물었다. 운문의 대답은 다음과 같았다.

"더들 뒤로 물러서라고 해!"

운문은 그 중이 눈에 보이는 세계에서 앞으로 나아갈 생각하지 말고 나아간다는 사실이 없는 곳, "어떤 길로도 가 닿을 수 없는 순수한 물결이 있는" 곳으로 돌아가기를 바란 셈이다.

운문은 이러한 절대의 초월적인 특성을 다루는 데 특히 재주가 뛰어났다. 운문의 말 중에서 가장 아름답고 의미심장한 것은 다음의 질문에 번개 치듯이 답한 것이다.

"잎이 시들어 떨어지는 나무는 어떻게 될까요?"

운문이 말한 것은 네 자뿐이었다.

"체로금풍體露金風(금빛 바람에 드러난 몸)."

이 구절에는 두 개의 의미가 담겨 있다. 일반적으로 볼 때는 가을바람에 나무의 몸통이 드러난다는 뜻이다. 마음의 차원에서는 '법신法身', 즉 순수한 '참된 나'가 이제 그 타고난 속성, 즉 영원 속에 머물게 되었다는 뜻이다. 이 구절은 수정처럼 청명한, 티끌 하나 없는 가을 하늘을 떠올리게 해 우리 마음을 순수한 빛의 창공으로 끌어올린다.

이 구절을 동산의 주옥같은 구절과 비교해보는 것도 흥미로울 것이다.

고목에 꽃이 피니 봄이 오히려 겁을 내네　　枯木花開劫外春

이는 또 얼마나 다른 풍경인가! 동산에게서 우리는 따뜻한 봄날의 훈훈한 정을 느낄 수 있다. 운문에게서는 가을 달 밝은 밤, 정신이 바짝 들게 하는 서늘함과 초월적인 청명함을 발견할 수 있다. 하지만 두 사람 모두 선의 거장들로서 그 뜻은 우리 지식의 범위를 뛰어 넘는다. 그러므로 이 우주란 수많은 천재들이 깃들어 사는 곳임에 틀림없다.

다섯 종파에서 공통적으로 발견할 수 있는 선의 특징이란 마음공부를 하는 생활 속에서 우리가 아무리 노력한다고 해도 더 이상 나아갈 수 없는 경지에 이르지는 못한다는 점이다. 산의 정상에 올라선 뒤에는 평지로 내려오는 일을 통해 더 위로 올라갈 수 있다. 다른 기슭(피안)에 도달했다면 참된 자신으로 살아가기 위해 원래의 기슭(차안)으로 되돌아오는 일을 통해 더 나아갈 수 있다. 이전까지 몸에 배었던 습관은 그 무엇이든 떨쳐버리고 모든 사람들을 위한 삶을 살아야 한다. 모든 흐름을 잘라버렸다면 이제 영원히 오고 가는 그 물결을 집으로 삼아 자신을 던져야 한다.

운문이 인상적인 까닭은, 독수리처럼 맴도는 일 없이 로켓처럼 단숨에 초월적인 세계로 솟구치는 그도, 우리에게는 불어오는 바람에 따라 행로를 바꾸고 삶의 물줄기에 따라 흐르는 파도와 물결과 조류와 소용돌이와 흔들림을 좇으라고 말한다는 점이다.

"도가 뭡니까?"라고 물었을 때, 운문은 "가라!"라고 한 마디만 내뱉았다. 이 말에 담긴 의미는 너무나 다채로워 뭐라고 딱 잘라 규정할 수가 없다. 하지만 운문의 가르침을 염두에 두면, 이는 "어디에도 걸리지 않는 자유로움으로 가라. 어떤 방법이나 행동의 결과에 집착하지 말고 네 상황에 맞는 일이라면 무엇이든 하라. 쉬지 말고 네 일을 하라"라는 뜻일 것이다.

운문은 "비어 있음은 본디 존재하는 세계를 파괴하지 않는다"는 점과 "모습이 없는 것은 모습으로 가득한 세계와 하나다.(眞空不壞有 眞空不異色)"라는 사실을 믿어 의심치 않았다. 운문은 어느 뛰어난 신도에게 '참된 나'를 깨닫는 일에는 속세에 있든 출가하든 아무런 차이가 없다고 단언한 적이 있다.

"자신과 다른 사람의 생존 욕구를 충족시켜주는 모든 행위는 진실의 본성과 모순되지 않는다.(一切治生産業 皆與實相 不相違背)"라는《법화경》의 말을 인용하며 운문은 이를 뒷받침했다. 물론 저마다 다른 삶을 살고 있기 때문에 해야 할 일도 각기 다르고, 모든 사람들은 땅에 굳건히 발을 디디고 서서 꾸준히 걸어가며 그 일을 해야 한다. 엉뚱한 공상이나 공허한 생각에 잠기느니 이렇게 하는 것이 더 낫다. 깨달은 사람에게 "하늘은 하늘이고 땅은 땅이다. 산은 산이고, 물은 물이다. 중은 중이고, 속인은 속인이다." 운문은 이론을 따지고 머리로 따지게 되면 귀중한 시간을 낭비하게 된다고 생각했다. 중요한 것은 자기 자신이 되는 일이다.

일단 자기 자신이 되면 무지하고 이기적인 아집 때문에 만들어진 억압과 공포를 떨치고 자유로워진다. 자유로워지면 일을 할 때도 행복하고, 놀 때도 행복하고, 사는 것도 행복하고, 죽는 것도 행복해진다.

어느 중이 운문에게 물었다.

"누가 나입니까?"

운문이 대답했다.

"산 속을 자유롭게 돌아다니고 물 속에서 즐거움을 얻는 자다."

질문한 사람에게는 그다지 친절한 대답이 아닐지 몰라도 이 대답은 운문 자신의 아름다운 내면 풍경을 보여주고 있다. 사실 운문이 한 말 중에 가장 행복에 겨운 말은 다음과 같다.

"날마다 좋은 날이다!(日日是好日)"

한 걸음 한 걸음 거듭거듭
법안 문익

법안종은 법안法眼 문익文益(885~958)이 세웠다. 법안종은 5대 종파 중에서 제일 마지막으로 생겨났다. 그 생명은 짧았으나, 법안종의 영향력은 오래도록 미쳤다. 법안종의 특징을 이해하기 위해서는 중국 불교의 전통뿐만 아니라 중국 문화 전반을 살펴보아야 한다. 법안종은 육조 혜능의 두 수제자 중 하나인 청원靑原의 법통을 이어받았다. 법안은 혜능 이후 9번째 법을 이어받은 사람으로서 그 사이에는 석두石頭, 덕산德山, 설봉雪峰, 현사玄沙, 그리고 법안의 스승이 되는 나한羅漢 계침桂琛 같은 대선사들이 있다.

석두가 구마라습鳩摩羅什의 뛰어난 제자였던 승조僧肇가 쓴 《조론肇論》을 읽다가 깨달음을 얻게 되었다고 앞에서 말한 바 있다. 승조는 노자와 장자의 철학에 매우 해박했기 때문에 그가 쓴 《조론》에는 불교 사상과 도가 사상이 유기적으로 결합되어 있다. 승조의 철학 체계는 노자가 《도덕경道德經》제1장에서 말하는 바와 같이 진실과 눈에 보이는 세계의 신비로운 결합(玄同)에 바탕을 두고 있다. "하늘과 땅도 내가 나온 곳에서 비롯했으니, 모든 것들이 나와 하나다.(天地與我同根 萬物與我爲一)"라는 장자의 말은 자아와 세계가 둘이 아니라는 신비로운 통찰로 자기화했다.

석두는 《조론》을 읽다가 "현명한 사람을 빼고 그 누가 삼라만상이 자신과 하나라는 사실을 깨달을 수 있을까?"라는 문장을 만났다. 이에 석두는 감탄하며 다음과 같이 말했다.

"현명한 사람은 아집이 없으므로 그 어디에도 자기 자신이 아닌 것이 없다. 법신法身은 모습이 없으니 그 안에서 나와 남을 어찌 구별할 수 있겠는가? 둥근 거울은 말을 넘어서 삼라만상의 모습을 비춘다. 그런 까닭에 진실의 숨겨진 근원에서 비롯한 눈에 보이는 세계는 모습을 드러낸다. 생각과 생각의 대상이 둘이 아니라면 가는 것과 오는 것에 대해 무슨 말을 할 수 있겠는가? 이 구절은 참으로 드높은 뜻을 담고 있도다!"

대개 자기 안의 '나'를 경험적으로 깨닫는 일을 통해 숭고한 진실에 다가간 선의 다른 종파와 달리, 법안종은 우리 안에 있는 참된 사람을 망각하지 않으면서도 우주의 무한한 지평을 향해 그 눈을 뜨게 하는 궁극의 목적에 다다른다. 법안종에 따르면 삼라만상의 모든 것은 절대에 대해 말하고 있으며 우리를 그 곳으로 인도한다.

법안종의 길을 닦았던 중요한 인물인 현사玄沙에 관한 일화는 이 점을 잘 보여준다. 하루는 현사가 대중들에게 설법을 하기로 되어 있었다.

그런데 단에 올랐을 때, 현사의 귀에 법당 바깥에서 제비가 지저귀는 소리가 들렸다. 이에 현사는 이렇게 말했다.

"이토록 심오하게 진실에 대해 설명하고, 이토록 명확하게 불법을 이야기하는 것을 들어본 적이 없다!"

그러더니 현사는 설법이 끝났다는 듯이 단상에서 내려왔.

무생물까지 포함해 모든 것들이 불법을, 진실을 이야기한다는 사실은 새롭거나 이상하지 않다. 혜능의 직계 제자인 혜충慧忠 국사도 이를 매우 효과적으로 뒷받침했다. 한 중이 혜충에게 물었다.

"옛날 덕 높으신 양반이 이렇게 말씀하셨습니다.

푸르고 푸른 비취색 대나무여!	青青翠竹
모두가 진리의 몸이구나	盡是法身
우거질 대로 우거진 노란 꽃들이여!	鬱鬱黃花
지혜가 아닌 것이 하나 없구나	無非般若

이에 동의하지 않는 이도 있고 한편으로는 참된 인식이며 헤아릴 길 없이 심오하다고 말하는 이도 있습니다. 스님은 어떻게 생각하십니까?"

혜충이 대답했다.

"아마 문수보살이나 보현보살이라면 이렇게 볼 것이니라. 평범하고 융통성 없는 사람의 믿음과 생각으로는 가 닿기 어렵다. 이 구절은 대승의 경전이 말하고자 하는 이야기와 완전히 일치한다. 예컨대《화엄경》에는 이런 구절이 있다.

부처의 몸이 진리의 세계에 가득하여	佛身充滿于法界
중생들 앞에 모든 것을 널리 드러내노라	普現一切群生前
인연 따라 나아가 느끼며 두루 쓰고도 남지만	隨緣赴感靡不周
이 진리의 자리 떠나는 일이 없어라	而常處此菩提座

살펴보면, 비취색 대나무 역시 우주만물 안에 포함된 것이니 어찌 법신에 속하지 않는다고 할 수 있겠는가? 또 《반야경》에는 이런 구절이 있다.

| 모습과 색깔이 경계가 없는 것과 마찬가지로 | 色無邊故 |
| 지혜도 경계가 없다 | 般若亦無邊 |

여기서 노란 꽃들은 모습과 색깔의 세계 너머에 놓여 있지 않다고 해서 반야에 속하지 않는다고 말할 수 있을까? 하지만 깨닫지 못한 사람들은 이런 진리를 이해하기 힘들 것이다."

이렇게 사변적으로 명상하는 기질은 법안종의 가장 중요한 특징이 되었다. 내면의 '나'에 주의를 기울이는 대신에, 법안종은 주체와 객체 양자를 초월해 신비로운 그 너머를 갈망한다. 말로 표현할 수밖에 없다면 이 '너머'라는 것은 삼세三世와 그 안의 모든 삼라만상이 비롯하는 유일한 원천인 마음 혹은 정신을 뜻한다. 이는 주체와 객체, 하나와 여럿, 같음과 다름, 안과 밖, 보편과 특수, 진실과 눈에 보이는 세계를 넘어선다. 짧게 말하자면, 이는 모든 이름을 넘어선다. 이러다보니 법안종은 부정하는 방법과 모르는 방법을 채택하게 되었다.

지금까지 살펴본 것은 법안종의 배경일 뿐이다. 이제부터는 법안종을 창시한 법안과 얼마 가지 않았지만 그 후대의 가르침을 살펴보도록 하자.

법안 문익은 절강 지방의 노魯씨 집안에서 태어났다. 법안은 일찍이 어린 시절에 절에 들어갔다. 처음에는 영파寧波의 여항사餘抗寺에서 당대의 고승 희각希覺 율사 밑에서 공부했다. 공부하기를 즐겼던 법안은 불교 경전뿐만 아니라 유교의 고전도 풍부하게 섭렵했다. 마음속에서 일던 신비한 충동에 끌려 법안은 어느 선사의 가르침을 얻고자 남방의 복주福州로 갔지만, 거기서도 마음은 열리지 않았다. 그는 다시 길을 떠났다. 그러다 지장원地藏院 옆을 지나가는데, 눈보라가 몰아쳐 잠시 길을 멈추어야 했다. 법안이 불을 쬐고 있는데, 나한 계침이 그에게 물었다.

"지금 어디를 가고 있는 것이냐?"

"그저 방랑할 뿐입니다."

"무슨 뜻이 있어서 방랑하고 있느냐?"

큰스님이 묻자, 이런 대답이 돌아왔다.

"모릅니다."

"모르는 것이야말로 가장 가까운 것이지."

나한 계침은 알 듯 말 듯한 말을 했다.

눈이 그치자, 법안은 다시 길을 나서겠다고 말했다. 나한 계침은 법안을 문까지 배웅하면서 물었다.

"과거와 현재와 미래의 세계가 모두 마음에 불과하고 진실이란 진실은 그저 생각하는 것일 뿐이라고 말하지 않았는가? 그렇다면 이 뜰에 있는 돌은 자네 마음 안에 있는가, 마음 밖에 있는가?"

"마음 안에 있습니다."

법안이 대답하자, 나한 계침이 다시 물었다.

"그저 방랑한다는 사람이 마음에 돌까지 넣어가지고 다닐 필요가 어디 있느냐?"

이에 법안은 바랑을 내려놓고 의심이 풀릴 때까지 큰스님 옆에 머물기로 결심했다. 매일 법안은 새로운 견해를 준비해 스승을 만났지만, 스승의 대답은 한결같았다.

"불법은 그런 것이 아니다."

한 달이 지날 무렵, 법안이 스승에게 말했다.

"이제는 말할 것도, 생각할 것도 바닥이 났습니다."

그러자 나한 계침이 말했다.

"불법으로 말하자면 지금 모든 것이 진실이네."

이 말을 듣고 법안은 크게 깨쳤다.

나중에 큰스님이 된 법안은 대중들에게 다음과 같이 말하곤 했다.

"진실은 자네들 바로 앞에 있네. 그런데도 자네들은 자꾸만 거기에 이름을 붙이려고 하고 모양을 만들려고 하네. 그렇게 바꿔본들 원래 그것을 상상할 수 있겠는가?"

자신도 많이 배운 사람이지만, 법안은 늘 제자들에게 공부만 해서는 안 된다고 주의를 주었다. 진실은 바로 앞에 있는 것이니 직관으로 낚

아채기만 하면 되는 것이지, 따지고 재봐야 우리 눈을 가릴 뿐이다.

법안은 언젠가 장경長慶 선사의 유명한 시를 인용한 적이 있다.

삼라만상 가운데 법신만이 모습을 드러내네   萬象之中 獨露身

그러면서 법안은 장경의 제자였던 자방子方에게 무슨 뜻인지 아느냐고 물었다. 자방은 그저 자신의 지휘봉을 들었다. 하지만 법안은 이렇게 물었다.

"어떻게 해서 그런 식으로 이해하게 되었나?"

"스님 생각은 어떻습니까?"

자방이 묻자, 법안이 대답했다.

"삼라만상은 무엇인가?"

"글쎄요, 옛 사람들은 삼라만상을 털어내지 않았습니다."

자방이 대답하자, 법안이 재빨리 말했다.

"삼라만상 한가운데에서 홀로 그 몸이 모습을 드러내는데, 털어내고 자시고 할 것이 어디 있겠는가?"

이제 자방은 스스로 깨쳤다.

한 중이 또 이렇게 물었다.

"도와 하나가 되기 위해서 우리는 도 앞에 자신을 어떻게 드러내야 합니까?"

법안이 대답했다.

"도와 하나되기 전에야 무슨 수로 자신을 도 앞에 드러낸단 말인가?"

질문을 한 그 중이 도 앞에 자신을 드러낸 적은 없는 것 같다. 도가 스스로 놀도록 하지 않고 자신이 도를 놀게 만들고 있다는 것이 그 질문 자체에 드러나 있다. 스승이 미묘하게 그 질문의 잘못된 점을 지적했지만 그때까지도 무슨 소리인지 모르고 그 중은 질문을 계속했다.

"여섯 가지 감각(六識)이 진리의 미묘한 목소리를 이해하지 못할 때는 어떻게 해야 합니까?"

분명히 그 중은 감각에다가 그 책임을 돌리고 자신은 빠져나갈 속셈이었다. 하지만 법안은 기만당하지 않고 말했다.

"그게 다 자네 자식들이니라!"

책임을 회피할 수는 없었다. 그러더니 법안은 그에게 이렇게 지적했다.

"자네는 여섯 가지 감각이 진리의 미묘한 목소리를 듣지 못한다고 말한다. 그럼 그것이 귀의 잘못인가, 눈의 잘못인가? 만약에 근본적인 진실이 정말로 존재한다면, (여섯 가지 감각이 그것을 감지하지 못한다고 해서) 어찌 그 존재를 부정할 수 있겠는가? 옛 사람들이 말하기를, '감각을 떠나는 것도 감각에 집착하는 것이고 이름과 문자를 떠나는 것도 이름과 문자에 집착하는 것이다.' 무상천왕無想天王이 팔만 억겁의 세월 동안 자기를 닦고 수행을 한 끝에 하루아침에 원래의 무지와 미망에 빠지게 된 까닭이 여기에 있다. 근본적인 진실에 대한 진정한 통찰이 없었기 때문에 일어난 일이다."

이 진정한 통찰을 굳건하게 하면 육신에 달린 눈이 아니라 근본적인 진실의 눈으로 사물을 보게 된다. 이 눈을 가리켜 '진리의 눈(法眼)'이라고 하는데, 법안은 이를 '도의 눈(道眼)'이라고 불렀다.

한 번은 중들에게 법안이 이런 질문을 던졌다.

"샘의 눈이 막힌 것은 모래가 가득 찼기 때문이다. 그럼 도의 눈이 열리지 않는 것은 무엇 때문인가?"

대중들이 아무런 대답도 하지 못하자, 법안이 스스로 대답했다.

"가로막는 것이 눈 안에 있기 때문이다!"

우리 몸에 달린 눈이 아무런 소용이 없다는 뜻이 아니다. 도의 눈이 있어야 할 자리를 차지하려고 하지 않는 한, 이 눈도 필요하다. 법안이 말하는 도의 눈으로 보면, 우리가 있는 그대로 바라보는 한, 모든 사물은 하나의 근본적인 진실 안에서 자리 잡고 기능하면서 저마다 상대적인 진실을 만들어낸다. 이것이 방편의 단계이자, 중간의 단계다. 법안에게 부처는 궁극의 대상이 아니라 방편상 만든 이름일 뿐이다. 다시 말하면 궁극에 이르면 거기에는 어떤 단계도, 상태도 없다.

한 중이 이렇게 물은 적이 있다.

"하나의 진실이란 어떤 상태입니까?"

법안이 대답했다.

"상태라고 할 수 있다면 이미 하나의 진실이 아니다."

법안은 철저하고도 철저한 현실주의자였으며 형이상학적이면서도 경험적이었다. 그가 형이상학적인 현실주의자였다는 사실은 모든 이름 너머의 근본적인 진실에 대한 강조에서 극명하게 드러난다. 그의 경험주의적인 현실주의는 사물들을 규정하는 방식에서 발견할 수 있다. 예를 들자면, 옛날 부처들의 마음이 무엇이냐는 질문을 받았을 때, 법안은 이렇게 말했다.

"그 마음은 자비심과 기꺼운 베풂이 넘쳐나는 곳에서 온다."

무엇이 올바르고 진실된 길이냐는 질문을 받았을 때는 이렇게 대답하기도 했다.

"거듭 거듭 내가 자네에게 걸어가라고 가르치는 길이다."

또 한 중이 이렇게 물은 적이 있다.

"'천지사방의 모든 귀인과 현자가 이 종파에 속한다'는 말이 있는데, '이 종파'라는 것이 정확하게 무엇입니까?"

법안의 대답은 다음과 같았다.

"천지사방의 모든 귀인과 현자가 속한 곳이다."

매우 많이 배운 사람이고 경전에 해박한 사람이면서도 법안은 학식에 노예가 된 적이 한 번도 없었다. 법안은 마음으로 그 모든 학식을 곱게 빻아서 소화했다. 법안은 옛 사람들의 좋은 말들을 즐겨 인용했지만, 그의 입을 통해서 나오면 그 말들은 설법에 절대적으로 필요한 요소로 바뀌었다. 법안은 한 번도 방편을 목적으로 착각하지 않았다. 궁극적으로 제자들을 말과 개념을 넘어선 영원한 도로 이끄는 것이 언제나 법안의 목적이었다. 항상 그는 제자들의 관심을 지금 여기로 돌리기 위해 애썼다. 한 중이 옛날 부처들에 대해 묻자, 법안은 이렇게 말했다.

"지금도 가로막는 것이 없다네."

말하자면 우리와 근본적인 진실 사이에 가로막는 것은 없다는 뜻이다. 한 번은 다른 중이 밤낮없이 스무 시간을 수행하려면 어떻게 해야 하느냐고 묻자, 법안은 이렇게 대답했다.

"한 걸음 한 걸음."

이는 도의 길을 걸어갈 때의 이야기다. 모든 부처들의 숨은 표적이 무엇이냐는 질문을 받고서는 이렇게 대답했다.

"자네 안에도 그것이 있다네."

또 법안에게 한 중이 이렇게 말한 적이 있다.

"저는 달을 가리키는 손가락이 아니라 달이 무엇인지 알고 싶을 따름입니다."

법안은 그에게 되물었다.

"자네가 묻지 않는다는, 그 가리키는 손가락은 뭐라고 생각하나?"

다른 중이 대답했다.

"저는 달이 아니라 가리키는 손가락이 무엇인지 알고 싶습니다."

"달이다."

법안이 말했다. 그러자 그 중이 항의했다.

"저는 가리키는 손가락에 대해서 물었습니다. 그런데 왜 달이라고 대답하십니까?"

법안이 대답했다.

"가리키는 손가락이 뭐냐고 물었으니까 그렇게 대답했지!"

다시 말하자면, 우주에 있는 다른 모든 것들과 마찬가지로 달 역시 최고의 비밀을 가리키는 것에 불과하다. 장자의 목소리를 빌리자면, "천지가 손가락 하나일 뿐이다.(天地一指也)"

법안은 지금의 남경南京에 위치한 청량사淸凉寺 주지로 있으면서 남당南唐의 군주였던 이경李璟(916~961)과 매우 친했다. 하루는 마음공부에 관한 대화를 나눈 뒤, 활짝 핀 모란을 함께 보러 갔다. 이경의 청에 법안이 즉석에서 시를 지었다.

털모자 눌러쓰고 꽃들을 대하니	擁毳對芳叢
일어나는 느낌이 한결같지 않구나	由來趣不同
머리칼은 오늘 흰 빛으로 바뀌고	髮從今日白
꽃은 작년 것이 더 붉었네	花是去年紅
그 고운 자태 아침 이슬 따르고	艶冶隨朝露
떠들썩한 향기는 저녁 바람에 흩어지네	聲香逐晚風
어찌 마땅히 시들어 떨어지길 기다린 뒤에야	何須待零落
모든 것이 텅 비어 있다는 것을 알게 되는가	然後始知空

이를 보건대 법안은 철학자이자 학자였을 뿐만 아니라 훌륭한 시인이었다고 할 수 있다. 3~4행은 다음과 같은 두보의 유명한 시구를 살짝 바꾼 것이다.

이슬은 오늘밤 흰 빛으로 바뀌고	露從今夜白
달은 고향 것이 더 밝네	月是故鄉明

시적 기교로 볼 때, 법안의 이 시는 더 바랄 것이 없다고 할 수 있다. 하지만 그 어조가 좀 쓸쓸해 남전, 조주, 운문 등 대선사들의 발랄한 정신과 구속받지 않는 자유를 느낄 수 없다는 느낌도 들 것이다. 만발한 모

란이 시들어 떨어질 수 있단 말인가? 현사玄沙가 들었던 제비가 지저귐을 그치거나, 마조馬祖가 보았던 기러기 떼가 영영 날아가 버릴 수도 있을까? 법안은 깨달은 스승이 아닌가? 지금 여기를 믿는 사람이 아닌가? 법안에게는 날마다 좋은 날이 아니었던가? 법안은 남전이 말한 것처럼 꿈결인 양 꽃을 바라보는 속인이었던 것일까?

이 모든 질문에 대한 내 대답은 다음과 같다. 이 시는 법안의 사상을 표현한 것이 아니라 제자였던 이경에게 처방한 약과 같은 것이다. 기록된 바를 살펴보더라도 이경은 법안의 뜻을 곧바로 이해했다. 사실 법안은 다양한 환자들에게 그에 합당한 처방을 내릴 줄 아는 유능한 의사에 비교할 수 있을 만큼 사람을 영적으로 지도하는 일에 탁월했다고 알려져 있다. 법안은 깨달았으면서도 실용적이었다.

위의 시에서 드러나지 않았던 법안의 내면 풍경이 또 다른 시에서는 수정처럼 투명하게 나타난다. 이 시는 분명히 스스로 즐기기 위해 썼을 것이다.

깊은 숲 새들은 피리처럼 지저귀고	幽鳥語如篁
버들잎 황금빛 가지를 길게 흔드네	柳搖金線長
구름은 돌아와 산골짜기 조용하고	雲歸山谷靜
바람은 불어와 살구꽃 향기 나네	風送杏花香
하루가 다가도록 조용히 앉아서	永日肅然坐
깨끗한 마음으로 모든 근심 잊네	澄心萬慮忘
말하고자 하나 말은 미치지 못하니	欲言言不及

나무 아래 헤아려 생각하기 좋아라　　　林下好商量

　이 아름다운 시는 법안을 도연명陶淵明과 왕유王維 같은 대시인의 반열에 올려놓는다. 이 시는 영원 속에 있던 마음이 스스로 말로 터져나온 것이다.
　근본적으로 법안은 신비주의자였다. 자연적, 우주적 신비주의자가 아니라 우주를 뛰어넘는 신비주의자였다. 《화엄경華嚴經》에 밝은 사람이었고, 존재하는 여섯 가지 기본 속성(六相)에 관한 교리에 관심이 많아 깊이 공부했지만, 모든 속성을 완전히 거부하는 궁극적인 진실과 속성에 속해 있는 눈에 보이는 우주를 엄격하게 구분했다. 법안에게 근본적인 진실은 모습이 없이 텅 비어 있다. 이는 제자인 영명永明 도잠道潛과 나눈 대화에 극명하게 나타난다. 도잠이 처음 찾아왔을 때, 법안은 무슨 경전을 읽고 있느냐고 물었다. 도잠이 《화엄경》을 읽고 있다는 것을 알게 된 법안이 물었다.
　"존재하는 여섯 가지 속성, 즉 보편(總)과 특수(別), 같음(同)과 다름(異), 긍정(成)과 부정(壞)을 《화엄경》의 어느 부분에서 다루는가?"
　도잠이 대답했다.
　"〈십지품十地品〉에 다룹니다. 논리적으로 말하자면, 여섯 가지 속성은 보편적입니다. 왜냐하면 속세에 있든 속세를 떠나 있든 모든 진리는 여섯 가지 속성을 지니고 있기 때문입니다."
　이에 법안이 물었다.
　"그렇다면 모습이 없이 텅 빈 것도 여섯 가지 속성을 지니고 있느냐?"

도잠은 이 질문에 당황해 더 이상 말을 잇지 못했다. 법안이 말했다.

"나한테 똑같은 질문을 해보아라. 그러면 대답해 주겠노라."

도잠이 똑같이 물었다.

"모습이 없이 텅 빈 것도 여섯 가지 속성을 지니고 있습니까?"

"모습이 없이 텅 비어 있도다!"

말이 끝나기가 무섭게 법안이 말했고 도잠은 갑자기 깨달음에 눈을 떴다. 그는 기쁨에 겨워 감사하는 마음으로 법안에게 절을 올렸다. 법안이 어떻게 이해했느냐고 묻자, 도잠은 즉시 대답했다.

"모습이 없이 텅 비어 있습니다."

이에 법안은 기뻐했다.

법안이 열반하자(958), 이경은 그에게 '대법안 선사'라는 시호를 내리고, 그를 기리는 탑을 세워 '무상탑'이라 이름 지었다.

법안의 직계 제자 중에서는 천태天台 덕수德韶(891~972)가 가장 뛰어났다. 천태의 가르침을 자세히 설명하기는 곤란하다. 다만 천태가 통현봉通玄峯의 한 사찰에 큰스님으로 있을 때 지은 게송을 여기에 옮기는 것으로 만족하고자 한다.

통현봉 산꼭대기는	通玄峯頂
더 이상 속세가 아니네	不是人間
마음 밖에 어떤 진리도 없으니	心外無法
눈에 푸른 산 가득하네	滿目靑山

법안도 이 게송에 매우 만족했다고 한다. 아마도 이 게송은 죽은 나한이 던진, 돌과 마음에 관한 질문의 답이 될 수 있을 듯하다. 돌은 인간의 마음이나 눈에 있는 것이 아니다. 그렇지만 속세를 초월하는 마음 바깥에 있는 것도 아닌 것은 마찬가지다.

덕수가 중국 불교 역사상 가장 훌륭한 저작들을 남긴 영명永明 연수延壽(904~975)의 스승이라는 사실도 중요하다. 연수는 논리의 천재로 체계화시키는 재주가 뛰어났다. 연수가 쓴 《종경록宗鏡錄》은 1백여 권에 달하는 기념비적인 저서로 선의 요지를 정리했다. 하지만 사실 연수는 기본적으로 자신이 생각하는 선의 원리를 뒷받침하기 위해 모든 자료에서 사상과 생각을 가져온 절충주의자다.

일반적으로 이 책이 대승불교를 제대로 해석한 책이라는 평가가 있기는 하지만, 선가의 입장에서 보자면 이 책은 얻는 것보다 잃는 것이 더 많았다. '교외별전敎外別傳'과 '불립문자不立文字' 같은 것을 전면에 내세웠던 선이 결국에는 그처럼 복잡다단한 이론서를 낳았다는 사실은 어처구니없기만 하다. 물론 이 책이 선을 죽인 것은 아니지만, 분명히 그 자신이 속했던 법안종의 해체를 가속화한 것만은 사실이다.

선의 정신은 근본적으로 요점으로 정리하고 절충하는 것에 반대하는데, 연수가 행한 것이 바로 이런 방법이었다. 실제로 연수는 선종과 정토종淨土宗을 하나로 통합하려고 심혈을 기울였다. 현대 사학자들이 재치 있게 말했다시피 "부처의 이름을 부르고, 경전을 독송하고, 계율을 지키는 일과 선 수행은 함께 가야 한다." 이런 결합으로 인해 정토종이 활기를 되찾았다는 점을 부인할 수는 없지만, 일련의 관습 혹은 예식과 선을 결합시키면 어디에도 기대지 않는 선의 정신이 훼손되어 존립 근거가 없어진다는 점이 비극이었다.

그렇다고 해서 연수가 번뜩이는 선적 자질을 전혀 가지지 못했다고는 말할 수 없다. 다음과 같은 게송을 읽어보면 정신이 맑아지는 것을 느낄 수 있다.

영명의 뜻을 알고자 한다면	欲識永明旨
문 앞의 호수를 바라보라	門前一湖水
햇살 비춰 밝은 빛 와 닿고	日照光明至
바람 일어 물결이 일어난다네	風來波浪起

이 얼마나 간단하면서도 매력적인 풍경이며, 동시에 얼마나 많은 뜻이 담겨 있는가! 평화롭게 명상에 잠긴 때가 있으며, 역동적으로 움직이는 때가 있으며, 호수가 스스로 존재하는 때가 있다.

연수는 법안종의 3대에 속하는데, 그 뒤로 두 세대가 더 이어진다. 3대와 4대에 걸쳐서도 수많은 선사들이 나와 법안종의 정신이 여전함을 보여주었다. 여기서는 두 사람만 들겠다. 한 사람은 장작 하나가 땅에 떨어지는 소리를 듣고 깨달음을 얻었다고 하는 항주抗州 홍수洪壽다. 그 순간에 쓴 게송은 마음이 직접적으로 드러난 간단한 것인 동시에 법안종의 인식을 전형적으로 보여준다. 이 장의 마지막에서 이 게송을 인용한 주희朱熹(1130~1200)의 글을 보여줄 작정이므로 지금은 소개하지 않고 그냥 넘어가겠다.

소개하고 싶은 또 다른 인물이 바로 항주抗州 유정惟政(986~1049)이다. 이 분은 마음이 편안해지는 유머와 느긋한 삶의 철학으로 유명하다. 유정은 유교 교전, 특히 《논어論語》에 해박했다. 공자는 이렇게 말한 적이 있다.

"예절, 예절, 소리 높여 말하는데 옥과 비단을 둘렀다고 그것이 예절이겠느냐? 음악, 음악, 소리 높여 말하는데 종과 북을 두들긴다고 다 음악이겠느냐?"

유정은 공자의 방법을 흉내 내어 다음과 같이 말한다.

"다들 부처, 부처, 소리 높여 말하는데, 똑같이 그렸다고 그것이 부처이겠느냐? 다들 스님, 스님, 소리 높여 말하는데, 가사 장삼만 걸쳤다고 다 스님이겠느냐?"

그러나 유정이 선에 대해서 말한 적은 한 번도 없다. 한 번은 어떤 사람이 불평했다.

"스님은 명색이 그래도 선사가 아닙니까? 그런데 왜 선에 대해서는 일언반구 말씀이 없으십니까?"

유정이 대답했다.

"입 아프게 뭐하려고? 게다가 나는 몸이 둔해서 재치 넘치고 유창한 말솜씨를 자랑하지도 못한다. 그래서 그저 끝없이 펼쳐진 대자연이 밤낮으로 선의 진리를 말하고 그 안에서 놀기를 바랄 뿐이야. 말이야 쉽게 끝나지만, 자연의 힘은 다할 날이 없거든. 비는 날이 없는 조물주의 보물창고란 말이 그래서 나온 거지."

이것이 법안종이 가장 마지막에 이르러 하게 된 말이다.

불교의 모든 종파 중에서 유학자들의 정신과 가장 닮았다는 점에서 법안종은 일반적인 중국 철학에 큰 영향을 미쳤다. 새로운 유교의 기치를 내세웠으며 불교를 매우 혹독하게 비판했던 송나라의 주희가 제자들과 얘기를 나누며 법안종의 가르침에 후한 평가를 한 까닭도 다 이유가 있었던 셈이다. 주희는 다음과 같이 말했다.

　　불교 사상에도 우리 유학 전통과 매우 흡사한 흐름이 있다. 예컨대 이런 구절들이 그렇다.

하늘과 땅 이전에 물건 하나 있어	有物先天地
모습 없이 홀로 텅 비어 있도다	無形本寂寥
능히 삼라만상의 주인 될 수 있어	能爲萬象主
사계절 지나더라도 시드는 법 없다	不遂四時凋

또, 이런 시도 있다.

소리 내어 떨어지되 그 물건이 아니고	撲落非他物
가로 세로 꽉 채우되 티끌이랄 수 없네	縱橫不是塵
산과 강, 너른 땅이여	山河及大地
법왕의 몸을 온전히 드러낼 뿐이네	全露法王身

또 이런 구절도 있다.

만약 사람이 마음을 얻었다는 것을 깨닫게 되면   若人識得心
이 너른 땅에 손가락 마디만 한 땅도 없게 된다네   大地無寸土

조금만 생각하면 이것이 얼마나 놀라운 통찰인지 알 수 있다. 오늘날의 평범한 유학자 중에서 이만한 경지에 오르기를 바랄 수 있는 사람이 몇이나 되겠는가? 물론 이 통찰들은 법안종의 핵심을 잘 보여준다. 하지만 선을 공부한다는 요즘 사람들은 한 목소리로 이를 비난하는데, 그게 다 "너무 합리적이어서", 그리고 "틀에서 벗어나지 못해서"라고 한다. 오늘날 선가에는 "마삼근麻三斤"이니 "마른 똥막대기"니 하는 소리만 들려온다. 그들의 말을 곧이곧대로 믿자면, 그런 소리는 아주 합리적이지는 않으면서 또 틀에서도 벗어나는 셈이다. 예컨대 묘희妙喜도 이런 생각을 가진 듯한데, 그럼에도 때로는 자신의 생각을 뒤집기도 한다.

이 구절을 통해서 보자면, 주희는 낡은 전통을 감상적으로 옹호하는 사람이 아니라 열린 마음으로 열심히 진리를 찾는 사람이 분명하다. 주희의 이 구절을 읽는 동안, 내 마음에 일어난 생각들을 몇 자 덧붙여야겠다.

주희가 맨 먼저 거론한 게송은 6세기 부대사傅大士라는 유명한 사람이 지은 것이다. 부대사의 활발한 성품과 심오한 가르침은 후대의 선종을 고양시키는 역할을 했기에 선종의 중요한 선구자로 여겨진다. 법안종이 이 게송을 자주 언급했을 가능성이 충분하지만, 찾아보니 이에 대해 언급한 자료는 하나만 전해진다. 이 게송에 나타난 사상이 법안종의 뼈와 살이 되었다는 것은 두말할 여지가 없다. 하지만 주희가 "우리 유학 전통"과 매우 흡사한 것이 있다고 말한 것은 경솔한 판단이라고 생각된다. 이 게송은 분명히 도교에 더 가깝다. 하지만 주희의 시대에 이르면 공자의 사상이나 노장 사상이 근본적으로 거의 같아졌다.

　주희가 인용한 두 번째 게송은 앞에서 말했던 홍수洪壽의 것이다. 세 번째 인용한 것은 그 근거를 찾을 수가 없었다.

　법안의 선에 대한 거리낌 없는 태도는 주희의 마음이 얼마나 관대한지 보여준다. 또한 선 수행자들 일부가 비이성주의에 지나치게 매달리는 경향을 비판한 주희의 태도는 적절하다. 하지만 법안종만큼이나 다른 종파의 전통과 기원에 대해 더 파고들었다면 "우리 유학 전통과 비슷한" 것이 정말 많다는 사실을 주희도 알았을 것이다. 사람들은 자신이 좋아하는 것이 다 따로 있는 모양이다. 취향의 문제뿐만 아니라 순수한 지적 탐구의 영역에서도 그렇다. 예컨대 육상산陸象山 같은 사람은 주희를 실망시킨 것들이 오히려 더 인상적이라고 말할지 모르겠다.

제 6 장 에필로그

선의 작은 불꽃들

이 장은 대부분 현존하는 자료들 여기저기서 한 부분씩 가려뽑은 것이다. 이 장의 여러 작은 불꽃들이 앞 장의 이야기들을 더 밝게 비출 수 있기를 바란다.

시간과 영원

중국 선禪 문학文學에서 가장 자주 언급되는 구절은 다음과 같다.

영원토록 비어 있다가	萬古長空
하루아침에 바람과 달	一朝風月

이 구절은 우리를 창조의 새벽으로 데려간다. 영원의 자궁에서 태초의 시간이 움트는 장면만큼이나 사람의 가슴을 뛰게 만드는 것은 없다. 아무런 소리도 없이 끝없이 펼쳐진 공간. 그리고 눈 깜짝할 사이에 생명이 움직이고 모양과 색깔이 생겨난다.

어떻게 그런 일이 일어났는지 아는 사람은 없다. 신비 중의 신비다. 하지만 그런 신비가 있다는 사실을 눈치 채는 것만으로도 마음이 민감한 사람은 황홀한 즐거움과 호기심 속으로 빠져든다.

일본 시인 바쇼의 시 속에 담긴 영원히 신비로운 비밀이 여기에 있다.

조용한 옛 연못
개구리 한 마리
풍덩 뛰었네

옛 연못은 "영원토록 비어 있는 공간"과 어울리고, 그 연못에 뛰어들어 풍덩 소리를 내는 개구리는 "하루아침에 바람과 달"과 같은 의미다. 영겁의 침묵을 깨고 이를 노래로 만드는 일보다 더 아름답고 영혼을 흔드는 경험이 있을까?

게다가 하루하루는 모두 처음이자 마지막인 날들이니, 하루하루는 모두 창조의 새벽이다. 조물주가 있다면 그는 죽은 것들의 신이 아니라 살아 있는 것들의 신이다.

하루아침에 바람과 달

남송南宋의 선사인 선능善能은 이 두 구절에 의미심장한 말을 남겼다.

영원토록 비어 있다가
하루아침에 바람과 달

"물론 '하루아침에 바람과 달'에 집착해서 영원토록 비어 있는 것을 잊어서는 안 된다. 마찬가지로 영원토록 비어 있는 것에 집착해 '하루아침에 바람과 달'을 무시해서도 안 된다. 나아가 이 '하루아침'이라는 것은 무엇인가? 다른 사람들은 이 '하루아침'의 끔찍한 열기를 불평한다. 하지만 나는 여름날이 좋다. 꽤 길기 때문이다. 남산에서 따뜻한 바람이 불어온다. 절 주변은 적당하게 서늘하다."

좋은 징조

처휘處輝 진적眞寂이 큰스님이 되었을 때, 한 중이 물었다.
"석가모니 부처님께서 세상에 모습을 드러냈을 때는 땅에서 황금 연꽃이 솟았다고 들었습니다. 이제 큰스님이 되셨으니 어떤 좋은 징조가 우리를 기다릴까요?"
진적이 말했다.

"내가 벌써 문 밖의 눈을 다 치웠네."

웃음거리가 되는 즐거움

백운白雲 수단守端은 양기楊岐의 밑에서 공부하고 있었다. 수단은 공부는 참 열심히 했지만, 유머감각이라고는 하나도 없었다. 한 번은 수단에게 누구 밑에서 공부했느냐고 양기가 물었다. 수단이 대답했다.

"다릉茶陵의 욱郁 스님께 배웠습니다."

양기가 대답했다.

"내가 듣기로 그 사람은 다리를 건너가다가 발을 헛디뎌 떨어지면서 깨달았다고 하던데. 그때 정말 멋진 게송도 지었다고 하고. 그 게송 기억나느냐?"

수단이 게송을 외웠다.

내게 밝은 구슬 하나 있어	我有明珠一顆
오랫동안 먼지에 싸여 있다가	久被塵勞關鎖
이 아침 티끌 닦아 빛을 발하니	今朝塵盡光生
수없는 산과 강을 두루 비추나니	照破山河萬朶

이 소리를 듣고 양기는 웃음을 터뜨리며 뛰어 가버렸다. 스승의 이상한 반응으로 수단은 그 날 밤새도록 잠을 이루지 못했다. 다음날 아침

일찍 수단은 스승을 찾아가 왜 이전 스승의 게송을 보고 웃음을 터뜨렸는지 물었다. 양기가 대답했다.

"어제 귀신 쫓는답시고 푸닥거리하던 무당들이 있었는데 자네도 보았는가?"

"예."

수단이 대답했다.

"자네는 그 무당들보다도 못하다네."

양기의 말에 다시 한 번 당황한 수단이 물었다.

"무슨 말씀입니까?"

"그 사람들은 다른 사람이 웃으니까 좋아하지 않던가. 그런데 자네는 다른 사람이 웃는 것을 보고 겁을 내니 말일세!"

그 말에 수단은 깨달았다. 그때 수단이 깨달은 뜻은 엘리드 그레이엄Aelred Graham이 말한 "엄숙하지 않을 필요성"일 것이다.

다 아는 비밀

황룡黃龍 조심祖心은 유명한 문인 황산곡黃山谷(1045~1105)과 친한 사이였다. 하루는 황산곡이 황룡을 찾아가 선에 이르는 지름길의 비밀을 가르쳐 달라고 졸랐다. 그러자 황룡이 말했다.

"그것은 공자님이 이렇게 말씀하신 바와 똑같지. '얘들아, 너희들은 내가 너희들 모르게 뭘 감춰두었다고 생각하느냐? 아니다. 너희들에게는 하나도 감춰둔 게 없다.' 이 말을 자네는 어찌 생각하는가?"

황산곡이 더듬더듬 말을 잊지 못하자, 황룡이 다시 말했다.

"이게 아니야! 이게 아니야!"

이에 황산곡은 꽤 좌절했다.

하루는 황산곡이 황룡을 모시고 산을 올라가고 있는데, 골짜기에 계수나무가 꽃을 활짝 피웠다. 황룡이 물었다.

"계수나무 향이 느껴지는가?"

"예, 당연하죠."

황산곡이 말하자, 황룡이 대답했다.

"이제 알겠지? 자네한테는 내가 감춰둔 게 하나도 없다는 걸!"

이에 황산곡은 크게 깨닫고 황룡에게 절했다.

"정말 할머니 은혜보다도 더 자비롭습니다!"

황룡이 빙긋이 웃더니 말했다.

"자네가 집으로 돌아가는 걸 보는 게 내 유일한 소원일세."

진퇴양난에서 빠져 나오기

선사들은 때로 도저히 빠져 나올 수 없는 진퇴양난의 문제를 제자들에게 던지는 일을 방편으로 삼았다. 천의天衣가 취봉翠峯 명각明覺 밑에서 공부할 때의 일이다. 하루는 명각이 알 듯 말 듯한 말을 했다.

"이것도 아니고, 저것도 아니고, 이것과 저것 모두도 아니다!"

이 말에 천의는 어리둥절했다. 그것이 무엇일까 생각하고 있는데, 명각은 천의를 때려서 쫓아버렸다. 이런 일이 서너 번 계속되었다. 얼마 뒤, 천의는 물을 나르고 있었다. 그때 어깨에 걸친 봉이 갑자기 부러지더니 물동이가 땅에 떨어져 물이 다 쏟아졌다. 바로 그 순간에 천의는 진퇴양난에서 벗어나 본성을 깨닫게 되었다.

향엄香嚴 지한智閑도 대중들에게 비슷한 문제를 제시한 적이 있다.

"구도자란 높은 나무에 이빨로 가지를 물고 매달린 격이노라. 손을 뻗어 잡으려고 해도 손닿는 곳에 가지가 없고, 발을 여기저기 움직여도 디딜만 한 자리가 없다.

그런데 나무 밑을 지나가던 사람이 그에게 묻는다. '달마 조사가 서쪽에서 오신 까닭은 무엇입니까?' 대답하지 않는다면 그 질문을 모르는 셈이고, 대답한다면 떨어져 죽을 판국이다. 이 사람이 어떻게 해야만 하겠느냐?"

그때, 마침 상좌인 호두초虎頭招가 대중 가운데 앉아 있다가 앞으로 나섰다.

"이미 나무에 올라간 사람에 대해서는 저희에게 묻지 마시고 나무에 올라가기 전에 그 사람이 어땠는지에 대해서만 말씀해 주십시오."

이에 향산은 큰 소리로 웃음을 터뜨렸다.

남전南泉의 수제자였던 의단義端이 대중들에게 말했다.

"입을 벌리자니 진실을 욕보이는 것뿐이고 입을 다물자니 거짓말을 하는 것이다. 입을 벌리는 것과 입을 다무는 것 그 너머에 빠져 나갈 길이 있다."

운문종의 법운法雲 선사는 설법에서 이렇게 말했다.

"한 발자국 앞으로 나가면 도가 사라지고, 한 발자국 뒤로 물러서면 간극이 생긴다. 나아가지도, 물러서지도 않으면 한 덩이 무감각한 돌이나 마찬가지다."

한 중이 물었다.

"어떻게 하면 무정無情해지지 않을 수 있습니까?"

"방향을 바꾸어 최선을 다하라."

법운이 말하자, 그 중이 다시 물었다.

"어떻게 하면 도가 사라지는 일을 피하고, 어떻게 하면 간극이 생기지 않게 할 수 있습니까?"

"앞으로 한 발자국 나아가는 동시에 뒤로 한 발자국 물러서라."

위로 가는 길

선사들의 영혼은 솟구친다. 제 아무리 높은 경지까지 올라간다고 해도 선사들은 '위로, 위로'만을 외칠 뿐이다. 하지만 어떤 경지에 이르면 위로 올라갈 수 있는 유일한 길이란 오직 다시 땅으로 내려가는 것이라는 사실은 흥미롭다. 그런 까닭에 한 중이 "위로 가는 길이 무엇입니까?"라고 묻자, 계성繼成 선사는 "아래로 내려가면 발견할 수 있을 것이다"라고 대답했다.

이 말은 십자가의 성 요한이 쓴 다음과 같은 글을 띠올리게 한다.

아래로, 아래로 몸을 수그려
더 높이, 더 높이 나는 올라가니
바라던 곳에 이르는 방법이로다.

낮은 음이든 높은 음이든 두 사람 사이에 일치하는 것은 하나도 없지만, 두 사람이 보여주는 역설적인 뜻이 서로 같다는 점은 흥미롭다.
십자가의 성 요한은 역설의 대가다. 또 이런 것도 있다.

모든 일에서 행복을 구하려면,
아무 일에서도 행복을 구하지 말기를.
모든 것을 가지려고 한다면,
아무 것도 가지지 말기를.
모든 것이 다 되고 싶다면,
아무 것도 되지 말기를.
모든 것이 다 알고 싶다면,
아무 것도 알지 말기를.

이런 역설에 가장 좋은 상대는 노자와 장자의 철학이다. 장자는 이렇게 말했다.

"완전한 즐거움은 즐거움이 없는 상태다.(至樂無樂)"

노자는 이렇게 말했다.

현자는 모아두지 않는다.
다른 사람을 위해서 살수록 더욱 풍요로워진다.
더 많이 줄수록 더 많이 넘쳐난다.

또 이렇게 말하기도 했다.

'나'라는 것이 없었으니
오히려 '나'를 깨닫게 된 것이 아니겠는가?

결국 노자에 따르면 자신이 모른다는 사실을 아는 것이 최고의 앎이다.

벙어리 같으니

중국 속담에 "깽깽이풀 씹은 벙어리"라는 말이 있다. 선사들은 하고 싶은 말을 하기 위해서 잘 알려진 속담을 이용하기도 했다. 예컨대 양기楊岐는 "하소연할 길 없는 꿈 꾼 벙어리"라는 속담을 말하기도 했다. 혜림慧林 자수慈受는 더 능란했다. 다음 대화를 보면 짐작이 갈 것이다.

중: 있다는 것(有)을 분명히 아는데 표현할 길이 없습니다. 이것이 무엇입니까?

자수: 꿀 먹은 벙어리지!

중: 있다는 것을 깨닫지 못한 사람이 그에 대한 말은 청산유수입니다. 이건 무엇입니까?

자수: 삼 년 된 서당개지!

도수와 귀신이 겨룬 일

신수神秀의 제자인 도수道樹는 몇 명의 제자만 이끌고 산에서 생활했다. 당시에 남루한 옷을 입은 기인이 도수를 자주 찾아왔는데, 허풍이 심하고 말이 거칠었다. 그 기인은 부처든 보살이든 나한이든 마음만 먹으면 어떤 사람으로도 변신할 수 있었다. 도수의 제자들은 모두 기겁을 했다. 도대체 그 요술쟁이의 정체가 무엇이고 왜 나타나는지 알 수가 없었다. 십 년이 지나도록 그 괴물은 계속 출몰했다. 그런데 어느 날 사라지더니 다시는 나타나지 않았다.

도수가 제자들에게 말했다.

"그 요술쟁이는 사람 마음에 귀신 들게 하는 일이라면 못하는 재주가 없다. 내가 그 재주에 맞선 방법이라고는 그걸 보지 않고 듣지 않은 일뿐이다. 제 아무리 신출귀몰한 재주라 하더라도 언젠가는 끝날 일이나, 보지 않고 듣지 않는 나의 일은 끝이 없도다!"

이에 다른 선사가 말했다.

"드러내지 않는 일은 다하는 일도 없도다."

얼룩덜룩 보살

497년에 태어난 선혜善慧 보살은 부대사傅大士란 이름으로 더 많이 알려졌는데, 불교에서는 가장 특이한 인물이자, 선종의 선구자이기도 하다. 한번은 양무제梁武帝가 불러서 《금강경》을 강의하러 갔다. 그는 단상에 오르자마자 지팡이로 책상을 한 번 치고는 내려왔다. 불쌍한 양무제는 그저 어안이 벙벙할 뿐이었다. 그러자 선혜가 물었다.

"폐하께서는 아시겠습니까?"

"하나도 모르겠는데요."

양무제가 대답했다.

"제 강의는 이미 끝났습니다!"

선혜가 말했다.

또 한 번은 선혜가 설법을 펼치는데, 양무제가 들어와 모든 대중이 자리에서 일어섰다. 그런데 오직 선혜만 미동도 하지 않고 그대로 앉아 있었다. 누군가 선혜에게 이렇게 질책했다.

"폐하가 오셨는데, 왜 일어나지 않습니까?"

선혜가 대답했다.

"진리의 세계가 흔들리면 삼라만상이 평화를 잃느니라."

하루는 선혜가 몸에는 중의 옷을 걸치고 머리에는 도사의 모자를 쓰고 발에는 유생의 신을 신었다. 그 기이한 차림새에 놀란 양무제가 물었다.

"당신 중이오?"

선혜가 모자를 가리키며 말했다.

"그럼 도사요?"

선혜는 신발을 가리켰다.

"그럼 유생이오?"

선혜는 옷을 가리켰다. 그러면서 다음과 같은 시를 남겼다.

도사 모자 쓰고 중 옷 걸치고 유생 신발 신었으니	道冠儒履佛袈裟
삼교三教가 한 지붕 아래에 살게 되었다네!	會成三家作一家

스즈키는 선이 "도교, 유교, 불교를 잘 섞어서 우리 일상에 적용한 것"이라고 말한 적이 있는데, 일찌감치 부대사가 이를 실천한 셈이었다. 부대사가 지은 두 개의 게송은 후대의 선사들에게 널리 인용되었다.

빈 손에 호미 잡고	空手把鋤頭
걸어가 물소에 올라탄다	步行騎水牛
다리 위를 지나가는 사람에게	人在橋上過
다리가 거꾸로 물 위로 흐르네	橋流水上流

또 한 편은 다음과 같다.

하늘과 땅 이전에 물건 하나 있어	有物先天地
모습 없이 홀로 텅 비어 있도다	無形本寂寥
능히 삼라만상의 주인 될 수 있어	能爲萬象主
사계절 지나더라도 시드는 법 없다	不遂四時凋

"내가 나를 장사 지냈다"

"내가 나를 장사 지냈다(吾喪我)"라고 썼을 때, 장자가 하고 싶은 말은 개인적인 아집에서 '참된 나'를 구해내는 일이었다. 아집을 버려 '참된 나'를 알아내는 일은 모든 종교와 철학이 말하는 뜻이다. 잃어버려야 다시 구하리라. 눈이 멀어야 보게 되리라. 귀가 멀어야 들리리라. 집을 떠나야 집을 찾으리라. 한 마디로 말해서 죽어야 살게 되리라. 삶은 아집의 '나'와 '참된 나'의 끝없는 대화다.

집을 찾기 위해 집을 떠나다

중들은 스스로 '출가자出家者'라 한다. 도를 찾겠다고 그리운 가족이 있는 집을 떠나 혼자서 사방을 떠도는 일은 실로 사소하지 않다. 한 번은 높은 관리가 경산徑山 도흠道欽에게 출가할 생각이 있다고 말했다.

"뭐라고? 대장부나 집을 떠나는 것이지. 장군이나 관리가 하는 일이 아니야!"

그런데 많은 선사들은 깨달음을 '집에 돌아왔다'고 표현한다. 도연명陶淵明의 귀거래사歸去來辭를 얼마나 많은 선사들이 이야기했는지 모른다. 응원應圓 선사가 쓴 다음의 시가 대표적이다.

찬 기운 막 가시고 봄날이 오니	寒氣將殘春日到
고삐 풀린 소들이 천지사방 날뛰고	無索泥牛皆踈跳
소 치는 아이는 채찍을 버렸구나	牧童兒鞭棄了
구멍 없는 피리 불기도 지겨워	懶吹無孔笛
손뼉 치며 깔깔 웃는다	拍手呵呵笑
집에 왔다, 집에 왔구나	歸去來兮歸去來
깊은 곳 아지랑이 던져놓은 옷가지	煙霞深處和衣倒

신이 스스로 놀 수 있도록

혼란의 시대인 요즘 가장 중요한 책 중 하나는 엘리드 그레이엄 수사의 《참선하는 가톨릭》이다. 그레이엄 수사가 이해한 바와 같이 선의 정신이란 신처럼 놀려고 드는 것이 아니라 스스로 자기 안의 신이 놀게 하는 일이다. 깨달음의 일본말인 사토리(悟り)를 두고 그레이엄 수사가 "'나'라

는 의식이 사라져 무의식적인 '나'를 완전히 깨닫는 것"이라고 말한 것은 참으로 의미심장하다. 깨달음은 신처럼 놀려고 하는 일을 그만두고 스스로 자기 안의 신이 놀게 하는 데에 있다는 것을 아는 일이다. 이 경지를 말로 표현하는 것은 불가능하지만, 토마스 머튼이 번역해 놓은 《장자》의 다음과 같은 아름다운 구절로 그 경지를 짐작할 수는 있다.

물고기가 물에서 태어나듯이	魚相造乎水
사람은 도 안에서 태어난다	人相造乎道
물에서 태어난 물고기가	相造乎水者
연못의 깊은 그늘을 찾는다면	穿池而養給
더 없이 만족스럽다	
도에서 태어난 사람이	相造乎道者
다툼과 근심을 모두 잊으면	無事而生定
부족함 없이 삶이 편안하리라	
그래서 말하노니	故曰
물고기는 물을 떠나지 않으면 되는 일이고	魚相忘乎江湖
사람은 도에서 벗어나지 않으면 되는 일이다	人相忘乎道術

스즈키 다이세츠의 선풍

1959년 여름, 하와이대학교는 제3차 동서철학자대회를 개최했다. 당시

89살이었던 스즈키 다이세츠鈴木大拙가 이 대회에 패널로 참가했다. 어느날 밤, 스즈키 박사가 일본식 삶의 철학에 대해 발표하는 자리에서 이렇게 말했다.

"일본인은 살아갈 때는 유교, 죽을 때는 불교다."

이 말에 나는 깜짝 놀랐다. 물론 스즈키 박사가 무슨 말을 하려는지는 이해할 수 있었다. 정도의 차이는 있겠지만, 그건 중국인들도 마찬가지였기 때문이다. 그럼에도 이 말에는 약간 문제가 있었으므로 따져보고 싶었다. 그래서 스즈키 박사의 발표가 끝나자마자 나는 사회자에게 질문이 있다고 말했다. 발언 기회를 잡은 내가 말했다.

"일본인이 유교식으로 살아가고 불교식으로 죽는다는 스즈키 박사님의 견해가 무척 인상적이었습니다. 그런데 몇 년 전에 저는 박사님이 쓰신 《선생활禪生活》이란 책을 아주 즐겁게 읽었습니다. 선은 불교의 한 종파가 아니란 말씀입니까? 스즈키 박사님은 선생활을 말씀하셨는데, 그럼 선으로 살아가는 일본인은 박사님뿐이란 말입니까? 만약 선으로 살아가는 다른 일본인이 있다면, '일본인은 살아갈 때는 유교, 죽을 때는 불교다' 라는 말은 좀 바뀌어야 할 것 같습니다."

(스즈키 박사가 가는 귀가 먹어) 사회자가 조심스럽게 내 질문을 스즈키 박사에게 전하는 동안, 모든 패널들은 긴장된 표정으로 지켜보았다. 하지만 사회자의 말이 끝나자마자 스즈키 박사는 진짜 선사들처럼 즉각적으로 대답했다.

"삶이 곧 죽음입니다!"

이 말은 대회장 전체를 떠들썩하게 만들었다. 분명히 내 덕분에 모든 사람들이 웃음을 터뜨렸다. 그 순간 나는 홀로 깨달았다. 스즈키 박사는 질문에 대답하지 않았지만, 질문한 사람을 더 높은 차원으로, 논리와 이성, 삶과 죽음을 넘어선 차원으로 끌어올렸다. 그 말이 정답이라는 것을 알려주기 위해 스즈키 박사의 뺨을 한 대 치고 싶었다. 하지만 그러지 못했으니, 결국 나는 여전히 유교식으로 살아가고 있는 셈인가?

홈즈식 선과 만나기

1923년, 나는 오랜 친구인 홈즈 대법관과 워싱턴에서 크리스마스 연휴를 보냈다. 하루는 아침이 되자 홈즈가 내게 멋진 개인 서재를 보여주었는데, 거기에는 법률에 관한 책 외에도 예술, 문학, 철학에 관한 책이 가득했다. 홈즈는 여기저기 서가에서 책을 꺼내 내게 보여주며 자신의 생각을 말했다. 홈즈는 윌리엄 제임스William James와 죠사이어 로이스Josiah Royce가 신이랑 숨바꼭질 놀이를 한 일이며,《황금가지》를 너무나 재미있게 읽은 일이며, 토크빌Tocqueville의 책들, 특히《구체제》에 매우 감명 받았는데 이상주의가 빗나가지 않게 하려면 꼭 한 번 읽어보라는 등 끝없이 이야기를 이어갔다. 그러다가 매우 심각한 목소리로 홈즈가 말했다.

"하지만 서재에 있는 내 최고의 책들은 자네에게 보여주지 않았네."
"그 책들은 어디 있나요?"
나는 궁금해서 견딜 수가 없었다. 홈즈는 방 한쪽을 가리켰다.
"저기 있지!"

돌아보니 놀랍게도 빈 서재였다. 나는 웃음을 터뜨렸다.

"정말 대단합니다. 항상 앞서가시는군요!"

나중에는 홈즈가 단지 앞서갈 뿐만 아니라 위까지 올려다본다는 생각이 들었다. 비어 있는 것, 눈에 보이지 않는 것에 대해 강조한 《도덕경》을 공부한 다음에야 나는 홈즈의 손가락이 말한 의미를 충분히 이해할 수 있었다.

어쨌든 홈즈의 장난기 어린 행동은 판에 박은 관습으로 가득한 세계에 있던 내 마음을 해방시켰다. 그의 현란한 표현을 빌자면 함께 "우주의 꼬리를 비틀던" 어느 저녁, 홈즈 부인(홈즈처럼 80대였으나 매우 명랑했다)이 들어왔다. 그녀를 보자마자 나는 자리에서 일어나 인사를 하고 재치 있게 말했다.

"부인! 여기는 제 친구인 홈즈 대법관입니다."

홈즈 부인은 홈즈와 악수를 하면서 말했다.

"올리버 웬델 홈즈씨! 만나서 반갑습니다."

아마도 그것은 60년 전 둘이 처음 만났을 때, 홈즈 부인이 한 말이 아닐까. 그 순간, 우리 셋은 서로를 바라보면서 웃음 지었다. 철학자는 낯선 것들은 익숙하게, 익숙한 것들은 낯설게 바라보는 사람이라고 말한 것이 윌리엄 제임스였던가? 그 당시 나는 도교에 대해서만 조금 알고 있었을 뿐, 선에 대해서는 들어본 바도 없었다. 이제는 선에 대해서 조금 아니, 그 순간이 정말 선적인 상황이라는 것도 알겠다. 바로 그 순간, 갑자기 영원과 순간이 만났던 것이다. 마조와 백장의 머리 위로 날아가던 기러기와 같이 그 순간의 체험은 지나갔으되 완전히 사라진 것은 아니었다.

선의 형이상학적 배경

많은 부분 말로 표현할 수 없기는 하지만 선에도 형이상학적인 배경이 존재한다. 이에 대해서는 《도덕경》 첫 장에서 발견할 수 있다.

> 말할 수 있는 도는 영원한 도가 아니다.
> 道可道 非常道
> 이름붙일 수 있는 이름은 영원한 이름이 아니다.
> 名可名 非常名
> 이름 없는 것은 천지의 시작이고 이름 있는 것은 만물의 어머니다.
> 無名 天地之始 有名 萬物之母
> 본체에 있어서는 이름 없는 '공'이나
> 故常無欲 以觀其妙
> 그 현상에 있어서는 각기 다른 모습과 형태를 갖는다.
> 常有欲 以觀其徼
> 이 두 가지는 한 곳에서 나와 이름만 다를 뿐이니
> 此兩者 同出而異名
> 함께 일컬어 현이라 한다.
> 同謂之玄

현하고 현한 것에 모든 묘의 문이 있다.

玄之又玄 衆妙之門

이에 대한 선사들의 해석은 간단하다.

첫째, 도는 근본적으로 말로 표현할 수 없는 어떤 것이기에 뭐라고 말한다는 것 자체가 힘든 일이다. 다른 사람에게 말로 도를 전할 수는 없다. 모두는 즉각적인 직관으로 자기 안에서 도를 찾아야 한다. 선사들의 말에는 거기에 도가 있으니 알아먹으라는 것이 아니라, 그 말을 통해 사람들 안의 직관을 일깨우려는 뜻이 담겨 있다. 거기에다 대고 무슨 이름을 붙이든 이는 우리 안에 도를 일깨우기 위해 방편상 붙인 이름에 불과하다.

둘째, 도는 이름이 있고 없고를 이미 넘어서 있다. 절대의 차원에서 보자면, 영원하기 때문에 이름 안에 가두어 둘 수가 없다. 하지만 삼라만상과 대비한 상대의 차원에서 도는 늘 거기에 있었으므로 만물의 어머니라 할 수 있다.

셋째, 도는 진실과 눈에 보이는 세계를 모두 끌어안는다. 이 둘은 모두 도에서 비롯한, 도의 두 가지 모습에 불과하다. 도는 이 둘 모두에 속해 있지 않고 초월해 있으므로 이 둘 모두를 포함한다. 둘 모두를 뛰어넘는 동시에 둘 모두 안에 존재한다는 이 사실이야말로 신비 중의 신비다.

넷째, 신비 중의 신비이므로 도를 이해하려고 노력하는 일은 완전히 헛수고다. 그럼에도 우리 자신이 신비 그 자체이다. 신비로운 전체에 속한 신비로운 부분이다. 그 사실을 이해할 수는 없다고 해도 몸에 담을 수는 있다. 사실 우리는 도 안에서 살아가고 움직이고 존재한다. 우리는 도 안으로 뛰어들어 모든 질문의 문에 도달할 수 있다. 도나 선을 깊이 공부하기 오래 전, 머튼이 이미 깨달은 바와 같이 "우리 존재의 중심에는 열린 문이 있어서 그리로 뛰어들면, 그 깊이가 어마어마하며 무한하다 해도, 우리에게 완전히 이를 수 있다. 이 조용한 동시에 호흡이 멎는 접촉 안에서 모든 영원은 우리의 것이 된다."

당나귀 타고

불안佛眼 선사라고도 부르는 청원淸遠에 따르면 선 수행에는 두 가지 병이 있다고 한다.

"하나는 당나귀 타고 당나귀 찾으러 다니는 병이오, 또 하나는 당나귀 타고 내려오지 않으려는 병이다."

자기가 올라탄 당나귀를 찾아다니는 어리석음은 흔히 볼 수 있다. 주의가 온통 바깥으로만 향하고 안은 들여다보지 않는다면, 제 아무리 난리법석을 떨며 찾아보아야 아무것도 찾지 못한다. 천국이 자기 안에 있는데 밖에서 찾으면 무얼 하나. 이렇게 방향을 잘못 잡아서 이 세상에 얼마나 많은 어려움이 생겨나는지 이루 말할 수 없다.

마조가 말했다시피 "내가 내 집의 보배다." 그것을 밖에서 찾으려는 것은 참 딱한 노릇이다. 아무리 찾아보아야 헛수고다. 마음 가장 깊은 곳에 진짜 보물이 있기 때문이다. 잠시 가짜에 만족한다 하더라도, 마음 아주 깊은 곳은 허전하기만 할 것이다. 자신을 속일 수는 없기 때문이다. 레온 블로이Leon Bloy가 한 말은 참 심오한 통찰을 담고 있다.

"슬픔이 있다면 단 하나. 기쁨의 정원을 잃어버린 일. 희망이 있다면, 욕망이 있다면 그것도 단 하나. 그 정원을 다시 찾는 일. 시인도 결국엔 그것을 찾고, 가장 비열한 깡패도 결국엔 그것을 찾는다."

하지만 더 큰 비극은 그 기쁨의 정원이 우리 안에 있다는 사실을 깨닫지 못하는 일이다. 그리하여 점점 더 빨리, 점점 더 멀리 나아가서 그것을 찾겠다고 야단이다.

두 번째 병은 이보다 더 복잡하고 치료하기 어렵다. 이제는 더 이상 바깥에서 찾지 않는다. 자기가 당나귀를 타고 앉았다는 사실을 알고 있다. 외부의 다른 어떤 것에서도 느껴보지 못한 내적인 평화를 이미 맛보았다. 그러나 여기에 가장 큰 위험이 있다. 거기에 너무 집착해 이제는 완전히 잃어버릴 판국이다. 이것이 바로 청원이 말한 "당나귀 타고 내려오지 않으려는 병"이다. 모든 종교인들에게 이 병은 일반적이다. 《명상의 씨앗》에서 토마스 머튼은 마찬가지의 함정에 대해 유익한 충고를 하고 있다.

이렇게 둘러치고 벽을 쌓고 나눠지지 않는 단순한 구조 속에 있는 평화라는 것은 느끼는 즉시 그 향을 잃어버리고 마는 무한한 성유聖油다. 팔을 뻗으려고 해서도 안 되고 가지려고 해서도 안 된다. 손을 대고자 해서도 안 되고 잡으려고 해서도 안 된다. 더 달콤하게 만들려고 해서도 안 되고 날아가지 않게 지키려고 해서도 안 된다.

묵상에 든 영혼은 에덴동산을 뛰노는 아담·이브와 같다. 모든 것이 그의 것이다. 하지만 너무나 중요한 조건이 하나 있다. 모든 것은 주어진 것이라는 것.

자신의 것이라고 주장할 수 있는 것은 하나도 없다. 요구할 수 있는 것도, 가질 수 있는 것도 하나도 없다. 자기 것인 양 어떤 것을 가지려고 들면 그 순간 에덴동산은 사라진다.

여기에 비춰보면, 아끼지 않는 자만이 고귀한 진주를 가질 수 있다는 용담龍潭 숭신崇信의 심오한 통찰을 이해할 수 있을 것이다.

청원의 마지막 조언은 다음과 같다.

"아예 탈 생각을 버려라. 네 자신이 그 당나귀요 이 세상 모두가 그 당나귀다. 그것을 탈 방법은 없다. 아예 타지 않는다면 온 우주가 네 놀이터가 될 것이다."

숨기는 일이 중요하다

하루는 남전南泉이 한 마을을 찾았다가 놀랍게도 마을 촌장이 이미 자신을 맞을 준비를 하고 있었다는 사실을 알게 되었다. 남전이 말했다.

"내 떠나기 전에 누구에게도 가는 바를 알리지 않았소. 그런데 자네는 어찌하여 오늘 내가 이 마을에 오리라는 것을 알았소?"

촌장이 대답했다.

"어젯밤 꿈속에 서낭당 신령님이 오늘 큰스님이 오실 것이라고 제게 귀띔했습니다."

이에 남전이 말했다.

"내 마음공부가 얼마나 하잘것없고 얕은 것인지 알겠구료. 한낱 귀신들이 내 할 바를 다 아는 바에야!"

선사들은 신통력을 높이 평가하지도 않고 신경 쓰지도 않는다. 이 점은 우두牛頭 법융法融(594~657)의 삶에 잘 나타나 있다. 우두는 강소江蘇 지방의 학자 집안 출신이다. 열아홉에 이미 사서삼경과 사기史記에 해박했다. 그 뒤, 우두는 불경, 특히《반야심경》에 심취해 공空의 본질을 이해하게 되었다.

하루는 우두가 생각했다.

"유학은 세속에서 살아가는 데 기준이 된다. 하지만 결국 궁극적인 진리는 보여주지 못한다.《반야심경》의 이 깊은 지혜야말로 속세 너머로 우리를 데려다주는 뗏목이 아닌가."

그리하여 우두는 산으로 떠나 한 선사 밑에서 머리를 깎았다. 나중에 우두는 우두산으로 가 유서사幽栖寺 근처의 한 동굴에서 혼자 살았다. 우두가 거기 사는 동안, 그 성인에게 예를 표하기 위해 모든 종류의 새들이 부리에 꽃을 물고 동굴로 몰려들었다는 전설이 있다.

당태종 재임 기간인 정관貞觀(627~650) 연간에 제4조 도신道信이 멀리서 우두산을 보고 그 영적인 기운에 놀라 저 산에는 필시 비범한 사람이 살고 있을 것이라고 가리켰다. 그리하여 도신이 몸소 그 사람을 찾아 우두산에 가게 되었다. 유서사에 도착한 도신이 한 중에게 물었다.

"이 근처에 혹시 도인이 있는가?"

"출가자 중에 도인 아닌 사람이 있습니까?"

그 중이 대답하자, 도신이 말했다.

"하지만 당신들 중에서는 없는 것 같구료."

그러자 다른 중이 말했다.

"여기서 십 리쯤 떨어진 곳에 가면 사람들이 '광융狂融'이라고 부르는 사람이 있소. 누굴 봐도 아는 척은커녕 일어날 생각도 하지 않는다오. 그 정도면 당신이 찾는 도인쯤 되려나?"

그리하여 도신이 산 속으로 더 깊이 들어가니, 과연 거기에 우두가 조용히 앉아 있는데 도신에게는 아는 척도 하지 않았다. 도신이 다가가 물었다.

"여기서 뭘하고 있소?"

"마음을 바라보고 있소."

우두가 대답했다.

"그런데 바라보는 사람은 누구이고, 바라본다는 마음은 또 무엇인 게요?"

도신이 묻자, 그 물음에 놀란 우두가 자리에서 일어나 예를 갖춰 반기며 말했다.

"스님께서는 어디 사십니까?"

"소승이야 동가식서가숙東家食西家宿 정처 없이 떠돌 뿐이오."

"그렇다면 도신 선사를 아십니까?"

"그 사람에 대해서는 왜 묻소?"

"오래 전부터 한 번은 뵙고 인사를 드리고 싶었습니다."

"그렇다면 소승이 바로 도신이라는 것을 밝혀야겠소."

"아니, 어찌하여 이 먼 곳까지 왕림해 주셨습니까, 스님?"

"자네를 만나러 오지 않았겠는가!"

그러자 우두는 조사를 작은 암자로 안내했다. 그 암자 주변에 호랑이와 늑대가 우글거리는 것을 보니 도신이 놀란 듯이 두 손을 치켜들었다. 그러자 우두가 말했다.

"겁내지 마십시오! 아직 이 사람이 있으니까요!"

"이 사람이 뭔가?"

도신이 물었지만, 우두는 대답하지 않았다.

조금 있다가 우두가 늘 앉던 바위에다가 도신이 '부처'라고 썼다. 그 글자를 보고 우두가 경외심으로 떨었다. 그러자 도신이 말했다.

"겁내지 마오. 아직 이 사람이 여기 있으니까."

우두는 어리둥절했다. 조사에게 고개를 숙이며 우두는 근본 진리에 대해 설명해 달라고 간청했다. 이에 도신이 말했다.

"이 세상에는 수백수천의 진리와 수행이 있으되 그 모두가 마음속에 깃든다. 신통력과 묘한 재주는 바닷가의 모래알갱이처럼 끝이 없으되 예외 없이 마음에서 나온다. 계율戒, 선정定, 지혜慧를 비롯한 모든 무한하고 다채로운 신기한 능력으로 가는 길과 문이 자네 마음속에서 완전하니 마음과 떨어질 수 없다. 모든 번뇌와 업보의 방해는 근본적으로 비어 있고 조용하다. 원인과 결과의 모든 법칙은 꿈같은 환영이다. 실제로는 벗어나야 할 삼세三世란 아예 없다. 얻어야 할 진리도, 깨달음도 없다. 대도大道는 완전히 막힘이 없이 뚫려 있다. 대도는 모든 생각과 명상을 거부한다. 늘 그러한 이 진리를 이제 자네가 얻었도다. 자네는 더 이상 무엇도 부족함이 없다. 이것이 바로 불성佛性이다. 다른 진리가 있는 것이 아니다. 자네가 할 일이란 이 본성이 움직이는 대로 편안히 마음을 따르게 하면 되는 것이네. 그것을 들여다보겠다거나 뭔가 해보겠다거나 깨끗하게 해야겠다는 생각조차 하지 말게. 탐욕 없이, 분노 없이, 슬픔이나 걱정 없이, 그저 속박 받지 않는 자유 속에서 마음이 움직이도록, 원하는 것이든 어디든 갈 수 있도록 하게나.

착한 일을 하려고 일부러 애쓰거나, 나쁜 일을 피하려고 마음먹는 것도 안 되네. 방랑을 하든 집에 머물든, 의자에 앉아 있든 자리에 누워 있든, 그 어떤 상황에서도 자네는 부처의 일들을 행할 수 있을 것이네. 그때 자네는 걱정할 일 하나도 없어 언제나 즐거울 뿐이라네. 이를 일컬어 부처가 된다고 하네!"

우두는 깨달았다. 그리하여 은둔을 끝내고 밖으로 나와 각지로 돌아다니며 자비를 베풀고, 《대반야경》의 참뜻을 밝히는 데 헌신했다.

후대의 선사들은 '우두선'을 선종의 주된 흐름 바깥에 있는 것으로 여겼지만, 나가르주나(龍樹) 철학을 설명한 우두의 공로는 간과할 수 없다. 텅 비어 있다는 것을 가만히 볼 때 모든 것이 밝아진다는 우두의 가르침은 일본의 덴교(傳敎, 627~650)에 전해졌다. 중국에서는 '우두선'이 우두 이후 8대에 이르기까지 전해졌다고 한다. 지금도 중국의 모든 불교도들은 중국 대승 철학의 중요한 부분으로 우두의 게송을 마음에 담아두고 있다.

선가에서도 우두와 관련해서 널리 알려진 공안 하나가 내려온다. 다음과 같다. 우두가 제4대 조사를 만나기 전에는 뭇 새들이 부리에 꽃을 물고 그에게 날아들었는데, 깨달은 뒤에는 왜 이런 일이 사라졌는가? 물론 모든 선사들은 나중의 상태가 처음과는 비교할 수 없을 정도로 그 경지가 높다는 데 의견이 일치할 것이다. 하지만 이 두 개의 상태를 설명하는 방법이 저마다 가지각색이다. 선정善靜 선사는 첫 번째 상태를 다음과 같이 묘사한다.

"기이한 곳에 영험한 소나무 한 그루 있으니, 보는 이마다 모두 경탄한다."
異境靈松 覩者皆羡

한편으로 깨달은 뒤의 상태는 다음과 같이 묘사한다.

"잎 떨어지고 가지 시드니 바람 불어도 소리 없다."
葉落已摧 風來不得韻

하지만 광덕의廣德義 선사만큼 생생하게 표현한 사람은 없다.

"자반 단지 열었더니 파리떼만 들끓네."   鮓甕乍開蠅咂咂

두 번째 상태에 대해서는 이렇게 말한다.

"바닥에 구멍 나 모든 것 씻겨가니 냉기만이 찰랑찰랑."

底穿蕩盡冷湫湫

창주彰州 회악懷岳은 첫 번째 상태를 일컬어 "끝없이 펼쳐진 하늘에 구름 한 조각(萬里一片雲)"이라고, 두 번째 상태를 일컬어 "완전히 빈 곳(廓落地)"이라고 말했다. 나봉螺峯 충오沖奧 선사는 첫 번째 경지를 "덕이 높으니 귀신도 흠모한다.(德重鬼神欽)"고 했으며, 두 번째 경지를 "온몸이 도통했으니 잴 방법이 없다.(通身聖莫測)"고 했다.

이런 점을 찬찬히 살펴보면, 선의 영적인 측면이 얼마나 정통적인지 분명하게 볼 수 있으리라. 다들 경험에서 나온 통찰이기 때문에 선사들은 마음공부의 깊이를 재는 확실한 잣대를 가지고 있는 듯하다. 감각적인 평안을 무시할 순 없지만, 더 높은 경지로 올라서기 위해서는 더 자라야 한다.

홀로 있음은 효모가 들어가지 않은 빵과 같아 맛은 쓰지만, 한 사람의 생애에서는 필수적이다. 여기에는 주목할 만한 사실이 또 하나 있다. 한 사람의 내적인 삶은 당연히 사람들의 눈에 띄지 않아야 한다. 우두가 도신을 만나기 전까지 그는 은둔 생활을 하고 있었는데 이는 옳다. 하지만 남전이 확실히 본 바와 같이, 그 내적인 삶은 귀신들조차 눈치 챌 수 없도록 해야 한다.

도의 눈으로 보면 홀로 있는 것처럼 보이는 것도 사실은 꽃이 만발한 정원이다. 이 사실은 운문종의 두 선사에 의해 아름답게 표현된 바 있다. 덕산德山 원명圓明은 첫 번째 상태를 다음과 같이 말했다.

"가을이 오니 노란 잎들 떨어지네."　　　　　秋來黃葉落

그리고 두 번째 상태는 이렇게 설명했다.

"봄이 오니 풀이 날마다 푸르네."　　　　　春來草日淸

다른 사람은 운문雲門 법구法球로 첫 번째 상태를 이렇게 표현했다.

"향기 머금은 바람이 부니 꽃이 시드네."　　　香風吸萎花

두 번째 상태는 이렇게 표현했다.

"다시 비 오니 새로워 좋아라, 꽃들이여."　　更雨新好者

참으로 풍요로운 시선이다. 이 선사들은 고립된 땅이 백합처럼 피어나는 것을 실제로 보고 있다.

세계의 여러 신비주의를 공부한 사람이라면 선의 전통과 정신이 진짜임을 알 것이다. 동양의 철학과 종교를 깊이 공부한 토마스 베리Thomas Berry 신부가 선을 가리켜 "아시아 영성의 절정"이라고 말한 것은 당연하다. 토마스 베리 신부는 자신이 뜻하는 바를 정확하게 알고 있었다.

신은 누가 만들었지?

한 불교도가 내게 물었다.
"신은 모든 것을 만들었습니다. 그럼 신은 누가 만들었습니까?"
나는 이렇게 대답했다.
"저도 그것이 궁금합니다. 도대체 누가 신을 만들었을까요?"
그리고 우리는 신나게 웃었다.
이 질문은 조주趙州가 대자大慈에게 했던 질문과 꽤 비슷하다.
"지혜의 본체가 무엇입니까?"
대자가 받아쳤다.
"지혜의 본체가 뭐지?"
조주는 자기 질문이 얼마나 멍청한 것인지 깨닫고 웃음을 터뜨렸다.

'나'를 찾아가는 긴 여행

"내가 보기에 성자가 된다는 것은 자기 자신이 된다는 뜻이다. 그러므로 신성과 구원의 문제는 사실상 내가 누구인지 알아내는 일이며 '참된 나'를 찾아내는 일이다."

이는 토마스 머튼이 20여 년 전에 쓴 글인데, 그때만 해도 장자나 선사들에 대한 글을 하나도 읽지 않은 상태였다. 그럼에도 이 글은 실제적으로 선사들과 도인들의 가르침을 요약해 놓고 있다. 그리므로 최근 들어 도와 선에 대한 관심이 점점 늘어나는 것은 우연이 아닌다.

장자는 "참된 사람만이 참된 지식을 얻는다"라고 말했다. "나는 생각한다. 고로 존재한다"에서 출발하지 않고 "나는 존재한다. 고로 나는 생각한다"에서 장자는 출발한다. 먼저 참된 사람이 되어라. 그러면 참된 지식을 얻을 수 있다. 참된 사람이 된다 함은 '참된 나'를 발견하는 일이다. 우리 평생의 삶이 그 여정, '참된 나'를 찾아가는 여행이다. 도덕적 원칙, 즉 나쁜 짓을 하지 않고 좋은 것을 구하며 마음을 깨끗하게 하는 일조차도 '나'를 찾아 '참된 나'가 되는 일의 준비 과정일 뿐이다. 삶이 보여주는 이 최고의 여행에 대해 장자는 다음과 같은 아름다운 문장으로 설명했다.

인仁이니 의義니 하는 도덕률은 성왕聖王이 하룻밤을 보내기 위해 머물던 길 옆 여관에 불과하다. 거기서 죽치고 앉아 있어서는 안 된다. 늑장을 부리다가는 치러야 할 대가도 크다. 완전한 사람은 인仁의 길을 빌리고 의義의 집에서 하룻밤을 보내지만, 결국 초월의 경지를 소요하고, 소박의 들에서 주유하며, 마침내 누구에게도 빌리지 않은 자신만의 집에서 머문다. 초월만이 완벽한 자유다. 소박할 때 몸은 건강해지고 힘이 솟는다. 누구에게도 빌리지 않은 정원에서는 쫓겨날 일도 없다. 옛 사람들은 이를 가리켜 '진실'을 찾아가는 긴 여행이라고 불렀다.

그러므로 우리의 삶 전체는 거짓에서 출발해 진실로 나아가는 순례다. 이보다 더 의미심장하고 가슴 뛰는 여행이 있을 수 없다. 그리하여 우리가 찾게 되는 것들을 생각하면 이보다 더 감동적인 것은 없다. 우리의 생에서도 마찬가지다. 선사들이 종종 연애시의 구절들을 인용한 까닭도 이런 감동 때문이었다.

사랑가 아닌 것도 그녀에게 이르면 사랑이 되네.　　　不風流處他風流

몇 년 전, 홈즈 대법관은 "동의할 수 없는 일에 정면으로 맞서고 감동이 없는 삶에 단호하게 대처해 가슴 뛰는 삶을 살라"고 편지를 보내온 적이 있었다. 미국의 이 참된 사람 덕분에 내가 동양의 지혜로 돌아갈 수 있었다는 사실은, 아니, 원래의 '나'로 돌아갈 수 있었다는 사실은 아무도 모를 것이다.

어디에도 기대지 않는 정신

선사들의 가장 인상적인 특징은 어디에도 기대지 않는 정신이다. 정말 필요한 한 가지에만 마음을 집중해서 쏟을 뿐, 그렇지 못한 일이나 사람에게는 고개를 숙이지 않았다. "천지 사방 모든 성현들을 통해서 해탈하느니 영겁의 시간 동안 바다 밑바닥에 처박혀 있겠도다!"라고 석두石頭는 말한 바 있다. 이는 오만함을 드러내는 것이 아니라 지혜를 보여주는 말이다. 이 말의 본뜻은 외부의 것이라면 그것이 무엇이든 우리가 자유를 얻는 데는 아무런 도움도 되지 않는다는 이야기나. 진실민이 우리를 자유롭게 한다. 그러니 스스로 진실을 깨우쳐야만 한다.

앙산仰山의 제자인 문희文憙에게는 흥미로운 일화가 하나 있다. 문희가 부엌에서 일하고 있을 때, 문수보살이 종종 나타났다고 한다. 그때마다 문희는 문수보살을 향해 부지깽이를 흔들며 외쳤다고 한다.

"문수는 문수고, 문희는 문희다!"

취암翠巖 가진可眞의 다음과 같은 말도 그런 정신을 보여준다.

대장부의 기세는 하늘을 뚫어야만 한다.
부처의 발자국만 따라 걸어서는 안 된다.

선사들은 대장부가 되는 일이 얼마나 힘든 것인지 알고 있었다. 가슴을 찢는 시련, 등골이 휘는 고난, 무덤 속 같은 고독, 질식할 것 같은 의문, 몸서리치는 유혹 등을 거쳐야만 깨달음의 문지방에 겨우 가 닿을 수 있다. 그렇기에 선사들은 전심을 기울여 거기에 이르기를 바라며 닿는 순간까지 걸음을 멈추려고 하지 않았던 것이다.

스승의 역할

선 수행자들은 어디에도 기대지 않으려는 정신이 강해서 때로는 스승도 필요 없다고 말한다. 설봉雪峯은 스승인 덕산德山을 가리켜 이렇게 말했다.

"빈손으로 찾아갔다가 빈손으로 돌아왔지."

엄격히 따져보면 이는 사실이다. 자기가 제자들에게 무엇을 주었다고 말하는 스승은 아무도 없다. 그럼에도 스승은 반드시 필요하다.

석두石頭가 처음으로 청원靑原을 찾아갔을 때, 청원이 물었다.

"어디에서 오는 길이냐?"

석두는 돌아간 육조가 가르치던 조계曹溪에서 왔다고 대답했다. 그러자 청원이 물었다.

"가지고 온 것은 무엇이냐?"

석두가 대답했다.

"조계에 가기 전부터 한 번도 잃어버린 적이 없는 것입니다."

청원이 더 물었다.

"그렇다면 조계에는 뭐하려고 갔단 말이냐?"

"조계에 가지 않았더라면 그걸 내가 한 번도 잃어버린 적이 없다는 것을 알았겠습니까?"

이 대화에서 분명히 알 수 있다시피 스승이 제자들에게 주는 것은 하나도 없지만, 스승이 없으면 자기 안에 모든 것이 있다는 사실을 볼 수 없다. 스승의 가르침은 적어도 제자의 깨달음에 촉매 역할은 한다.

선사들의 애송시

선사들이 가장 좋아하는 시는 왕유王維의 다음 두 구질이다.

| 물이 다하는 곳까지 올라가 | 行到水窮處 |
| 앉아서 구름이 이는 때를 바라보라 | 坐看雲起時 |

선가의 책들을 뒤적이면 이 멋진 구절이 참 많이 나온다. 어떤 선사는 각 행에 두 자씩 덧붙여서 자기 것으로 만들었다.

| 물이 다하는 곳까지 올라가지 못했으니 | 未能行到水窮處 |
| 앉아서 구름이 이는 때를 바라보긴 어려워라 | 難解坐看雲起時 |

왕지환王之渙의 다음 두 구절은 위로 오르는 일을 설명할 때 흔히 인용된다.

| 천리 밖을 보고야 말겠다면 | 欲窮千里目 |
| 다시 한 층을 더 올라가면 되는 것을 | 更上一層樓 |

가장 흥미로운 사례는 오조五祖 법연法演이 인용한 것인데, 이는 통속적인 연애시의 두 구절이다.

| "소옥아! 소옥아!" 불러도 시킬 일은 없지만 | 頻呼小玉元無事 |
| 다만 사랑하는 낭군에게 목소리 듣게 하려고 | 祗要檀郎認識聲 |

이 시는 약간의 설명이 필요하다. 소옥은 신부의 몸종 이름이다. 옛

날 중국 대가집의 규수가 결혼을 하면, 얼마간은 시중을 들 수 있도록 몸종을 딸려 보냈다. 대개 신랑과 신부는 결혼하기 전까지는 만나지 못하기 때문에 결혼한 뒤에야 사랑의 감정이 싹튼다. 이 시에 나오는 신부는 이미 남편을 사랑하는 모양인데, 다른 새댁과 마찬가지로 남편과 직접 말을 나누기에는 너무 수줍어 필요한 일이 있는 것처럼 몸종의 이름을 자꾸만 부르는 것이다. 그리하여 몸종이 찾아와 필요한 것이 뭐냐고 물으면 "아니, 됐다. 별일 아니다!"라고 말하는 것이다.

그런데 이것이 선과 무슨 상관이란 말인가? 여기서 '신랑'은 말로 표현할 수도 없고 머리로 이해할 수도 없는, "어디에도 기대지 않는 참된 사람"을 뜻한다. 이름이 없으므로 그를 부를 방법이 없다. 또한 이름이 없으므로 그에 대해 말할 수도 없지만, 그렇다고 온마음이, 온정신이, 온존재가 그에게 빼앗겼다는 사실을 부인할 수도 없다. 그러므로 다른 사람의 이름을 부르지만, 그것은 곧 그에 대한 사랑을 표현하는 방법일 뿐이다. 어떤 행동을 하건, 무슨 말을 하건 그에게서 멀어질 수 없으니 곧 모든 것이 그를 향한 사랑을 표현하는 것일 뿐이다.

법연法演의 제자인 원오圜悟는 멋진 사랑시의 형식을 빌어 게송을 지었다.

금압향 피워놓고 비단 천 드리웠는데	金鴨香鎖錦繡幃
피리 소리 들리는 가운데 취한 낭군 돌아오네	笙歌叢裏醉扶歸
호방한 사내의 노니는 일은	少年一段風流事
아름다운 사람만이 홀로 알 수 있어라	祇許佳人獨自知

선은 지극히 개인적인 것이라 때로 먹고 마시는 일에 비유되기도 한다. 원오의 게송만이 유일하게 선을 성적인 사랑의 관점에서 말한다. 하지만 원오의 뜻은 분명하다. 원오는 다른 글에서 깨달음을 풍경에 비유해 아름답게 설명한 적이 있다.

"자네들이 사물의 본성을 바로 보는 밝은 통찰을 얻게 되면, 그 본성은 이루 말할 수 없는 수백 수천의 꽃처럼 자네들에게 피어나게 되네. 이것이 바로 자네들의 원래 얼굴이니 참으로 참된 '나'이네. 자네들은 이렇게 아름다운 곳에서 태어났다네."

장자와 진리의 눈

조동종曹洞宗에 속했던 양산梁山 연관緣觀에게 하루는 어느 중이 올바른 진리의 눈(正法眼)이 무엇이냐고 물었다.

"《남화南華》에 다 나와!"

《남화진경南華眞經》은 742년 《장자》에 정식으로 붙은 제목이었다. 그 대답에 놀란 중이 다시 물었다.

"그게 왜 《남화》에 나온답니까?"

스승이 대답했다.

"네가 올바른 진리의 눈에 대해서 물어보니까 하는 말이지!"

시간이 흐를수록, 장자와 선이 근본적으로 유사하다는 인식은 점점 더 확산된다. 많은 선사들이 절대에, 본성에 대한 심오한 통찰을 얻는 데 장자의 도 사상에 도움을 받았다. 예컨대 명나라 때의 뛰어난 선사였던 감산憨山 덕청德淸(1546~1623)은 《장자》 내편內篇에 주석을 달았는데, 내가 보기에는 이것이 곽상郭象의 주석보다 낫다.

대혜大慧 종고宗杲(1089~1163)는 장자의 사상에 대한 뛰어난 주석을 달면서 그의 도는 말을 초월할 뿐만 아니라 동시에 침묵도 초월한다고 했다. 대혜는 이 견해를 적절하게 활용해 소위 '묵조선默照禪'에 반대했다. 대혜는 마찬가지로 공안을 붙들고 씨름하는 화두선話頭禪도 반대했다. 심지어 대혜는 자신의 스승인 원오圜悟의 《벽암록碧巖錄》을 불태우기까지 했다.

그가 생각하는 선이란 장자가 생각하는 도와 마찬가지였다. 선은 어디에나 있고 어디에도 없다. 실제적인 측면에서 선은 상황에 따라서 하기도 하고 안 하기도 한다. 말 속에 침묵이 있고, 침묵 속에 말이 있다. 행동하지 않는 가운데 행동하고, 행동하는 가운데 행동하지 않는다. 모든 것은 그 시기에 맞느냐 아니냐에 달려 있다. 행동하는 것이 적절하다면 이는 행동하지 않는 것과 같다. 말하는 것이 적절하다면 이는 말하지 않는 것과 같다.

대혜의 생각은 미치지 않는 곳이 없지만, 그는 잘 지켜보는 사람이라기보다는 생각이 많은 사람이다. 그는 톤이 높고 시끄러운 성악가인데, 그 목소리는 횡격막이 아니라 목에서 나오는 것처럼 들린다. 당나라 때의 위대한 선사들은 뒷꿈치에서부터 소리를 내는 것 같았다. 대혜는 깊어지기에는 너무 똑똑했다. 연수 이후로 법안선法眼禪이 서서히 사라져간 것처럼 대혜 이후로 임제선臨濟禪이 시들기 시작한 것은 우연이 아니다.

선禪과 선善

선 수행자들은 깨달음으로 가기 위해서는 직관적으로 진리를 느껴야 한다고 늘 강조한다. 하지만 내가 보기에는 진리를 갑자기 체득하는 일도 중요하지만 그에 못지않게 자발적으로 착해지는, 기대하지 않았던 경험도 필요하다.

이 경험이야말로 우리를 작은 아집의 껍질에서 자유롭게 해 온갖 개념과 규정에 얽매인 완고한 세계를 뛰어넘게 한다. 기대하지도 않았는데, 자기 안에서 의무와 규제에 더럽혀지지 않은 착한 기운이 흘러나올 때, 선도 함께한다. 그런 선善의 사례를 몇 가지 살펴보자.

한백유韓伯愈의 어머니는 화를 잘 내는 사람이었다. 그래서 어린 시절에 한백유는 어머니에게 자주 회초리로 얻어맞았다. 한백유는 늘 울지 않고 당당하게 매를 맞았다. 그런데 하루는 매를 맞고 있던 한백유가 구슬피 울기 시작했다. 깜짝 놀란 어머니가 말했다.

"예전에는 어떤 경우라도 달게 매를 맞던 아이가 오늘은 왜 우는 것이냐?"

한백유가 대답했다.

"예전에는 어머니가 때리시면 아프지 않은 적이 없었습니다. 그래서 혼자 속으로 아직은 우리 어머니가 기운이 넘치시는구나, 하고 생각해 마음이 즐거웠습니다. 하지만 오늘 맞아보니 아프지가 않습니다. 어머니의 기력이 점점 쇠하시는데, 울지 않을 아들이 어디 있겠습니까?"

홍상洪祥의 아버지는 중풍으로 누워 있었다. 홍상은 밤낮없이 아버지를 간병하며 필요할 때면 몸을 일으키곤 했다. 그때가 막 홍상이 결혼한 터라 홍상의 아버지는 밤에도 아들이 자기 옆에 있는 것이 안쓰러웠다. 그래서 아버지가 아들에게 말했다.

"나는 이제 점점 나아지고 있으니 밤에는 네 방에 가서 자도록 하여라. 정 걱정되면 내게는 몸종을 붙이면 되는 일이 아니겠느냐?"

홍상은 아버지의 말을 듣는 척했지만, 아버지가 잠든 뒤에는 몰래 그 방으로 숨어들어가 곁을 지켰다. 어느 날, 아버지는 한밤중에 용변을 보기 위해 일어났다. 몸종이 깊이 잠든 것을 보고 아버지는 스스로 몸을 일으키려고 했으나 다리가 후들거렸다. 아버지가 넘어지려는 찰나에 홍상이 아버지를 부축했다. 깜짝 놀란 아버지가 물었다.

"넌 누구냐?"

"접니다, 아버지!"

홍상이 대답했다. 홍상이 자신을 위하는 마음이 얼마나 대단한지 알게 된 아버지는 아들을 부둥켜안고 펑펑 울었다.

"세상에, 너 같은 효자가 어디 있겠느냐!"

이웃사람들은 홍상을 가리켜 "은덕隱德 선생"이라고 불렀다.

양보楊黼는 부모 곁을 떠나 무제보살無際菩薩을 만나러 사천四川으로 향했다. 가는 길에 만난 한 노승이 양보에게 물었다.

"어디를 가느냐?"

양보는 무제의 세자가 되기 위해 가는 길이라고 대답했다. 노승이 말했다.

"보살을 보러 가느니 부처를 만나는 것이 더 나을 게다."

양보는 어디서 부처를 만날 수 있느냐고 물었다. 노승은 말했다.

"집으로 돌아가라. 거기 가면 이불을 몸에 두르고 신발을 거꾸로 신은 사람이 자네를 맞이할 걸세. 그 사람이 부처니 잘 모시도록 하게."

양보는 그 말에 따라 다시 고향으로 돌아갔다.

양보가 집에 도착했을 때는 이미 해가 저물었다. 양보의 어머니는 이미 잠자리에 들었다. 하지만 아들이 문을 두들기는 소리를 듣자마자 어찌나 반가웠던지 옷을 걸칠 틈도 없었다. 그래서 이불을 몸에 두르고 서둘러 나가느라 왼쪽 신발을 오른쪽 발에다 신고 문간까지 뛰쳐나가 아들을 맞았다. 그런 어머니를 보자마자 양보는 깨달았다. 그리하여 온 마음을 다해 부모를 모시며 《효경孝經》에 대한 주석서를 쓰기도 했다.

양보에 대한 이야기는 도가에서 엮은 교훈서에 나온다는 점이 특이하다. 도교 역시 불교의 보살(그 노승이 아마도 무제였으리라)을 빌어서 유교 이념을 전파하고 있는 셈이니 말이다.

아이 같은 마음속에 담긴 순수한 샘에서 바로 떠올린 도덕은 참으로 아름답다. 개구리의 울음소리나 요강이 뒤집어지는 일과 마찬가지로 그런 일 역시 깨달음으로 들어가는 문인 셈이다.

한산寒山과 습득拾得

당나라의 애송시 가운데 장계張繼(8세기 후반 활동)가 쓴 '풍교야박楓橋夜泊'이라는 시가 있다.

> 달 지고 새 우니 온 하늘에는 서리만 가득하고
> 月落烏啼霜滿天
> 강변 단풍나무 밑 어부들은 불을 쬐며 근심어린 얼굴로 졸고 있네
> 江楓漁火對愁眠
> 고소성 바깥의 한산사에서는
> 姑蘇城外寒山寺
> 밤을 울리는 종소리, 나룻배에 와 닿네
> 夜半鐘聲到客船

이 시에서는 선의 향내가 물씬 풍긴다. 마치 찰나 속으로 밀려든 영원의 자취를 보는 듯하다.

소주蘇州 교외에 있는 한산사寒山寺는 한산자寒山子를 기리기 위해 세운 절이다. '한산의 은자'라고도 불렸던 한산은 7세기 절강浙江 천태산天台山 국청사國淸寺 근처에서 숨어 살았던 전설적인 인물이다. 한산은 중도 아니었고 속인도 아니었다. 한산은 한산일 뿐이었다. 한산에게는 흉금을 털어놓는 친구가 있었으니, 그가 바로 국청사 부엌에서 일하던 습득이었다. 끼니때가 되면 한산은 부엌을 찾아 남은 것들로 배를 채우곤

했다. 그때 두 친구는 웃음을 터뜨리며 이야기를 나누었다. 국청사의 중들에게 두 사람은 바보였을 뿐이었다.

하루는 습득이 마당을 쓸고 있는데, 어느 노승이 그에게 말했다.

"자네 이름이 습득拾得인 까닭은 풍간豊干 선사가 자네를 길에서 습득했기 때문이야. 자네 본래 속성俗姓은 무엇인가?"

습득은 빗자루를 내려놓고 두 손을 합장한 채 아무 말 없이 서 있었다. 노승이 질문을 되풀이하려고 하자 습득은 빗자루를 집어들고 마당을 쓸기 시작했다.

한산이 가슴을 치며 "하늘아, 하늘아!"라고 소리쳤다. 습득이 무슨 일이냐고 물었다. 이에 한산이 대답했다.

"동쪽 이웃이 죽으면 서쪽 이웃이 문상 간다는 말도 모르나?"

두 사람은 울고 웃으며 함께 춤을 추면서 절을 빠져나갔다.

음력 보름 법회가 열렸을 때, 습득은 갑자기 손뼉을 치더니 말했다.

"다들 명상하려고 여기 모였습니다. 그런데 그것이 무엇입니까?"

법회를 이끌던 중이 화가 난 목소리로 닥치라고 말했다. 습득은 계속 말했다.

"진정하시고, 내 말을 들으세요."

분노를 없애는 것이 참된 계율이오
마음을 깨끗하게 하는 것이 진정한 출가요
내 본성과 당신들의 본성이 하나이니

이는 곧 모든 진리의 원천이라!

한산과 습득은 모두 시인이었다. 습득의 시를 하나 더 소개하겠다.

나는 본래 주운 아이였으니	從來是拾得
내 이름이 습득인 것도 우연은 아니올시다	不是偶然稱
살붙이 하나 없이 태어났으니	別無親眷屬
한산이 제 형이올시다	寒山是我兄
두 사람 마음이 잘 맞으니	兩人心相似
세속의 정이랴 여기 비하겠소	誰能徇俗情
몇 살인지 알고 싶다면	若問年多少
황하가 맑아지는 걸 몇 번 보았다오	黃河幾度清

유사 이래 황하가 맑아진 적은 한 번도 없었다. 그것을 모르는 사람은 없다. 그러므로 마지막 두 행은 두 사람이 이 세상보다 더 오래 살았다는 뜻이다! 또 이 시에서 눈여겨 볼 점은 (은자隱者로 치자면 중국 역사상 최고라고 할 만한 한산과 습득이) 은자들조차도 마음이 맞아 서로 격려하고 위로해줄 친구가 필요했다는 점이다. 이 때문에 두 사람은 너무나 인간적이다.

한산의 시를 보면, 그가 습득보다 훨씬 더 인간적이라는 것을 알게 된다. 여기에는 고독과 향수를 견디지 못하는 한산의 심정이 나와 있다. 한산은 이를 솔직하게 표현한다.

홀로 앉아 있음에 때로 갑자기	獨坐常忽忽
어찌나 많은 걱정이 밀려들던지	情懷何悠悠

때로 한산은 형제들을 그리워하기도 한다.

지난해 봄, 새가 울 적엔	去年春鳥鳴
그땐 형제들을 생각했었지	此時思兄弟
올해 가을 국화 만발하고 보니	今年秋菊爛
또다시 그 생각이 간절하구나	此時思發生
천 갈래 창자로 밀려드는 푸른 물	綠水千腸咽
사방에 드리운 황혼의 구름	黃雲四面平
슬프도다 백년을 살 뿐인데	哀哉百年內
고향을 생각하니 애간장이 녹는구나	腸斷憶咸京

이런 시를 쓴 사람이 인간미가 없다는 것은 말이 안 된다. 누군가 은자로 살기로 결심했다면, 이는 세상에서 얻을 수 있는 것보다 더 귀중한 것을 그런 생활 속에서 발견할 수 있기 때문에, 그래서 자신도 어찌할 수 없는 충동에 굴복하는 것이다. 한산의 시가 또 있다. 제목은 '값으로 따질 수 없는 진주'다.

지난날 극심한 가난으로 고생하여	昔日極貧苦
밤마다 다른 사람 보물 헤아렸었지	夜夜數他寶

오늘 곰곰이 생각해보고	今日審思量
내 집을 마땅히 지을 생각으로	自家須營造
땅을 파본 즉 보물 하나가 숨겨져 있네	掘得一寶藏
수정처럼 순수한 진주로구나!	純是水晶珠
푸른 눈의 서역 오랑캐들이 많이 몰려와	大有碧眼胡
은밀히 사서 떠나려고 하건만	密擬買將去
내가 통 크게 대답하건대	余卽報渠言
이 진주는 값으로 따질 수 없노라	此珠無價數

한산의 내면 풍경은 잘 알려진 다음 시로 느낄 수 있다.

내 마음 가을 달과 같아서	吾心似秋月
푸른 연못 그 빛 받아 깨끗해지네	碧潭清皎潔
여기 비할 것은 세상에 없으니	無物堪此倫
무슨 말로 그것을 표현하리오	教我如何說

내면의 풍경이 이와 같았으니, 한산이 자연을 그토록 사랑한 것도 무리가 아니다. 그 마음 속 풍경을 그대로 비춰줄 수 있었던 것은 오직 자연뿐이었다. 자연을 노래한 한산의 시 중에는 영묘한 기쁨을 발하는 것도 있다. 예컨대 이런 시다.

세월이 흘러 시름 겪던 한 해가 바뀌니	歲去換愁年

봄이 와 모든 빛이 새롭네	春來物色鮮
산에 핀 꽃들은 푸른 물 보고 웃고	山花笑綠水
가파른 봉우리 싱그러운 아지랑이 흔드네	巖岫舞靑煙
벌 나비 스스로 꽃 주변에 모여들고	蜂蝶自云榮
새와 물고기 또다시 어여뻐라	禽魚更可憐
같이 노니는 친구의 정은 다할 날이 없어	朋遊情未已
새벽까지 불 밝히고 잠들지 못하네	徹曉不能眠

도인만이, 완전히 집착을 끊은 사람만이 자연의 아름다움을 있는 그대로 즐길 수 있다. 다른 사람들은 여러 속셈과 계산이 있어서 자연의 풍경을 있는 그대로 즐기지 못한다. 진도파陣道婆라는 이름의 할머니는 나무꾼들을 보고 이런 시를 지었다.

높은 고개 낮은 봉우리마다	高坡平頂上
나무꾼들이 가득하네	盡是採樵翁
사람마다 칼 도끼 생각 가슴에 품고 있으니	人人盡懷刀斧意
산꽃 붉은 그림자	不見山花映水紅
물이 비치는 줄은 아무도 보지 못하네	

"이 사람은 누구인가?"

영안永安 전등傳燈이 대중들에게 말했다.

"한 사람이 있어 확언하건대 '나는 부처의 축복과 도움에 기대지 않겠노라, 나는 세 가지 세상三世 어디에서도 살지 않겠노라, 나는 다섯 가지 요소五蘊의 세계에 속하지 않겠노라. 조사들도 감히 나를 한 곳에 붙박아 둘 수 없으며, 부처도 감히 내게 이름을 붙일 수 없다'고 한다. 이 사람이 누군지 이야기해보라."

석두石頭와 마조馬祖의 제자인 무설無洩 영묵靈默에게 어느 날 한 중이 물었다.

"하늘과 땅보다 더 큰 것은 무엇입니까?"

영묵이 대답했다.

"누구도 모르는 한 사람이 있도다!"

영묵은 흔히 마조의 제자로 분류되지만, 실제로 깨닫게 된 것은 석두를 통해서다. 영묵이 석두를 찾아갔을 때의 일이다. 석두는 영묵을 아는 척도 하지 않고 그냥 앉아 있었다. 그래서 영묵이 그냥 떠나려고 하는데, 석두가 소리쳤다.

"이보게, 고승高僧!"

영묵이 고개를 돌리자, 석두가 꾸짖었다.

"태어나서 죽을 때까지 고개만 돌리고 머리만 굴리고 있으니 이걸 어떡하겠나?"

이 말에 영묵은 완전히 깨져 사기 본성을 보게 되었고, 석두의 곁에 머물렀다.

선사들은 '참된 나'를 여러 가지 이름으로 부른다. 예컨대 '이것 하나', '저것 하나', '그 사람', '원래 얼굴', '자리 없는 참 사람', '기대지 않는 도인', '나' 등등. '집안의 도둑'이라고 부르는 사람도 있다.

선의 모든 참뜻은 '이 사람'이 '참된 나'라는 사실을 실제적으로 경험해 깨닫는 데에 있다. 이 참된 나가 신과는 어떻게 연결되는 것인지 나는 모른다. 분명한 것은 참된 나도 존재하고 신도 존재한다는 점인데, 둘 모두 관념으로는 잡을 수 없는 것이니 둘의 관계를 어찌 설명할 수 있겠는가? 신과 관련해서 말하는 모든 인간의 언어는 레온 블로이Leon Bloy가 잘 지적한 바와 같이 "사막의 눈 먼 사자들이 필사적으로 샘물을 찾는 것과 같다." 그것에 대해 말하려면 어쩔 수 없이 비유를 사용할 수밖에 없다. 그것은 포도나무와 덩굴이라는 유기적인 용어로 그 관계를 설명할 수 있다. 살아 있는 나무 전체는 여럿이면서 하나이고 하나이면서 여럿이다. 이 나무는 둘이 아닌 동시에 하나가 아니다. 선사들이 둘이 아니라고 주장한다고 해서 선을 공부하는 서양 사람들이 생각하듯이 하나를 말하는 것은 아니다. 내가 할 수 있는 말은 이것이 전부다. 그러므로 이것으로 끝내고 노자의 말을 살펴보자.

멈출 때를 아는 것
더 이상 나아갈 수 없음을 아는 것
자신의 힘으로는 이것이 전부임을 아는 것
여기서부터 시작할 수 있다!

불교식으로 해석한 유교 경전

《중용中庸》은 이렇게 말한다.

"하늘이 명하는 것이 곧 본성이며, 이 본성을 따르는 것이 도이고, 도를 닦는 일이 곧 가르침이다.(天命之謂性 率性之謂道 修道之謂敎)"

대혜大慧 종고宗杲에 따르면 첫 번째 구절은 불교의 법신法身에, 두 번째 구절은 보신報身에, 세 번째 구절은 화신化身에 해당한다. 언어가 서로 다르다고 하지만, 이것을 뛰어넘을 수 있다면 이 해석이 억지가 아님을 알게 될 것이다.

깨달음의 계기

깨달음을 설명하는 것은 불가능하지만, 깨달음의 계기를 공부하는 것은 가능할 뿐만 아니라 매우 흥미롭다.

장구성張九成이라는 사람이 변소에 앉아 공안을 생각하고 있었다. 그러다가 갑자기 개구리 우는 소리를 듣고 그는 깨달음을 얻었다. 그 사실이 다음 시에 잘 나와 있다.

봄날 달밤 개구리 우는 소리	春天月夜一聲蛙
온누리 다 꿰뚫어 한 집으로 만드네	撞破乾坤共一家

옛날의 한 중이 《법화경》을 공부하고 있었다. "모든 진리는 원래 근본적으로 고요히 비어 있다.(諸法本寂滅)"라는 구절에 의심을 품게 되었다. 그 중은 밤낮없이 그 구절만 생각했다. 걸을 때도, 쉴 때도, 앉아 있거나 잠자려고 누워서도. 하지만 생각하면 생각할수록 점점 더 헷갈리기만 했다. 그러던 어느 봄날, 꾀꼬리 한 마리가 지저귀는 순간, 그 중의 마음에 빛이 들었다. 그 자리에서 그 중은 이런 게송을 지었다.

모든 진리는 본래부터	諸法從本來
스스로 고요하고 비어 있도다	皆自寂滅相
봄에 이르니 백 가지 꽃이 피고	春至百花開
꾀꼬리 버드나무 위에서 우는도다	黃鶯啼柳上

갑작스런 꾀꼬리 울음소리에 이 중은 영원한 침묵을 떠올리게 되었다.

소리뿐만 아니라 색깔도 깨달음의 계기가 된다. 복사꽃이 핀 것을 보고 깨달음을 얻은 선사도 있다. 그 선사는 "복사꽃을 볼 때마다 모든 의심이 사라진다"고 말하곤 했다. 물론 그 행복한 순간 이전에도 무수히 복사꽃을 보았을 것이다. 하지만 제대로 본 것은 그때가 유일했을 것이다. 다시 말해서 조물주의 마음에서 막 생겨난 듯, 영원히 텅 비었다는 사실을 알고 있는 바탕에서 복사꽃을 본 것은 그때가 처음이었을 것이다. 이전에는 복사꽃을 보아도 꿈인 양 흐릿하게만 보았다. 하지만 이번에는 그의 내적 영혼이 행복하게도 밝아졌으므로 복사꽃 피어난 광경이 그 아름다움의 핵심을 꿰뚫어볼 수 있도록 눈을 뜨게 한 것이다. 그리하여 고립된 대상으로 복사꽃을 본 것이 아니라 온 우주가 나온 바로 그 근원에서 생생하게 튀어나온 복사꽃을 보게 된 것이다.

이 이야기는 남전南泉과 재속在俗 제자 육긍陸亘 사이에 오간 흥미로운 대화를 떠올리게 한다. 육긍은 승조僧肇의 말을 외웠다.

하늘과 땅이 나와 더불어 같은 뿌리요,　　　　天地與我同根
모든 것들이 나와 더불어 하나의 몸이로다.　　萬物與我一體

외긴 했으되 육긍은 이 말의 완전한 뜻을 충분히 이해하지 못했다. 남전은 뜰에 핀 모란을 가리키며 말했다.

"속세 사람들은 꿈꾸듯이 이 꽃들을 바라보지."

하지만 육긍은 그 말의 뜻을 몰랐다.

만약 육긍이 승조가 한 말의 뜻(결국 이 말도 《장자》에서 인용한 것인데)을 이해했다면, 남전이 한 말도 알아차렸을 것이다. 이 우주와 내가 모두 같은 뿌리에서 나왔으며 모든 것과 내가 하나의 전체에 속해 있다는 사실을 깨달을 때, 우리는 꿈에서 깨어나 열린 눈으로 모란을 바라볼 수 있다.

신을 생각해보자. 단순히 세상을 설계한 공학자라고 생각하지 말고 세상을 창조해낸 예술가이자 시인이라고 생각해보자. 그렇다면 완전히 새로운 관점에서 자연을 바라볼 수 있을 것이며, 우리는 그 매혹적인 자연의 아름다움에 사로잡혀 마치 기쁨의 성원에서 살아가고 있는 것과 같은 느낌을 가질 것이다. 회교 수피즘의 시인인 사디Sadi가 말한 것처럼.

신을 섬기는 일에 푹 빠진 사람은
물레방아 삐걱대는 소리에도 황홀해진다.

선사들 중에서는 사람이 완전히 깨치고 나면 눈으로 듣는다고 말하기도 한다. 성경의 시편詩篇을 쓴 사람들이 그런 사람들이었나 보다.

하늘은 하느님의 영광을 밝히고
창공은 하느님의 솜씨를 보여준다.
낮은 낮에게 그 말을 전하고
밤은 밤에게 그 뜻을 옮긴다.

날마다 좋은 날

운문雲門이 하루는 대중들에게 질문을 던졌다.
"보름달 이전의 날들에 대해서는 자네들에게 묻지 않겠다. 대신에 보름달 이후에 관해서 말해보거라."
대중들이 아무런 말도 하지 않자, 운문이 스스로 대답했다.
"날마다 좋은 날이로다.(日日是好日)"
여기서 말하는 보름달이란 깨달음을 뜻한다. 깨달은 사람은 자유로운 사람이다. 이미 죽었으므로 그 이상 나쁜 일이 그에게 일어날 수 없다. 이미 완벽하게 살아 있으므로 그 이상 좋은 일이 그에게 일어날 수 없다. 운명에 부대끼지 않을 뿐만 아니라 이제는 그런 운명에서 완전히 벗어났다는 것을 그는 알고 있다.

《무문관無門關》을 지은 무문無門은 "도란 평상시의 마음, 하루하루의 삶이다.(平常心是道)"라는 남전의 말을 언급하며 아름다운 시를 지었다.

봄에는 여러 꽃, 가을에는 달,	春有百花秋有月
여름에는 시원한 바람, 겨울에는 눈,	夏有冷風冬有雪
쓸데없는 일, 머리에 두지 않으면	若無閒事挂心頭
사람살이 좋은 시절로 편안하리라	便是人間好時節

자기 삶에 대해 걱정하지 않는 사람만이 삶의 즐거움을 맛볼 수 있고, 근심에서 벗어난 사람만이 다른 사람을 근심할 수 있다는 것은 대단한 역설이다.

그러고 보니 교황 요한 23세가 생각난다. 그 분을 매력적이고도 위대하게 만드는 것이 무엇일까? 그것은 아마도 교황 자신이 하느님에게 빠져 있기 때문이 아닐까?

"하루하루가, 한 달 한 달이 모두 하느님의 날입니다. 그러므로 우리는 모두 아름답습니다. 올해로 나는 여든두 해를 맞이했습니다. 이제는 죽어야 할까요? 날마다 태어나기에 좋은 날이고 날마다 죽기에 좋은 날입니다."

1962년 크리스마스에 교황은 이렇게 말했다. 죽기 전날 밤, 친구들이 우는 것을 보고 교황은 성모송을 불러달라고 부탁하면서 말했다.

"기운들 내게나. 지금은 슬퍼할 때가 아니야. 지금은 즐거워하고 찬미해야 할 시간이야."

주치의를 달래면서 교황은 말했다.

"의사 선생, 걱정 말게나. 나는 짐을 항상 꾸려 놓았으니까. 가야할 때가 되었다면 그 즉시 떠날 거야."

진정한 선善은 한 사람이 죽는 그 순간까지도 아름답고 즐겁다. 1959년 11월 30일, 내 아내 테레사가 죽던 순간에 내 두 눈으로 똑똑히 지켜보았으니 이제 나도 이를 의심하지 않는다. 아내는 마지막 순간까지도 쾌활했으며 사려 깊었다. 죽기 두 시간 전, 아내는 의사였던 프랜시스 제니 박사와 얘기를 나누던 아들 빈센트의 귀에 속삭였다.

"선생님이 너무 오래 서 계셔서 피곤하시겠다. 의자라도 좀 가져오너라."

제니 박사는 아내에게 불편한 것이 있는 줄 알았다. 그래서 빈센트에게 왜 그러냐고 물었다. 빈센트가 아내의 말을 전하자, 박사는 그 말에 너무나 놀라서 순간 눈물을 흘렸다. 나중에 박사는 내게 30년 동안 죽어가는 사람을 지켜보았지만, 남을 배려하는 사람은 처음이었다고 털어놓았다. 한 시간 정도가 지난 뒤, 박사는 마지막 인사를 해야 하니 다 들어오라고 말했다. 아내는 웃으면서 아이들 하나하나에게 말을 걸었다. 아내는 아이들을 축복하고 하늘에서도 기도하겠노라고 약속했다. 나는 놀라움을 감출 수 없었다. 나는 고개를 숙이고 세례 요한이 한 말을 빌어 그리스도에게 아내를 받아줄 것을 기도했다.

"신부를 맞을 사람은 신랑입니다. 신랑의 친구도 옆에 서 있다가 신랑의 목소리를 듣고 기쁨에 넘칩니다. 내 마음도 그와 똑같은 기쁨으로 가득 차 있습니다. 그분은 갈수록 커져야 하고, 나는 갈수록 작아져야 합니다.(요한복음)"

그때 나는 아이들이 나를 부르는 소리를 들었다.

"아빠! 엄마가 아빠에게 할 말이 있나 봐요."

내가 눈을 뜨자마자 아내는 손을 뻗어 내 손을 잡고는 마음을 담아 말했다.

"천국에서 다시 만날 때까지!"

그 말에 내 영혼은 한껏 부풀어 올랐고 슬픔을 잊을 수 있었다.

책을 소개하며

기독교인이 바라보는 선

토마스 머튼

선 불교에 대한 서양인들의 생각은 매우 혼란스럽다. 이 책은 그런 혼란을 없애주는 데 큰 도움을 줄 것이다. 이 책은 선에 대한 변론도, 비평도, 학문적인 역사서도, 상상력을 발휘한 소설도 아니다. 이 책은 7세기부터 10세기까지 중국의 위대한 선사들을 살펴본 뒤, '선종오가禪宗五家'의 본모습을 그려낸다. 선사들의 가르침을 어떤 맥락에서 이해해야 하는지 이 책은 잘 보여준다.

    존 C.H. 우 박사이기에 이런 독특한 작업을 할 수 있었다. 저명한 법률가이자 외교관이며, 가톨릭으로 개종한 중국인인 동시에 심오하고도 유쾌한 소박함과 영적 자유를 누리는 학자였기 때문에 우박사는 풍문으로 전해 듣거나 혼자 공부해서 체득한 불교가 아니라 내부에서 바라본 불교에 관해 저술할 수 있었다. 우박사는 선, 도교, 유교를 기독교에 끌어들인 일에 대해 후회하지 않는다. 실제로 그가 번역한 《신약성서》를 보면 요한복음이 이렇게 시작한다. "태초에 도가 있었다."

그는 이 책 어디에서도 선이 넋을 빼놓을 정도로 매력적이라거나 가슴을 뛰게 만들었다고 말하지 않는다. 게다가 선의 통찰과 기독교 교리를 절충시키려는 복잡하고도 힘든 일을 행하지도 않는다. 그는 개입하지 않고 선의 참 모습을 보여줄 뿐이다. 선에 대해 조금이라도 아는 사람이라면 이렇게밖에 말할 수 없다는 사실을 인정할 것이다. 지식을 이용해서, 혹은 신학적으로 시시비비를 따지는 식으로 이 주제에 접근하게 되면 결국 혼란만 부를 뿐이다.

진실을 말하자면 기독교와 선을 나란히 놓고 비교할 수는 없다는 점이다. 이는 수학과 테니스를 비교하는 일과 같다. 테니스에 대한 책을 쓰면 수학자들도 많이 읽을 수 있겠지만, 그렇다고 해서 수학을 끌어들일 필요는 전혀 없다. 테니스 이야기만 하는 것이 제일 좋다. 이 책에서 우 박사는 이런 식으로 선에 접근한다.

한편 선은 의도적으로 수수께끼처럼 사람을 당황하게 만든다. 영적인 삶을 이야기하는 가장 거친 방식인 듯하다. 불교인들에게도 선은 익숙한 세계와 경건한 마음을 뒤흔드는 것이니 불교와 상당히 거리가 먼 사람들에게는 대단한 충격이 될 것이 분명하다. 때로 선은 감추지 않고 공공연하게 반종교적인 태도를 드러낸다. 형식주의와 신화를 직접 공격하고 인습적인 신앙이 마음공부를 가로막는다고 여긴다는 점에서 선은 실제로 반종교적이다.

반면에 그런 선이 종교적이라고 한다면 어떤 점일까? 이제 우리는 어디서 일종의 종교적이고 문화적인 자장에서 분리된 '순수한 선'을 찾을 수 있을까? 어떤 선사들은 우상파괴적이었다. 하지만 보통의 선원은 불교적 경건함과 예식으로 가득하며 선과 관련한 책에는 불교 신앙에 관한 내용이 넘쳐난다. 스즈키 다이세츠가 말하는 선은 이런 느낌이 전혀 없다. 그렇지만 이것이 선의 본모습이라고 할 수 있을까? 우박사가 기독교인이기 때문에 얻을 수 있는 이점은 이런 주변의 부수적인 것에 얽매이지 않고 선을 바라볼 수 있다는 사실이다. 이는 스페인 바로크 양식이라는, 별 관계없는 배경을 신경 쓰지 않고 곧장 십자가의 성 요한의 신비주의를 살펴보는 일과 같다. 하지만 선을 공부하는 과정은 이런 질문으로 가득하다. 운이 좋은 연구자라서 질문에 대답을 얻었다고 해도 그 순간 수백 가지의 다른 의문이 생겨난다.

　그동안 많은 서양인들이 선에 대해 말하고 글로 쓰고 책을 펴냈지만, 일반 독자들은 여전히 선에 대한 지식이 부족하다. 게다가 선에 대해 조금도 생각해보지 않은 사람이라면 이 책의 내용에 어리둥절할 것이다. 이 책에는 선의 고전적인 모습이 많이 담겨 있다. 모순, 불일치, 기행, 멍청한 행동 등은 말할 것도 없고 별난 일화, 기상천외한 행동, 알 듯 말 듯 한 이야기, 논리를 벗어난 웃음 등이 가득한데, 그 의미가 무얼까? 여기에는 논리를 따지는 서양인들로서는 절대 만족할 만큼 이해할 수 없는 심원한 의도가 분명 존재한다. 이런 까닭에 서양 독자들에게 선을 소개하는 일은 힘들다. 말하자면 앞으로 맞닥뜨리게 될 것과 하나가 되기만 하면 되니, 있는 그대로 선을 받아들이면 된다고 독자들을 설득하는 일이니 말이다.

유대교에서 기독교로 이어진 종교적 배경을 지닌 독자들(서구인 중에서 이런 배경을 지니지 않은 사람이 드물겠지만)은 선을 오해할 수밖에 없다. 왜냐하면 본능적으로 '경쟁적인 이데올로기', '괴상한 세계관', 혹은 더 간단히 말해서 '그릇된 종교'의 '적대적인 사고 체계'인 양 선을 대하기 때문이다. 그런 입장을 취하는 사람이 선을 제대로 본다는 것은 불가능하다. 왜냐하면 그런 사람들은 선이란 이해될 수 없는 것이라고 미리 단정하기 때문이다. 선은 인생에 대한 체계적인 설명이 아니다. 선은 이데올로기도, 세계관도, 계시와 구원의 신학도, 비의秘意도, 금욕술도, 신비주의도 아니다. 서양인들이 어떻게 이해하든, 선은 그것이 아니다. 그러므로 어떤 이름을 붙이든 그에 해당하지 않는다.

'범신론汎神論', '정적靜寂주의', '일루미나티주의', '펠라기우스주의' 등등 그 어떤 꼬리표를 단다고 하더라도 선에는 어울리지 않는다. 이는 선이 신의 자리를 인간으로 끌어내리는 잘못된 짓을 정당화한다는 순진한 짐작에서 나온 것이다. 선은 기독교 식으로 신에 접근하지 않는다. 물론 공空에 대한 선적 체험과 '오직 모를 뿐'이라고 말하는 식으로 신을 언급하는 기독교 신비주의 사이에는 비슷한 점들이 있다. 하지만 교리의 차원으로 선에 접근하는 일은 온당치 않다. 물론 거기에는 명확한 종교적인 요소가 존재하지만, 말로 표현할 수 없는 선적 체험에 비하면 전적으로 부차적인 것들이다.

말하자면 선이 무의식 중에 드러내는 불교적 형이상학을 파악하지 못하면 중국 선을 진짜로 이해할 수 없다. 그런데 불교의 형이상학은 우리의 복잡한 철학적, 그리고 신학적 감각으로 파악할 수 있는 교리가 아니다. 불교 철학은 일상적인 인간의 경험을 해석하는 것인데, 그 해석은 신에 의해서 드러나는 것도 아니고 영감으로 다가갈 수 있는 것도 아니며 신비주의의 빛으로 볼 수 있는 것도 아니다. 기본적으로 불교의 형이상학은 부처 자신이 깨닫게 된 개인적인 경험을 담고 있는, 매우 간단한 동시에 자연적인 체계다. 무엇보다 불교는 이해를 구하는 종교도 아니고 모든 인간이 직면한 문제에 대한 해결책으로 부처의 깨달음을 '믿는' 종교도 아니다. 불교는 깨닫게 된 그 경험을 실제적으로 자신도 경험하기를 원하는 종교다.

불교는 추론적인 철학적 함의 없이도 한 사람이 충분히 '깨달을' 수 있게 하는 종교다. 함의가 있다면 여기에는 그 어떤 신학적 의미도 보이지 않는다. 그저 일반적인 인간의 타고난 상태만을 가리킬 뿐이다. 불교에도 기본적인 연역법은 존재하고, 시간이 흘러감에 따라 이 추론은 복잡한 종교적, 철학적 체계로 발전했다. 하지만 선의 주된 특징은 가능한 한 직접적으로 경험하게 하면서 표현할 수도 없고 설명할 수도 없는 순수한 상태로 돌아가기 위해 이 모든 체계적인 이론을 거부한다는 점이다.

무엇을 직접 경험한다는 말인가? 바로 삶이다. 나는 존재하고 있다. 그렇다면 나는 살아 있다는 말이다. 그런데 존재하고 살아가는 '나'는 도대체 누구인가? 존재하고 살아가는 자아를 제대로 보는 일과 헛되게 보는 일의 차이는 무엇일까? 존재하는 일의 근본은 무엇이고, 근본이 아닌 것은 무엇인가?

서양에서는 '존재의 근본 진실'이라고 하면 이 진실들을 즉각적으로 간소하고 쉬운 명제로 환원할 수 있으리라고 생각한다. 논리적 진술은 경험적으로 실증할 수 있다는 점에서 의미를 지니기 때문이다. 버트란트 러셀이 "원자적 진실"이라고 부른 것이 바로 이것들이다. 그런데 선에서 보면 그것이 아무리 원자적 진실이라고 하더라도 존재의 근본 진실들은 그 어떤 명제로도 진술되지 않는다. 선에서 보자면 진실이 진술로 전이되는 순간, 이미 빗나간 것이다. 순수한 경험적 진실을 더 이상 파악하지 못할 때, 언어의 형태를 파악하는 셈이다.

선이 추구하는 검증은 논리적 진술을 진실로 환원하거나 진술을 진실에 비추어보아 검증하는 식의 변증법적인 과정에 있지 않다. 버트란트 러셀이 "원자적 진실"을 말하기 아주 오래 전부터 선은 그 원자마저 부수어버렸고, 그런 논리의 폭발을 가리켜 나름대로 '깨달음'이라고 불러왔다고 말해도 무방하다. 선의 완전한 목적은 경험에 대한 단순한 진술을 작성하는 것이 아니라 논리 전개를 거치지 않고 진실을 바로 터득하는 일이다.

그렇다면 그것은 무슨 진실인가? 선은 평범한 일상의 경험 사실(절대로 함부로 거부하지 않는)과 깨달음의 경험 사이에 말로 표현할 수 없는 생생한 변증법적 교류가 있다고 본다. 선은 유일한 진실의 세계라고 할 수 있는, 아마도 눈에 보이지 않는 진실 속으로 들어가기 위해 감각과 물질을 거부하는 이상주의가 아니다. 선의 경험은 눈에 보이는 세계와 보이지 않는 세계, 본체와 물자체 사이의 통합을 직접적으로 파악하는 일이다. 혹은 그런 구분이 순전히 상상의 소산이라는 사실을 경험적으로 인식하는 일이라고 해도 좋겠다. 스즈키 다이세츠가 다음과 같이 말한 것처럼.

맛보는 일, 보는 일, 경험하는 일, 살아가는 일, 이 모든 것들은 깨달음의 경험과 감각의 경험 사이에 공통된 것이 있음을 보여준다. 깨달음은 우리의 가장 깊은 내면에서 일어나는 일이고 감각은 우리 의식의 주변부에서 일어나는 일이다. 그러므로 개인의 경험은 불교 철학의 원천인 것처럼 보인다. 이런 맥락에서 불교는 급진적인 경험주의, 혹은 체험주의라고 할 수 있다. 깨달음의 경험이 뜻하는 바를 증명하기 위해 그 어떤 논리를 갖다 붙인다고 하더라도 말이다.^{주1}

그러므로 기독교와 불교 사이의 상호 이해를 가로막는 가장 큰 장애물은 가장 본질적인 불교적 체험이 아니라 부수적인 것, 즉 선에서는 종종 전혀 하잘 것 없고 때로 잘못 인도하는 것들이라고 부르는 것에만 자꾸만 초점을 맞추려는 서양인들의 태도다.

불교의 명상은, 무엇보다도 선의 명상은, 설명하는 것이 아니라 주의를 기울이고, 깨어 있고, 마음을 기울이고, 다시 말해서 말로 규정되는 공식에 속지 않으며, 되려 그 공식을 뛰어넘는 의식을 지니는 일이다. 어디에 속는단 말인가? 스스로 실재하는 것처럼 속는다는 이야기다. 이런 기만은 존재하는 것, 그러니까 의식 그 자체로부터 벗어나고 멀어지기 때문에 생겨난다.

그렇다면 선은 일종의 확실성을 겨냥한다. 하지만 이것은 철학적 논증을 거치는 논리적 확실성이 아니다. 신앙이라는 복종을 통해 신이라는 말을 받아들임으로써 생겨나는 종교적 확실성은 더더구나 아니다. 이는 존재론적이고 경험론적인, 순수한 형이상학적 직관으로 얻을 수 있는 확실성에 가깝다. 모든 불교의 목적은 이런 종류의 통찰을 얻을 때까지 의식을 정화시키는 일이다. 이때 통찰이 지닌 종교적 함의는 각 불교 종파 안에서도 다양하게 삶에 작동하고 적용된다.

선을 포함한 대승 전통에서는 인간이라는 조건으로 투영된 이런 통찰의 주된 함의가 자비에 있다. 자비는 통찰이 함축하는 것을 역설적으로 뒤집는 일이다. 깨친 자(菩薩)는 번뇌로 가득한, 눈에 보이는 세계로부터 탈출해 즐거움을 누리는 대신에 그 안에 머물기를 서약하고 그 안에서 열반을 찾는다. 이는 물자체와 본체를 하나로 보는 형이상학적 논리 때문만이 아니라 생사의 윤회 속에서 고통 받는 중생들과, 그들이 본질적으로 그 체험을 공유하고 있는 깨달은 부처를 하나로 보는 자비심 때문이기도 하다.

불교에도 천국과 지옥은 있지만, 그것은 궁극의 상태가 아니다. 사실 뒤집어진 천국이랄 수 있는 열반으로 믿음이 깊은 제자들을 인도하는 구세주로 부처를 상정한다는 것은 정말 애매하다. (하지만 정토종이나 Amidism은 분명히 구원 종교다.)

몇 번이고 다시 말해야만 한다. 불교를 이해할 때 '교리', 규정화된 삶의 철학에만 집중하고 진짜 본질적이며 불교의 핵심이랄 수 있는 경험을 무시하는 일은 엄청난 잘못이다. 어떤 점에서 이는 기독교와는 정확하게 반대되는 상황이다.

기독교는 계시에서 시작한다. 이 계시를 교리와 설명으로 분류하는 것 역시 잘못이긴 하지만(계시는 그 이상이다. 이는 그리스도의 신비 안에서 하느님 자신이 드러난다는 의미다), 그럼에도 계시는 우리에게 말로, 진술로 전해지며 모든 것은 이 진술의 진실성을 받아들이는 신자에게 달린 문제다.

그러므로 기독교는 언제나 이들 진술과 아주 깊이 관련되어 있다. 원전에서 정확하게 옮기는 일과, 그 정확한 의미를 곧이곧대로 이해하는 일과, 그릇된 해석을 제거하고 비판하는 일과 관련되어 있다. 때로 이런 관련은 강박의 차원으로까지 확장되어 궤변에 가까운 구별하기와 세부적인 신학적 진실을 결벽증적으로 따지는 등의 독단적이고 광신도적인 주장을 가져온다.

교리적인 공식, 규율에 가까운 절차, 전례典禮적인 엄격함 등에 대한 이런 강박은, 가톨릭의 핵심 역시 모든 개념적인 체계를 훌쩍 뛰어넘어 그리스도와 하나가 되는 생생한 경험에 있다는 사실을 망각하게 만든다. 그 결과로 너무 자주 간과되는 것이 바로 가톨릭이 영원한 생명을 경험하고 맛보는 종교라는 점이다.

"그 생명이 나타났을 때에 우리는 그 생명을 보았기 때문에 그것을 증언합니다. 우리가 여러분에게 선포하는 이 영원한 생명은 아버지와 함께 있다가 우리에게 분명히 나타난 것입니다. 우리가 보고 들은 그것을 여러분에게 선포하는 목적은 우리가 아버지와 그리고 그 분의 아들 예수 그리스도와 사귀는 친교를 여러분도 함께 나눌 수 있게 하려는 것입니다.(요한1서 1장 2~3절)"(이 성경 구절은 공동번역에 따름 – 편집자주)

너무나 자주 가톨릭은 "신성神性과 완전히 소통하는 가운데, 그리스도와 성령 안에서(에베소서 2장 18절, 베드로후서 1장 4절, 골로새서 1장 9~17절, 요한1서 4장 12절)" 눈에 보이지 않는 하느님과 하나가 되는 경험으로 완성되는 희망과 사랑의 삶 속으로 완전히 빠져드는 대신에, 도덕적인 선행이라는 형태로 표현되는 올바르지만 외부적인 믿음을 자기화하는 데 그치는 경우가 많다.

제2차 바티칸 공의회는 (우리가 희망한 대로) 가톨릭 신학 연구의 이런 강박적인 경향에 종지부를 찍었다. 하지만 말씀의 종교인 기독교에서 하느님 자신에 대한 계시가 어떻게 구체화되었는지를 살피는 진술을 이해하는 일이 주된 관심인 것은 사실이다. 기독교인의 경험은 이 이해의 결실이자 발전이자 심화를 뜻한다.

동시에 자신이 받아들이게 될 이 계시라는 개념 자체에 기독교인의 경험은 깊은 영향을 받게 된다. 예컨대 계시가 하느님에 대한 진리 체계로만, 또한 이 우주가 어떻게 존재하게 되었는지, 결과적으로 우주에 어떤 일이 일어날 것인지, 그리스도 생애의 목적은 무엇인지, 그 생애의 도덕적인 규범은 무엇인지, 도덕의 보상은 무엇이 될 것인지 등에 대한 설명으로만 여긴다면, 기독교란 사실상 도덕적인 훈육을 위해 다소 복잡한 제례와 엄격한 도덕 체계를 가진 세계관이자 기껏해야 종교 철학 정도로 축소된다. 그런 신학적인 설정 안에 놓인다면 기독교적인 계시의 내적인 의미를 경험하는 일은 필연적으로 왜곡되고 축소된다.

그러면 남는 경험이란? 그리스도의 신비를 통해 세계 속에서, 그리고 인류 속에서 하느님의 존재를 느끼는 생생한 신학적 체험이 아니라 자신만의 정의 속에서 느끼는 경험일 것이다. 구원받았다는 확신, 그러니까 이 세계의 창조와 목적에 대해 옳은 견해를 견지하고 있다는, 그리고 자신의 행동이 어느 정도 다음 삶에서 보상받는다는 반동적 자각에 기초한 확신의 느낌일 것이다. 그렇지 않다면, 아마도, 이 정도의 자기 확신을 얻을 수 있는 사람은 거의 없으므로, 기독교적인 경험은 걱정스러운 희망의 하나가 될 것이다. "올바른 대답"에 대한 끊이지 않는 의심과의 투쟁, 도덕과 규율의 엄격한 요구에 맞추기 위한 고통에 찬 상시적 노력, 끊임없이 부침하는 약한 자들을 돕기 위해 존재하는 성사聖事에 대한 다소 필사적인 의지만 남을 것이다.

근본적으로 기독교적인 계시의 참된 취지를 왜곡하고 있기 때문에 물론 슬픈 일이지만 이는 진정한 기독교적인 체험이라고 보기에는 부족한 점이 많다. 그럼에도 비기독교인들이 외부에서 바라보는 기독교에 대한 인상이 이와 같으므로, 누군가, 예컨대 가장 순수한 선적인 경험을 이 왜소하고 뒤틀린 기독교적인 경험과 비교하려 든다면, 그 비교는 가장 차원이 높고 세련된 수준의 기독교 철학과 신학을 대중적이고 퇴폐적인, 그릇된 신화 속의 불교와 비교하는 일만큼이나 무의미하고 빗나간 행동이다.

기독교와 불교를 일대일로 놓았을 때, 우리는 두 종교 사이에 순수하게 공통된 입장이 존재하는 지점을 찾고자 노력해야 한다. 현재로서는 쉬운 작업이 아니다. 사실 앞에서 암시한 바와 같이, 도식에 따라 끼워 맞추는 방법이 아니라면 실제적으로 그런 공통된 입장을 발견한다는 것은 불가능에 가깝다.

결국 기독교라 함은 무엇을 뜻하고, 불교라 함은 또 무엇을 뜻하는가? 기독교는 기독교인의 신학인가? 윤리학인가? 신비주의인가? 예배인가? 우리가 생각하는 기독교라 함은 더 규정하지 않고 로마 가톨릭 교회만을 받아들이는 것인가? 아니면 개신교까지도 포함하는 것인가? 개신교라 함은 루터의 개신교인가, 본회퍼의 개신교인가? 신은 죽었다고 말하는 개신교인가? 성 토마스의 가톨릭인가? 성 아우구스티누스와 서방 교회 교부들의 가톨릭인가? 복음서에 나오는, 말하자면 '원초' 기독교인가? 신화를 부정하는 기독교인가?

그리고 불교라 함은 무엇을 뜻하는가? 스리랑카의 소승 불교인가, 아니면 미얀마의 소승 불교인가? 티벳 불교인가? 탄트라 불교인가? 정토종 불교인가? 중세 인도의 사변적이고 학술적인 불교인가? 아니면 선인가?

불교와 기독교 모두에 존재하는 사상, 경험, 숭배, 도덕 수행에 따라 엄청나게 다양한 형태가 나오기 때문에 모든 비교란 무의미하다. 그리하여 스즈키 다이세츠 같은 사람이 《신비주의: 기독교와 불교》라는 제목의 책을 펴내긴 했지만, 결국에는 마이스터 에크하르트와 선을 비교한 것이었다. 기독교 신비주의의 대표적인 사람으로 마이스터 에크하르트를 택한다는 것도 무의미하긴 하지만, 적어도 이런 식으로 영역을 좁히는 것이 필요하다.

이와 동시에 스즈키 박사는 에크하르트가 당대의 관점으로는 특이했다는 점과 동시대인들이 그의 진술에 충격을 받았으리라는 점을 지나치게 많이 확신했다는 사실을 언급해야겠다. 에크하르트의 유죄 판결은 사실 어느 정도는 도미니크회와 프란체스코회 사이의 경쟁에서 비롯했다. 대담하고 어떤 점에서는 유죄 판결을 피할 수 없는 부분이 있긴 했지만 그의 가르침은 대부분 성 토마스에게서 나왔으며 매우 생생한, 그리고 사실상 당대 가톨릭에서 가장 활기 넘치는 종교적 기운이라고 할 신비적인 전통에 속한 것이었다.

그러나 기독교와 에크하르트를 동일시하면 완전히 빗나간다. 그것은 스즈키가 의도했던 바도 아니다. 스즈키는 에크하르트의 신비주의적인 신학과 선사들의 불교 철학이 아니라, 존재론적이고 심리학적인 에크하르트의 경험과 선사들의 경험을 비교하고 있다. 이는 흥미롭고도 유용한 결과들을 가져오리라는 작은 희망을 던져주니 충분히 해볼 만한 일이다.

하지만 종교적 혹은 신비적 경험으로부터 세상 모든 종교에 공통된 순수한 요소를 끄집어낼 수 있을까? 아니면 본성에 대한 기본적인 이해와 경험의 의미는 다양한 교리에 따라 결정되기 때문에 경험의 비교는 불가피하게 형이상학적 혹은 종교적인 믿음의 비교가 되어야 하는 것일까? 이는 쉬운 문제가 아니다.

만약 기독교 신비주의자가 겉으로 보기에 선적인 체험에 비견되는 경험을 했다면, 기독교인은 개인적으로 하느님과 하나가 됐다고 사실상 믿게 되었고 선사들은 공空을 깨닫게 된 체험이라고 해석한다는 사실이 중요할까? 어떤 의미에서 이 두 경험을 신비주의적이라고 말할 수 있을까? 일부 기독교인들이 신비주의자라는 아름다운 딱지를 붙이려는 그 어떤 시도도 선사들이 완강하게 부인하고 있다는 점을 생각하라.

오늘날 특정한 유형의 우호적인 생각들이 있어 너무나 쉽게 모든 종교의 '신비주의'는 같은 것을 경험하고 불운하게도 서로 일치하지 않는 다양한 교리, 설명, 교조에서 벗어나는 일을 통해 하나가 된다고 하는 독단적인 견해를 펼친다. 그리하여 모든 종교는 '정상에서 만나고', 종교의 다양한 신학과 철학은 그 근거를 잃기 때문에 그것들은 같은 목적지에 도착하기 위한 수단에 불과하며, 그 모든 수단의 효과는 똑같아진다. 이런 견해는 그 어떤 종류의 정밀한 논리적 검증을 거치지 못했기 때문에, 재능 있고 경험 많은 사람들이 설득력 있게 제시해오고 있기는 하다. 하지만, 매우 복잡한 이 문제 – 한 신비주의자가 옷을 벗어던지듯이 근본 신앙을 던져버릴 수 있다고 보는 관점에서, 그리고 이런 신앙을 지녔다는 사실이 그의 경험을 규정할 수는 없다고 보는 관점에서, 다시 한 번 신학적이고 철학적인 교리를 형식주의적인 것으로 바라보는 일을 함축하고 있는 이 문제 – 에 대해 많은 이야기를 하기 전에 충분한 연구와 조사가 이루어져야만 한다는 말을 하고 싶다.

동시에 신비주의자의 개인적인 경험은 우리가 알 수 없고 다만 텍스트와 다른 증거 – 아마도 다른 사람이 썼거나 서술한 – 를 통해서만 간접적으로 가능할 수 있기 때문에 확실성을 지니고 기독교 신비주의자, 수피, 선사들의 체험이 사실은 '같은 것'이라고 말하는 것은 절대로 쉽지 않다. 그런 주장이 실제로 뜻하는 것은 무엇일까? 이렇게 주장하려면 이 같은 높은 경지의 체험은 어떤 것을 체험하는 것이라는 함의(꽤 그릇된)를 담고 있어야만 하지 않을까?

그러므로 이 모든 종교적이고 형이상학적인 의식의 고차원적인 형태에서 볼 때 무엇이 '순수한 체험'이고 무엇이 어느 정도는 언어와 상징, 혹은 실은 '성물聖物의 은혜'에 의해 이루어진 것인지 구분하는 일은 매우 중대한 문제로 남는다. 우리는 이런 의식의 다른 상태와 형이상학적 함의에 관해 충분히 알 수 있는 지점에 도달하는 것이 거의 불가능하기 때문에 정확한 부분으로 들어가면서 이것들을 비교하지 못한다. 하지만 그럼에도 지금도 명백하고 더 나은 상호 이해로 가는 길을 가르쳐줄 수 있는 유사성과 소통 가능성은 존재한다. 그것을 두고 성급하게 증거로 삼아서는 안 되고 다만 중요한 단서로 보면 좋겠다.

그러므로 기독교와 불교 모두 동등하게 충분히 선을 수행할 수 있다고 말할 수 있는 것일까? 그렇다. 말로 이루어진 교의와 언어적 편견에서 벗어나 형이상학적인 차원에서 직접적이고 순수한 경험을 추구하는 것을 선이라고 부를 수 있다는 가정 하에서 말이다. 신학적인 차원으로 들어가면 문제가 더욱 복잡해진다. 이에 대해서는 이 소개글 마지막 부분에서 다룰 것이다.

우리가 할 수 있는 가장 최선의 말은 특정 종교, 예컨대 불교에서 철학적 혹은 종교적 틀은 더욱 쉽게 버릴 수 있는 종류의 것이라는 점이다. 왜냐하면 불교는 자체 내에 말하자면 배출기를 지니고 있는데, 이 배출기를 통해 명상가는 특정한 지점에 이르면 개념의 조직에서 공空으로 내던져진다.

선사는 태연하게 "부처를 만나면 부처를 죽여라!"라고 제자들에게 말할 수 있다. 하지만 기독교 신비주의에서는 신비주의자가 인간의 '형상' 혹은 그리스도의 성스러운 인성을 버리고 견딜 수 있는지에 대한 여부가 여전히 뜨겁게 논쟁 중인데, 다수 의견은 기독교인의 묵상의 중심에는 신앙의 대상으로서 그리스도가 아이콘으로 제시되어야 한다고 강하게 주장하고 있다.

여기서 다시 기독교적 체험의 객관적 신학과 어떤 경우에 기독교적 신비주의의 심리학적 진실들을 구별하지 못함으로써 문제는 뒤죽박죽이 된다. 그렇다면 이론의 추상적 요구가 경험의 심리학적 진실보다 선행되어야 하는 지점이 어딘지 물어야만 한다. 혹은 경험 없는 신학자의 신학은 만족할 만한 수준으로 자기 경험의 의미를 말로 설명하지 못하는 신비주의자의 '경험된 신학'을 어느 정도까지 제대로 해석한다고 주장할 수 있는지 물어야만 한다.

우리는 두 가지 형태로 이루어진 중요한 한 가지 질문으로 계속 돌아가고 있다. 주관적인 신비(혹은 형이상학적) 체험과 객관적 교리는 어떤 관계인가? 그리고 기독교와 선에서는 이 관계가 어떻게 달라지는가? 기독교에서는 객관적인 교리가 시대적으로 보거나 높은 위치로 보거나 늘 우월했다. 선에서는 체험이 항상 우월했는데, 이는 시대적으로도 그렇고 중요성에서도 그렇다. 기독교는 초자연적인 계시에 기반을 두고 있는 반면에, 어떤 계시에 대한 관념이든 모두 폐기하고 (적어도 글로 된) 성스러운 전통에 대해서는 대단히 독립적인 견해를 취하는 선은, 존재에 대한 자연적인 존재론적 입장을 관철하는 길을 찾기 때문이다.

기독교는 용서와 신성을 구하는 종교이므로 하나님에 전적으로 기댈 수밖에 없다. 선은 쉽사리 종교로 분류할 수 없으며(선은 사실 쉽게 그 어떤 종교의 자장에서도 떨어져 있어 아마도 비불교적인 종교 또는 종교가 아닌 어떤 토양에서도 번성할 수 있다) 모든 불교가 그렇듯이 어떤 경우라도, 구원과 깨달음을 갈망하는 경우조차도 인간을 완전히 자유롭고 독립적으로 만들려고 분투한다.

무엇으로부터의 독립인가? 자신의 본성과 영혼에 다가가 풍부하게 활용하려고 하는 시도를 막는 모든 외적인 도움과 권위로부터.(중국과 일본의 선은 극단적으로 훈육적이고 권위적인 문화 속에서 번성했다. 그러므로 그들이 '자율'을 강조하는 것은 사실 궁극적인 동시에 겸허한 내적 자유의 발견을 뜻한다. 이는 선사들이 풍부하게 드러낸 여러 방법들처럼 극도로 엄격하고 위엄 넘치고 권위적인 수행으로 모든 가능성을 다 소진한 뒤에야 가능하다.)

반면 기독교에서도 경험이 대단히 중요하다는 사실을 무시해서는 안 된다는 말을 반복하고 싶다. 하지만 기독교의 경험은 언제나 특별한 양식을 지녔다. 이는 그리스도의 신비와 그리스도의 몸인 교회의 집합적인 삶에서 조금도 떨어질 수 없기 때문이었다. 신비주의의 관점이든 아니든 그리스도의 신비를 체험하는 일은 언제나 단순히 개인의 심리적인 차원을 초월하는 것이었고 '교회와 함께 신학적으로 체험' 하는 일이었다(sentire cum ecclesia).

다시 말하면, 이런 체험은 언제나 반드시 어떤 식으로든 신학적 형태로 환원되어 교회의 나머지 구성원들과 공유될 수 있거나 교회의 나머지 구성원들이 경험하는 것과 공유한다는 것을 보여주어야 했다. 그러므로 기독교인의 경험을 적은 기록은 자연스레 다른 기독교인들이 쉽게 다가갈 수 있는 언어와 상징으로 이루어져 있다. 이는 아마도 때로 무의식 중에 즉각적으로 사용할 수 있도록 표현할 수 없는 것들도 익숙한 상징으로 번역했다는 사실을 뜻한다.

하지만 선은 쉽게 소통되려는 유혹에는 그 어떤 것이라도 단호하게 맞선다. 선의 가르침과 수행이 담고 있는 어마어마한 역설과 거친 행동은 제자들의 짐작된 '경험' 아래에 도사린 준비된 설명과 편안한 상징의 기초를 날려버리는 데 그 목적이 있다. 기독교의 경험은 이미 갖추어진 신학적·상징적 패턴에서 벗어나지 않는 한 접근이 가능하다. 선의 경험은 절대적인 독자성으로만 다가갈 수 있다. 그럼에도 이 경험은 어느 정도 소통되어야 한다.

먼저 스승과 제자 사이에 무엇이 전달되는지 깨닫지 못하고서는 그들 사이에 어떻게 선적인 경험이 오가고 드러나는지 이해할 수 없다. 만약 뜻하려는 바가 무엇인지 알지 못하면, 뜻 없는 이상한 방법만 눈에 보이게 되므로 우리는 완전히 당황한 상태로 처음 시작할 때보다 훨씬 더 캄캄한 어둠 속에 들어가게 될 것이다.

선에서 소통되는 것은 메시지가 아니다. '주님의 말씀' 일 수도 있겠으나, 단순히 '말씀' 은 아니다. 그것은 '무엇' 이라고 할 수 없다. 듣는 사람이 아직 갖지 못한 '새로운' 것이 아니다. 그가 아직 알지 못하는 것을 가르쳐주는 것이 아니라는 소리다. 선이 전하고자 하는 것은 이미 잠재해 있으나 미처 의식하지 못했던 각성이다. 선은 선교가 아니라 깨달음이며, 계시를 전해 받는 것이 아니라 의식意識을 알아차리는 것이기 때문에 그 목적은 하나님 아버지가 아들을 이 세상에 보내 알려주려던 새 소식에 있는 것이 아니라 세상의 한가운데, 지금 여기에 있는 우리 존재를 깨닫게 하는 데 있다.

앞으로 논의를 계속하면서 그 존재의 근거에 대한 초자연적인 선교와 형이상학적인 직관은 절대 양립할 수 없다는 사실을 알게 될 것이다. 이 둘은 서로 빈 곳을 잘 메워 준다. 이런 이유로 선은 기독교 신앙, 엄밀하게 말해서 기독교 신비주의와 완벽하게 조화를 이룬다.(만약 우리가 순수한 형태의 선을 형이상학적인 직관으로 이해할 수 있다면.)

이것이 사실이라면, 중국 선사들이 "선은 무엇도 가르치지 않는다"라고 말한 내용을 완벽하게 논리적으로 인정할 수 있다. 중국의 위대한 선사이며 후에 조사 자리에 오른 혜능慧能(7세기)에게 한 제자가 중요한 질문을 던졌다.

"제5대 조사의 뜻은 누가 전해 받았습니까?"(다시 말해, "지금은 누가 조사입니까?")

혜능이 대답했다.

"불법을 아는 사람이니라."

제자는 요점을 다시 말했다.

"그럼 스님께서 전수 받았습니까?"

혜능이 말했다.

"아니다."

"왜 아닙니까?"

제자가 물었다.

"나는 불법을 알지 못하기 때문이다."

이 이야기는 혜능이 조사 자리를 인계 받았다는 사실, 또는 가장 전통적인 선을 가르칠 수 있는 통솔력을 지녔다는 사실을 정확하게 보여준다. 혜능은 제자들에게 부처의 깨달음을 전할 자격을 갖추었다. 만약 이 깨달음을 지니지 못한 사람들에게 권위적인 가르침으로 이해시키겠다고 주장했다면, 혜능은 다른 것, 다시 말하자면 깨달음에 관한 교의를 가르쳤을 것이다. 혜능은 자신이 이해한 선에 대한 메시지를 전파할 수도 있었는데, 만약 그랬다면 선이 무엇인지에 대해 다른 사람들의 정신을 각성시키지 못하고 대신에 자신이 이해한 바를 강제로 가르치려고 들었을 것이다. 이는 깊은 존재론적인 각성과 깨달음의 근거인 직관적 지혜(般若)를 일깨운다는 선의 참된 목적과 양립할 수 없는 것이기 때문에 이런 종류의 일들을 선은 견디지 못한다. 사실 반야에 대한 의식이 아무리 순수하다고 해도 그것이 반야를 이해하는 의식인 한에는 순수하지도 않고 즉각적이지도 않다.

그러므로 선이 사용하는 언어는 어떤 의미에서는 반언어反言語이며 선의 '논리'는 철학적 논리에 대한 근본적인 파기다. 의사소통에 관한 인간의 딜레마는 말과 기호를 거치지 않고는 일상적으로 소통할 수 없다는 점인데, 그런 일상적인 경험에서도 머리로 생각해 말로 표현하게 되면 왜곡되는 경우가 많다.

언어라는 편리한 도구를 사용하게 되면 우리의 생각을 사전에 규정해 논리적인 전제와 언어 규칙에 맞게 생각을 고치려고 하기 십상이다. 사물과 진실을 있는 그대로 보지 않고 이미 마음속에 만들어 놓은 문장에 비추어 검증한 뒤, 바라본다. 그리하여 사물만을 바라보는 방법을 망각한다. 대신에 그 자리에 사물에 관한 언어와 공식을 채워 넣은 뒤, 자기가 생각하는 대로 진실들을 바라볼 뿐이다.

선은 우리가 직접 바라볼 수 있도록(直觀) 우리 마음 안에 존재하는 그럴 듯한 '리얼리티'를 파괴하기 위해, 또한 선입견을 날려버리기 위해 언어를 사용한다. 비트겐쉬타인이 말한 것처럼 선은 "생각하지 마라. 보라!"고 말하고 있다.

선의 직관은 경험만을 중시하고, 항상 되짚어보고, 안다고 생각하고, 하려고 들고, 말로 표현하려는 아집 너머의 형이상학적인 직접 의식을 일깨우는 방법을 찾는 까닭에, 이 의식은 즉시 그 스스로 드러날 뿐이지, 개념을 따지고 되짚어보고 상상을 발휘하는 그 어떤 지식도 거치지 않는다. 그런 까닭에 선은 부정하는 것이 하나도 없고 오직 긍정할 뿐이다. 스즈키 다이세츠는 이렇게 썼다.

"선은 항상 삶의 가장 가운데 있는 것을 파악하려고 노력한다. 이는 지식인들이 해부한다고 해서 알 수 있는 것이 아니다. 삶의 핵심을 파악하기 위해서 선은 일련의 부정법을 내세울 수밖에 없다. 하지만 이런 부정이 선의 정신은 아니다."

또한 스즈키는 선사들은 긍정도 부정도 하지 않았고, 다만 행동이나 말을 통해 선을 터뜨리는 명료한 사실적 방식으로 말하고 행동했을 뿐이라고 언급했다.

선의 요체가 파악되었을 때, 이는 실제적인 것(이 경우에는 뺨 때리기)으로 드러난다. 여기에는 부정도, 긍정도 없고, 명료한 진실, 순수한 경험, 우리 존재와 사고의 근거가 있을 뿐이다. 가장 활발한 정신 활동의 한가운데에 간절히 원하는 고요와 텅빔이 존재한다. 외적인 것이거나 관습적인 것은 그 무엇이라도 없애버려라. 선은 맨손으로 잡는 것이니 장갑은 필요 없다.[주2]

우리가 깨어나고 각성할 수 있는 까닭은 "선은 무엇도 가르치지 않는다"는 데에 있다. 선은 가르치지 않고 다만 가리킬 뿐이다.[주3] 선사들의 행동과 몸짓은 자명종의 소리일 뿐이다.

선사들과 그 제자들의 모든 말과 행동은 이런 맥락에서 이해된다. 대개 선사들은 제자들이 보거나 보지 않는 '단순한 진실들을 보여줄' 뿐이다.

이성적인 태도로는 절대 이해할 수 없는 선에 대한 이야기들은 대부분 자다가 자명종 소리를 듣게 된 사람을 연상하면 된다. 보통 잠든 사람의 반응이라면 자명종을 끄고 계속 자려고 할 것이다. 때로는 늦잠을 잤다는 사실에 침대에서 벌떡 일어나 소리를 지를지도 모른다. 또는 전혀 자명종 소리를 듣지 못했다는 듯이 계속 잘 수도 있다.

그것을 뭔가 다른 것을 뜻하는 신호로 받아들인다면 그것은 제자가 헷갈렸다는 뜻이다. 스승은 (다른 진실을 거론하며) 제자가 그것을 깨닫도록 노력할 것이다. 때로는 다른 것을 깨달으면 그것도 깨닫게 되리라는 건 완전히 잘못된 길인데, 제자가 이를 깨닫는 수도 생긴다. 먼저 말하자면, 물론 그 진실을 제외하고는 먼저 깨달아야 하는 일은 없다. 그 진실이 무엇인가? 답을 알고 있다면 당신도 깨어 있다. 자명종 소리를 듣는다는 진실 말이다!

하지만 매우 자기중심적이라 모든 사물을 필요에 따라 전용하는 문화 속에서 살고 있는 까닭에 서구인들은 언제나 하나의 사물에서 다른 사물로, 원인에서 결과로, 처음에서 둘째를 거쳐 마지막까지 갔다가 다시 처음으로 움직인다. 모든 것들은 다른 어떤 것들을 지시하기 때문에 서구인들은 어디에서도 멈추지 못한나. 멈추자마자, 에스컬레이디에서 내리자마자 서구인들은 다른 에스컬레이터를 찾는다. 그냥 존재하는 것 자체가 그 목적이 되는 것은 하나도 없다. 신비롭게도 모든 것은 다른 무언가를 가리킨다. 특히 이런 방식으로 생각하는 사람들에게 선은 좌절을 안긴다. 선적인 '진실'들은 우리가 달려가는 길에 떨어진 나무와 같아서 우리를 막아버린다.

기독교에도 그런 진실은 있다. 예컨대 십자가다. 부처의 '불의 설교'가 주변에 모였던 제자들의 정신을 단번에 바꿔놓은 것과 같이, '십자가의 말씀'은 삶과 다른 사람들과의 관계와 주변 세계의 의미를 파악하는 새로운 관점을 던져 놓았다.

이 두 경우에서 '진실'은 단순히 비개인적이고 객관적인 것일 뿐만 아니라 개인의 경험에서 나오는 것들이다. 불교와 기독교는 공히 매일매일 일상을 영위하는 인간의 존재를 단번에 깨달음을 얻게 하는 재료로 여긴다. 매일매일 일상을 영위하는 인간의 존재는 혼란과 고통으로 가득하므로 인식과 이해를 변형시켜 사랑 안에 있는 '지혜'를 얻기 위해서는 혼란과 고통을 잘 이용해야 한다. 불교와 기독교가 고통에 대한 다양한 관점만을 제공할 뿐이라거나, 이 피할 수 없는 진실 위에 세워진 정당화이자 신비화라고 생각하면 심각한 잘못이다.

그와 반대로 두 종교는 고통에서 벗어나기 위해 이를 설명하고자 하는, 혹은 그런 설명 자체가 탈출구가 되리라고 생각하는 사람들에게 무엇보다도 이 고통은 설명이 불가능하다는 사실을 보여 준다. 고통은 하나의 '문제'가 아니므로 자신의 외부에 놓고 다룰 수 있는 것이 아니다. 저마다 자신의 방식으로 이에 대처하는 기독교와 불교의 관점에서 볼 때, 고통이란 지극히 '나'와 동일화된 것이며 경험론적인 것이기 때문에 고통에 대해 우리는 선에서 말하는 '위대한 죽음'과 기독교에서 말하는 '그리스도 안에서 죽어서 들리는' 식으로 변형되기 위해 모순과 혼란의 한가운데로 곧장 빠져드는 일밖에 할 수 없다.

그렇다면 이제 선이 다루는 알쏭달쏭하고 애태우는 진실로 다시 돌아가자. 선사와 제자들 사이의 관계에서 가장 일반적으로 부딪히게 되는 진실은 제자의 좌절이다. 제자는 아무리 의지를 보이고 머리를 굴리더라도 다가갈 수 없는 곳이 있다는 것을 알게 된다. 선사들의 말은 대부분 이런 상황에 대한 것인데, 이때 선사들은 제자가 자신과 그 능력을 근본적으로 잘못 경험하고 있다는 사실을 전달하려고 애쓴다.

마조馬祖의 스승인 회양懷讓은 이렇게 말했다.

"달구지가 멈추면, 달구지를 때려야 하느냐, 황소를 때려야 하느냐?"[주4]

이렇게 말한 뒤, 회양은 덧붙였다.

"도를 만들어 보겠다거나 만들지 않겠다거나, 도를 모아 보겠다거나 흩어지게 한다거나 하는 식으로 도를 바라보게 되면, 진실로 도를 바라볼 수 없게 되느니라."[주5]

달구지를 때리느냐, 황소를 때리느냐고 묻는 이 말이 잘 이해되지 않는다면, 같은 말을 다른 방식으로 행하는 다른 문답을 살펴보자.

한 중이 백장百丈에게 물었다.

"누가 부처입니까?"

백장이 대답했다.

"누가 너냐?"

한 중이 반야般若가 무엇인지 알고자 했다. 뿐만 아니라 마하반야(절대 지혜)에 대해서도 알고 싶어 했다. 스승은 무심하게 대답했다.

"눈이 펑펑 내리니 사방이 온통 흐릿하도다."

중은 아무런 말도 못했다.

스승이 물었다.

"이해했느냐?"

"아니오. 스승님. 이해하지 못했습니다."

그러자 스승은 제자를 위해 노래를 지었다.

마하반야라
가질 수도 버릴 수도 없는 것인 걸
그럴 수 없는 것이 절대 지혜라는 것을 안다면
바람은 차고 눈은 쏟아지는 것이지

그 중은 바라보아야 할 때 이해하려고 노력했던 셈이다. 선의 신비하고 암호 같은 말들은 불교의 '유심唯心', 즉 각성이라는 전체 맥락에서 바라보면 훨씬 간단해진다. 이는 '있는 그대로 바라보는 일(直觀)'을 가능하게 하는 가장 근본적인 방법이다. 있는 그대로 바라본다는 것은 어떤 설명도, 해석도, 판단도, 결론도 내놓지 않고 그저 거기에 있는 것을 바라보는 일이다. 이런 식으로 보는 훈련을 하는 것은 불교 명상의 가장 기본적이고 근본적인 수행법이다.[주8]

어떤 이해도 불가능한 지점에 도달한다고 해도 이를 괴로워할 필요가 없다. 이는 이제 생각을 멈추고 바라보라는 신호에 불과하다. 결국 거기에는 머리로 알아내야만 할 것이 더 이상 없는 것이다. 아마도 필요한 것은 그냥 깨어나는 일일 것이다.

한 중이 말했다.

"스승님을 모신 지 여러 해가 지났건만, 아직도 스승님의 길을 이해하지 못하겠습니다. 어찌 하오리까?"

스승이 말했다.

"이해하지 못하는 거기를 바로 이해하면 되느니라."

"이해 불가능한데 어찌 이해가 가능하겠습니까?"

스승이 말했다.

"암코끼리가 새끼를 낳으니 온 바다에 먼지 구름이 이는구나."[주9]

더 전문적인 언어로, 그러므로 우리한테는 더 쉽게 이해되는 언어로, 스즈키는 이렇게 표현했다.

"반야는 순수한 행동, 순수한 경험이다. 반야에는 확실히 지성적 요소가 있다. 하지만 반야는 이성적이지 않다. 반야의 특징은 순간적이라는 것이다. 일상적인 직관과 혼동해서는 안 된다. 반야의 직관에는 직관으로 알아차려야 할 특정한 대상이 없다. 반야의 직관에서 직관의 대상은 정교한 이성적 과정을 거쳐 얻어진 개념이 절대로 아니다. 이는 '이것'도 절대로 아니고 '저것'도 절대로 아니다. 거기에 특별한 대상을 갖다 붙이는 것을 거부한다."[주10]

이런 끼닭에 스즈키는 반야의 직관이 "우리가 종교적·철학적 논문에서 일반적으로 얻어내는 직관", 그러니까 신이나 절대자가 직관의 대상이 되고 "주관과 객관이 일치된 상태가 찾아오는 것으로 완성되는 직관 행위"주11와는 다르다고 결론 내린다.

여기서 거론된 매우 흥미롭지만, 한편으로는 복잡하기 짝이 없는 질문들을 세세하게 토론하는 것은 어울리지 않는다. 다만 선은 '대상'으로 신을 갈구하는 종교적, 그게 아니라면 신비적 직관 같은 것이 절대로 아니라는 정도만 말해야겠다. 또한 사실 이 글의 말미에 가면 스즈키가 에크하르트의 신비주의적 직관이 반야와 같은 것이라고 말하면서 이 의견에 동의하는 것을 보게 될 것이다.

이 의문은 차치하고서라도, 우리가 위에서 인용한 것처럼 선에서 하는 말들을 철학적으로 혹은 교리적으로 해석하려고 든다면 완전히 빗나간 것이라는 점을 밝히고 싶다. 절대적인 것에 대한 질문의 답변으로 백장이 내리는 눈을 가리켰다고 해서, 마치 내리는 눈이 곧 절대적인 것이라고 한다거나, 내리는 눈이라는 대상이 있으니, 이를 대상화해서 절대적인 것을 인식할 수 있다고 하는 범신론적인 입장을 보인 것이라고 한다면 완전히 선을 잘못 본 것이다. 선이 범신론을 가르친다고 생각하는 것은 선이 무언가를 자꾸만 설명하려고 한다는 뜻이다. 다시 말하지만, 선은 무엇도 설명하지 않는다. 선은 그저 본다. 무엇을? 대상으로서의 절대적인 것이 아니라 절대적으로 보는 것을.

분명한 메시지를 지닌 기독교와는 상당히 멀리 떨어진 관점처럼 보이지만, 그럼에도 성경에도 직접적인 경험의 중요성이 나온다는 것을 기억해야 하겠다. 특히 종교계, 특히 하느님이 관련된 종교에서 안다고 할 때는 얼마나 경험적인 것이며 얼마나 친밀한 접촉이었느냐가 관건이다. 성경에 나오는 '안다'라는 표현이 어느 정도는 '성 행위'를 포함하고 있다는 사실을 다들 잘 알고 있으리라.

구약성서에 등장하는 예언자들의 경험에서 선과 비슷한 양상을 찾아내는 일은 이 글의 목적이 아니다. 그들의 경험은 분명 선에서 말하는 진실만큼이나 사실적이고 실존적이고 어리둥절하긴 하다. 또한 이 글에서는 신약성서에도 직접적인 경험의 중요성을 드러낸 부분이 있다는 사실만 간략하게 살펴보아야 겠다. 물론 성령의 계시가 나오는 부분은 모두 그렇다. 이 신비로운 선물 안에서 하느님은 믿는 자 안에서 자신을 알고 사랑하기 위해서 그와 하나가 된다.

〈고린도전서〉의 처음 두 장에서 바울은 지혜를 두 가지로 구분한다. 하나는 말씀과 진술의 지혜, 이성적이고 변증법적인 지혜이고, 다른 하나는 역설과 경험 모두에 속하는 동시에 이성의 영역을 넘어서는 지혜다. 이 영적인 지혜를 얻기 위해서는 '언어의 지혜'에 대한 노예적인 의존에서 벗어나야 한다(〈고린도전서〉 1장 17절). 이 해방은 뻔한 관점과 사고방식에만 집착하는 사람들은 전혀 이해할 수 없는 십자가의 말씀으로 얻어지며 하나님이 '현자의 지혜를 부수는' 방편이다(〈고린도전서〉 1장 18~23절).

십자가의 말씀은 사실 철학을 지닌 그리스인들과 잘 해석된 율법을 지닌 유대인들 모두를 당황하게 하고 어리둥절하게 만들었다. 하지만 말로 만든 공식과 개념 체계에 더 이상 의지하지 않는 사람에게 십자가는 '힘'의 원천이 된다. 이 힘은 '하느님의 어리석은 자들'로부터 나오는 동시에 '어리석은 도구', 즉 사도들을 이용한다(《고린도전서》 1장 27절). 다른 한편, 이 역설적인 '어리석음'을 받아들이는 사람은 자기 안에 비밀스럽고 신비한 힘이 있다는 사실을 경험하게 된다. 이는 완전히 새로운 삶과 새로운 존재를 얻게 된 그의 안에서 살아가는 그리스도의 힘이다.(《고린도전서》 2장 1~4절, 1장 18~23절, 〈갈라디아서〉 6장 14~16절)

그러므로 기독교인에게 십자가의 말씀은 단순히 신학적인 것이 아니라 그리스도의 부활을 함께 경험하기 위해 그의 죽음에 동참하는 온전하고 실존적인 경험이라는 점을 반드시 기억하도록 하자. 충분히 십자가의 말씀을 경청하고 받아들인다는 것은 그리스도가 우리 죄를 대신해 죽었다는 교리에 동의하는 것 이상의 의미다. 이는 아집에 가득 찬 '내'가 우리 안에 살아 있는 그리스도로부터 나온 행동 원리의 중심일 수 없도록 '그리스도와 함께 십자가에 못 박힌다'는 것을 뜻한다. "나는 살아가되 이제 내가 아니라 내 안에 그리스도가 살아가노라."(《갈라디아서》 2장 19~20절, 〈로마서〉 8장 5~17절).

십자가의 말씀을 받아들인다는 것은 '죽음에 복종'(《빌리보서》 2장 5~11절)한 그리스도가 자신을 완전히 비워낸 것과 마찬가지로 케노시스kenosis, 즉 자신을 완전히 비워내는 데 동의한다는 뜻이다. 참된 기독교라면 이런 십자가의 경험과 자기를 비워내는 일이 기독교인의 삶에서 중심이 되어야 한다고 주장한다. 왜냐하면 그래야만 기독교인은 성령을 완전히 받아들여 (다시 한 번 경험으로) 하느님 안에 있는 모든 부를 알게 될 것이며 그리스도를 통하게 되기 때문이다.(《요한복음》 14장 16~17절, 26절, 15장 26~27절, 16장 7~15절)

"오직 생각만으로는 절대로 넘어갈 수 없는 문지방들이 있다. 경험이 필요하다. 가난과 병의 경험이다."[주12]라고 말했을 때, 가브리엘 마르셀은 간단한 기독교적인 진리를 선에 어울리는 말로 한 셈이다.

기독교는 맹목적이고 순종적인 신앙에서 지적으로 종교적인 메시지를 받아들이는 것 이상이라는 사실을 잊지 말아야 한다. 이렇게 해서는 그 메시지가 무엇을 말하는지 전혀 이해하지 못한 채, 그저 교회라는 이름으로 전문가들이 외부에서 권위적으로 해석해 서로 전한 것밖에는 받아들이지 못한다. 그와 반대로 믿음은 교회의 삶 깊숙이 들어가는 문이다. 교회의 삶은 권위적인 가르침에 다가가는 일만 뜻하는 것이 아니라 무엇보다도 깊은 개인적인 경험으로 들어가는 일이다. 이 경험은 혼자만의 것인 동시에 그리스도의 몸으로, 그리스도의 영혼 안에서 공유된다.

바울은 성령을 두고 하느님에 대한 이런 지식을 한 인간이 자신에 대해 가지는 주관적인 지식과 비교한다. 자신의 '영혼'을 알지 못하고 내면의 '나'를 알지 못하듯이 성령을 거치지 않고 하느님을 알 수는 없다. 하지만 이 성령은 하느님이 우리 안에 있는 자신을 알아차리는 것과 마찬가지로 우리에게 주어지며 이 경험은 전적으로 사실적이다. 비록 이를 공유하지 못하는 자들에게는 이해시킬 방법이 하나도 없지만(《고린도전서》 2장 7~15절을 보라). 이어서 바울은 이렇게 결론 내린다.

"우리에게는 그리스도의 마음이 있다."(《고린도전서》 16절)

이제 우리가 불교의 반야를 '부처의 마음을 지니는 일'이라고 설명할 수 있다면, 불교와 기독교의 종교적 체험 사이에 유사점이 있을 수 있다고 생각할 수 있겠다. 물론 순수한 경험의 차원이 아니라 교리의 차원에서 말하는 우를 범하긴 했다. 하지만 교리는 경험에 관한 것이다. 여기에서 더 논의를 진전시키기는 곤란하다. 하지만 다음에 나오는 에크하르트의 글(이 글은 전적으로 정통적이고 전통적인 가톨릭 신학을 보여준다)을 읽으며 이 글이 "반야의 직관과 같다"주13고 한 스즈키의 이야기는 중요하다.

"사랑을 우리에게 주시며 하느님은 성령도 주시었으니, 우리는 하느님이 자신을 사랑하는 것과 똑같이 하느님을 사랑할 수 있게 되었다."

우리 안에 있는, 성령 안에서, 하느님 아버지를 사랑하는, 그 아들을 스즈키는 선적인 말로 번역했다.

"한 거울이 다른 거울을 비추니 둘 사이에 그림자가 없다."주14

스즈키는 즐겨 에크하르트의 글을 인용했다.

"내가 하느님을 보는 그 눈으로 하느님이 나를 본다."주15

이는 선에서 말하는 반야의 의미와 꼭 같다.

선적인 용어로 설명한 스즈키 박사의 해석이 신학적으로 완벽하든 완벽하지 않든, 더 눈여겨 볼 점들이 있다. 물론 그럼에도 더 눈여겨 볼 점이 있다는 말이 잘 이해되지 않겠지만. 여기서 우리에게 중요한 것은 기독교 신비주의와 직관적으로 친근함을 느끼는 이 해석 자체가 매우 함축적이고 흥미롭다는 점이다.

더 나아가 선을 공부한 일본 사상가가 기독교 신학에서 가장 난해하고 어려운 신비에 그토록 열려 있다는 점이다. 이는 삼위일체의, 기독교인과 교회 안의 '성스러운 인간(Divine Persons)'이라는 사명의 교리다. 이는 기독교와 선의 유사성과 소통가능성을 실질적으로 따져보게 되면, 그것이 심리학적이거나 금욕적이라기보다는 신학적인 것이 되리라는 사실을 알려 준다. 적어도 배제하는 신학이 아니라 기독교인이 묵상을 통해 경험하게 되는 신학임에 틀림없다. 책에 나오는 사변적인 신학이 결코 아니다.

이 간단하고 보잘 것 없는 글이 기독교의 경험과 선의 경험을 '비교하려고' 한 것은 절대로 아니다. 분명히 언젠가는 둘 사이에 공통점을 발견하게 되리라는 종교적 희망을 피력하는 수밖에 없다. 하지만 내 글을 읽고 기독교인이나 서구인들이 열린 마음으로 이 책을 펼칠 수 있다면, 잠시라도 판단을 내리려는 생각을 멈추는 데 일조할 수 있다면, 그리하여 선이란 난해하고 괴상한 것이라 지금 우리에게는 아무런 도움도 되지 않고 중요하지 않다고 생각하지 않게 된다면 그걸로 충분하다.

선이 서구인들에게 가르쳐 주는 것은 참으로 많다. 최근에 책[주16]을 펴내 큰 호응을 받은 돔 앨리드 그래엄은 선에는 서구인의 종교 수행에 들어맞는 것이 참으로 많다고 지적했다. 선이 수행 과정에서 적절하지 못했던 분위기를 바꾸는 데 적합하며 영적 생활을 이해하는 데 건강하고도 자연스럽게 균형을 잡아주는 것은 분명하다.

하지만 선은 그 간단한 진실로 파악해야만 한다. 인간 존재에 대한 정신없고 비밀스러운 해석으로 생각하거나 상상해서는 안 된다.

선을 진실로 이해하게 된 서구인들은 거의 없지만, 이 신선하고 자극적인 기운에 젖어보는 것도 큰 가치가 있으리라. 불교적 지혜의 본질을 알아가는 데 이 책은 참으로 큰 노움을 줄 것이다. 그것도 선의 황금시대에서 나온 지혜이니 말이다.

1966년 6월
겟세마니 수도원에서

주註

1 스즈키 다이세츠, 《신비주의 - 기독교와 불교》 48쪽
2 스즈키 다이세츠, 《선 불교 입문》 51쪽
3 앞의 책, 38쪽
4 5장 '마조 도일' 참조
5 앞의 책, 93쪽
6 5장 '백장과 황벽' 참조
7 스즈키, 《선 불교 입문》 99~100쪽
8 니야나포니카 테라 - 콜롬보, 《불교 명상의 핵심》 참조
9 스즈키 다이세츠, 《선 불교 입문》 116쪽
10 스즈키 다이세츠, 《선 공부》 87~89쪽
11 앞의 책, 89쪽
12 A. 겔린, 《Les Pauvres de Yahve》 57쪽에서 재인용
13 《신비주의》, 40쪽. 에반스 번역본에서 인용한 문장 재인용
14 앞의 책, 41쪽
15 앞의 책, 50쪽
16 돔 앨리드 그레이엄, 《선 카톨릭》

덧붙이며

추억 속의 스즈키 다이세츠 박사

존 C. H. 우

1949년부터 1951년까지 나는 하와이대학교 중국철학과 문학 전공 초빙교수로 재직했다. 내가 가르친 학생 중에서는 리처드 드 마르티노가 뛰어났는데, 이 친구는 스즈키 다이세츠(鈴木大拙) 박사 밑에서 개인적으로 선 불교를 공부하고 있었다. 리처드의 소개로 나는 스즈키 박사와 즐거운 만남을 가질 수 있었다. 처음 본 순간부터 스즈키 박사는 단순히 철학을 가르치는 사람이 아니라 자신의 철학대로 사는 사람이라는 사실을 알 수 있어 인상적이었다.

그 즈음에 그가 쓴 《선생활禪生活》이 출판되었다. 스즈키 박사가 소개한 마조, 조주, 임제, 운문 등의 오묘한 통찰에 나는 그냥 빠져들었다. 그때까지 선에 대한 나의 인식은 육조 혜능의 《법보단경法寶壇經》이 전부였다. 그 몇 년 전 《법보단경》을 읽어보고 나는 이 책이 공자의 《논어》,

노자의《도덕경》과 함께 중국 역사상 가장 뛰어난 지혜를 담은 책이라고 생각하게 되었다. 하지만《선생활》을 읽어본 뒤에야 나는 비로소 혜능의 통찰이 미친 영향과, 더 나아가 뒤이은 위대한 선사들이 발전시킨 선의 독특한 향기를 맛볼 수 있었다. 그 다음부터 선에 관한 책들을 읽는 것이 가장 큰 즐거움이 되었고, 말로 표현할 수 없는 그 매력에 나는 점점 더 빠져들었다.

스즈키 박사와는 호놀룰루에서 다시 만나게 되었다. 1959년 여름, 하와이 대학교에서 제3회 동서 철학자 대회가 열렸다. 우리는 둘 다 패널로 참가했다. 어느 날 밤, 스즈키 박사가 일본인들의 삶의 철학에 대해 발표하고 있었다. 발표 중간에 그가 "일본인들은 유교식으로 살고 불교식으로 죽는다"라고 말하는 소리를 들었다. 그 발언에 나는 깜짝 놀랐다. 어느 정도는 중국인들에게도 해당하는 이야기니까 그가 무슨 말을 하려는지는 알 수 있었다. 그럼에도 여기에는 약간의 과장이 있다고 생각했기 때문에 서양 친구들이 이해하기 쉽도록 말을 좀 바꾸고 더 정확하게 규정할 필요가 있다고 나는 느꼈다. 그래서 스즈키 박사가 발표를 끝내자마자 사회자에게 질문할 기회를 달라고 했다. 발언 기회를 얻은 내가 말했다.

"일본인이 유교식으로 살아가고 불교식으로 죽는다는 스즈키 박사님의 견해가 무척 인상적이었습니다. 그런데 몇 년 전에 저는 아주 즐겁게 박사님이 쓰신《선생활禪生活》이란 책을 읽었습니다. 선은 불교의 한 종파가 아니란 말씀입니까? 스즈키 박사님은 선생활을 말씀하셨는데, 그럼 선으로 살아가는 일본인은 박사님뿐이란 말입니까? 만약 선으로 살아가는 다른 일본인이 있다면, '일본인은 유교식으로 살고 불교식으로 죽는다'라는 말은 좀 바꿔야만 할 것 같습니다."

(스즈키 박사가 가는 귀가 먹어) 사회자가 조심스럽게 내 질문을 스즈키 박사에게 전하는 동안, 모든 패널들은 긴장된 표정으로 지켜보았다. 하지만 사회자가 질문을 전하자마자 스즈키 박사는 진짜 선사들처럼 즉각적으로 대답했다.

"삶이 곧 죽음입니다!"

이 말은 대회장 전체를 떠들썩하게 만들었다. 분명히 내 덕분에 모든 사람들이 웃음을 터뜨렸다. 그 순간 나는 홀로 깨달았다. 스즈키 박사는 질문에 대답하지 않았지만, 그는 나를 더 높은 차원으로, 논리와 이성, 삶과 죽음을 넘어선 차원으로 끌어올렸다. 그 말이 정답이라는 것을 알려주기 위해 스즈키 박사의 뺨을 한 대 치고 싶었다. 하지만 존경하는 교수들이 너무나 많아 그렇게 하지 못했으니, 결국 나는 여전히 유교식으로 살아가고 있는 셈인가?

그 흥미로운 경험을 통해 나는 더욱 더 스즈키 박사에게 애정이 갔다. 스즈키 박사와 나는 마음이 일치했다. 많은 내 미국 친구들이 스즈키 박사가 내 질문에 대답하지 않았다고 말할 때에도 나는 질문에 대한 대답 이상의 것을 들었다고 말해 그 친구들을 어리둥절하게 만들었다. 동양의 철학자들이 서로 마음이 일치하는 순간에도 서양의 철학자들은 서로 동의하지 않았다고 보는 경향이 있다.

1964년 여름, 제4회 동서 철학자대회가 열린 호놀룰루에서 우리는 다시 만났다. 우리는 꽤 즐거웠고 헌신적인 비서인 오카무라 미호코 양이 우리 사진을 찍어주기도 했다. 내가 당나라 시대의 선사들을 주제로 '선의 황금시대'에 관한 책을 쓰고 있다고 말하자, 스즈키 박사는 매우 기뻐했다. 책에 서문을 써줄 수 있느냐고 내가 부탁하자, 박사는 흔쾌히 승낙했다. 쓰려고 준비한 내용 중 일부를 읽어본 박사는 끝까지 쓰라고 나를 격려했다.

    1965년 겨울 무렵, 나는 이 책을 거의 다 집필했다. 스즈키 박사에게 두 통의 편지를 보냈는데, 다음은 두 번째로 보낸 편지 내용이다.

스즈키 선생님께

《선의 황금시대》라는 제목의 책을 이제 막 탈고했다는 기쁜 소식을 알려드립니다. 44쪽 분량의 에필로그 부분을 동봉합니다. 선생님께 제일 먼저 보여드리는 겁니다. 에필로그 부분에 사적인 내용이 포함되어 있기 때문입니다. 게다가 휴가 기간에 읽기에 딱 어울리는 가벼운 내용이기도 합니다.
다른 부분은 다음과 같습니다.

1. 들어가는 말 - 달마대사에서 홍인까지
2. 육조 혜능 - 그의 삶과 뛰어난 제자들
3. 혜능의 근본적인 통찰 (지난 여름에 보여드렸던 부분입니다)
4. 마조 도일
5. 백장과 황벽

6. 조주 종심

7. 석두의 법통을 이은 뛰어난 선사들

8. 위산종의 창시자 위산 영우

9. 임제종의 창시자 임제 의현

10. 조동종의 창시자 동산 양개

11. 운문종의 창시자 운문 문언

12. 법안종의 창시자 법안 문익

13. 에필로그(동봉했습니다)

처음에는 후기 선종까지 모두 다룰 생각이었습니다. 하지만 선과 관련한 자료가 너무나 많아서 살펴보는 데만 적어도 5년은 걸릴 것 같습니다. 그러니 지금으로서는 중국 선의 역사를 모두 서술하기는 어려운 형편입니다. 당나라 시대의 선사들만 다뤘는데도 이미 300쪽이 넘습니다.

위에 적은 내용들은 모두 등사 인쇄했습니다만, 첫 장은 아직 쓰고 있는 중입니다. 선생님이 쓰신 《능가경楞伽經》에 관한 글 두 편을 읽고 있습니다. 털어놓자면, 다른 부분을 쓸 때도 선생님의 견해에서 참 많은 도움을 받았습니다. 역시 첫 장을 쓸 때도 선생님이 공들여 연구하신 것을 저도 공들여 공부해야겠습니다.

선생님의 통찰은 참 옳다고 생각합니다. 맹목적으로 따르는 것이 아니라 중국의 원전을 면밀히 공부해본 제 소감입니다. 모든 점에서 선생님과 제 생각이 일치합니다. 예컨대 선생님은 제임스 레그James Legge의 《장자》 번역본 소개글에서 노장의 도가 사상과 선이 본질적으로 유사하다고 말씀하셨는데, 이에 동의하지 않을 사람은 없습니다. 선종은 승조僧肇의 책에서 영향을 많이 받았습니다. 제가 보기에 승조는 장자를 깊이 이해한 사람입니다.

담장을 주시면 나머지 부분도 부쳐 드리겠습니다. 그리고 지난 여름에 쾌히 승낙하신 대로 선생님께 머리말을 받는 영광도 주셨으면 합니다.

대만에 있는 제 친구들이 손문孫文에 대한 영어 전기를 써달라는 편지를 보내왔습니다. 그래서 봄에는 타이페이(臺北)로 갈 예정입니다. 타이페이에 가는 길에 며칠 일본을 들를까 합니다. 그 때 선생님을 뵙고 싶은데 어떠신지요? 함께 벚꽃을 구경할 수 있으면 참 좋겠습니다.

에필로그 부분을 보시면 '스즈키 다이세츠의 선'이라는 개인적인 경험담이 나옵니다. 지난 여름, 철학자대회에 참가했던 친구들이 아직도 선생님이 제 질문에 답하지 않았다고 말하곤 합니다. 그래서 저도 할 말이 있어서 쓴 부분입니다.

에필로그를 읽어보시면 아시겠지만, 그 내용은 대부분 당나라 이후의 자료들에서 가려 뽑았습니다. 그래서 어느 정도는 마음이 놓입니다. 대혜大慧 종고宗杲에 대해 쓴 부분이 너무 심하지 않았나 걱정이 됩니다. 좀더 깊이 그를 이해한다면 생각이 달라질지도 모르겠습니다. 선생님은 어떻게 생각하시는지 궁금합니다.

토마스 머튼 신부는 저와 아주 친합니다. 최근에 머튼 신부는 《장자의 길》이라는 책을 펴냈습니다. 머튼 신부도 장자와 선에 대한 선생님의 의견에 동의하는 것을 듣고 아주 기뻤는데 그의 책에 이렇게 쓰고 있습니다. "장자의 사상과 정신을 진정으로 이어받은 사람들은 당나라 시대의 선 수행자들이다."

늘 행복이 가득하기를, 그리고 조주고불보다 더 만수무강하시기를 기원합니다.

1965년 12월 20일
존 C. H. 우 올림

추신 : 오카무라 양에게 새해 인사를 전해주시면 고맙겠습니다. 바쇼(芭蕉)의 하이쿠(俳句)를 중국어로 옮긴 것을 동봉합니다. 선생님도 좋아하시는지요? 더 많은 하이쿠를 중국어로 옮기고 싶습니다.

금년 2월, 나는 스즈키 박사에게 답장을 받았는데, 그때의 기쁜 심정을 어떻게 설명해야 할지 모르겠다. 내게는 둘도 없는 보물이므로 독자들에게 소개하고자 한다.

우 선생에게

두 통의 편지, 매우 고맙습니다. 받은 지 오래 되었으나 얼마간 집을 떠나 있었던 데다가 요즘은 시력마저 떨어져 편지와 원고를 잘 읽지 못했습니다. 작은 활자로 인쇄된 책은 더 말할 나위도 없지요. 그래서 이렇게 늦었습니다. 부디 게으름을 용서해 주세요.
'에필로그' 원고는 매우 흥미롭습니다. 개구리에 대한 바쇼의 시를 해석한 부분은 진정한 종교적 체험의 본질을 일깨워 주더군요. 타이완에 갈 때 일본에서 봤으면 합니다. 꼭 가마쿠라(鎌倉)에 오세요. 책에 대해서 개인적인 의견을 전해주고 싶습니다. 글로 쓰자면 시간이 너무 오래 걸려요. 언제쯤 오시는지 알려주세요.

곧 뵙기를 바랍니다. 모든 일이 잘 이루어지기를.

1966년 1월 30일

스즈키 다이세츠 올림

추신: 1959년 하와이에서 찍은 사진을 동봉합니다.

이 편지에서 말하는 '에필로그'를 여기에 인용하기에는 너무 길다. 하지만 스즈키 박사가 기뻐했다니 바쇼의 하이쿠가 담긴 부분은 옮겨놓고 싶다.

중국 선禪 문학文學에서 가장 자주 언급되는 구절은 다음과 같다.

영원토록 비어 있다가	萬古長空
하루아침에 바람과 달	一朝風月

이 구절은 그대로 우리를 창조의 새벽으로 이끈다. 영원의 자궁에서 태초의 시간이 움트는 장면만큼이나 사람의 가슴을 뛰게 만드는 것은 없다. 아무런 소리도 없이 끝없이 펼쳐진 공간. 그리고 눈 깜짝할 사이에

생명이 움직이고 모양과 색깔이 생겨난다. 어떻게 그런 일이 일어났는지 아는 사람은 없다. 신비 중의 신비다. 하지만 그런 신비가 있다는 사실을 눈치 채는 것만으로도 마음이 민감한 사람은 황홀한 즐거움과 호기심 속으로 빠져든다.

바쇼의 하이쿠(俳句) 속에 담긴 영원히 신비로운 비밀이 여기에 있다.

조용한 옛 연못
개구리 한 마리
풍덩 뛰었네

옛 연못은 "영원토록 비어 있는 공간"과 어울리고, 그 연못에 뛰어들어 풍덩 소리를 내는 개구리는 "하루아침에 바람과 달"과 같은 의미다. 시간을 모르는 침묵을 깨고 이를 노래로 만드는 일보다 더 아름답고 영혼을 흔드는 경험이 있을까? 게다가 하루하루는 모두 처음이자 마지막인 날들이니, 하루하루는 모두 창조의 새벽이다. 조물주가 있다면 그는 죽은 것들의 신이 아니라 살아 있는 것들의 신이다.

1966년 5월 1일, 뉴욕에서 비행기편으로 도쿄에 도착한 나는 가마쿠라에 사는 스즈키 박사를 만나기 위해 일주일간 머물렀다. 이 세 번째 만남에는 친척인 C.F. 리우와 비서 이케바가 함께했다. 우리를 맞이한 오카무라 양은, 스즈키 박사가 그 며칠 내가 오기만을 기다렸으며 지금까지 살아온 것이 헛되지 않다는 생각이 든다고 말할 정도로 우리의 우정을 높이 평가했다고 말했다. 그리고 만면에 웃음을 지은 그 분이 나와 동행들에게 인사하면서 나왔다. 그모습이 너무 좋아보여서 우리 모두는 정말 놀랐다. 나는 박사에게 《선의 황금시대》 원고를 건넸다. 박사가 서문을 쓰기로 했으니까. 박사는 고맙게도 내게 많은 책을 주셨다. 각고의 노력으로 펴낸 《법보단경》, 달마대사 관련 문헌 모음, 조주 어록 등이었다. 오카무라 양은 이번에도 우리 사진을 찍었다.

　스즈키 박사는 나보다 대혜 종고를 더 높이 평가하는 것이 분명했다. 박사는 대혜 종고의 글을 좋게 평가했고 내게도 더 읽어볼 것을 권했다. 그의 충고에 따라 대혜에 대한 내 생각은 좋아졌지만, 그럼에도 솔직하게 말하자면, 아직도 나는 대혜가 말이 너무 많다고 생각한다.

　우리는 오후 내내 스즈키 박사와 함께 있었는데, 나이에 비해 놀랄 정도로 왕성하다는 사실을 알게 되었다. 그러니 그로부터 두 달이 조금 지난 뒤 박사가 삶의 여행을 마감할 줄이야 어떻게 알았겠는가. 그 다음에 박사를 본 것은 꿈속이었는데, 그때까지도 조주에 대해서 말하고 있었다. 어쨌거나 박사의 말대로 사는 것이 곧 죽는 것이라면 죽는 것도 사는 것이리라.

　스즈키 박사는 참 사람이었다. 모든 시대, 모든 공간에 속할 분이다. 박사는 이제 영원으로 돌아갔다. 우리 모두에게 박사는 바람과 달이 있는 아름다운 날과 같다!

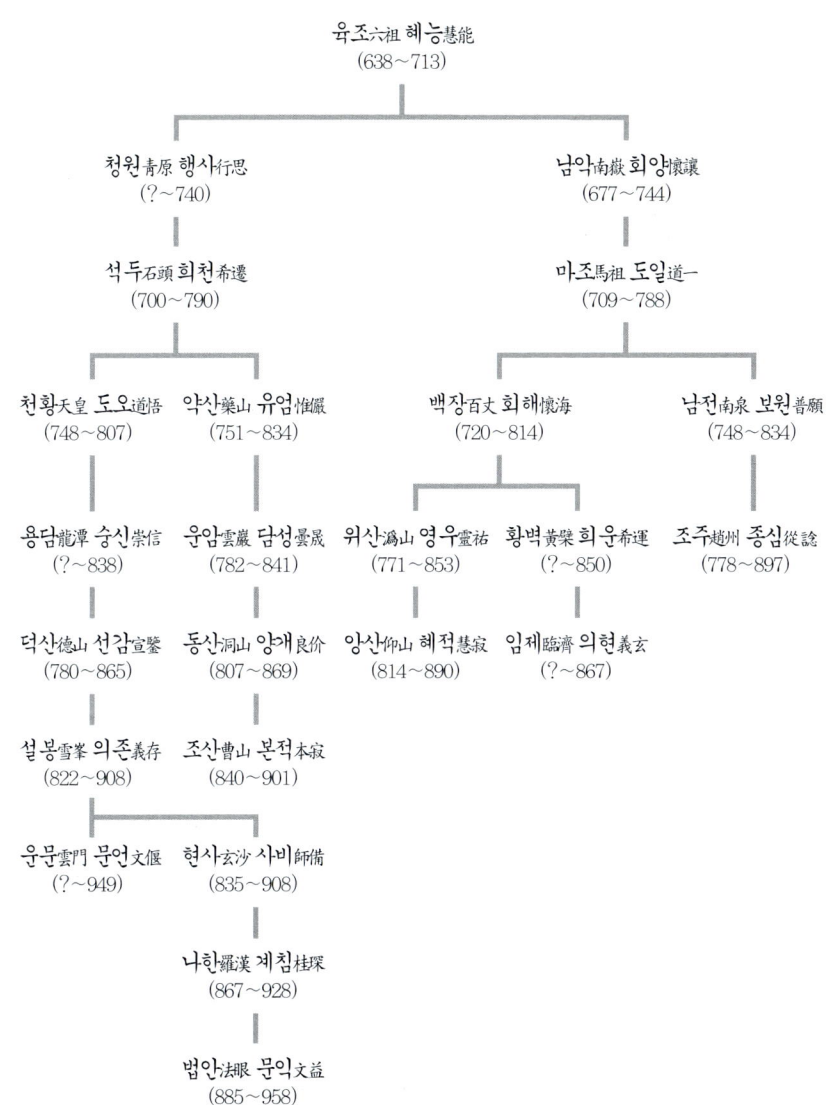

선의 불꽃을 이은 사람들

참고문헌

제1장 선의 기원과 의미

- 《지월록指月錄》 1권, 1868년 중간본
- 〈Development of Zen in China〉 in Briggs, 《Anthology of Zen》
- 〈History of Zen〉 in 《Essays in Zen Buddhism》, 스즈키, First Series, 1949
- 〈The Way of Chuang Tzu〉, 토마스 머튼, 1965
- James Legge 〈Texts of Taoism〉 중간본 서문
- 《장자莊子》의 〈인간세人間世〉 편과 〈대종사大宗師〉 편
- 〈America〉 4월호 특집, 1966
- Jacques Maritain의 〈Degrees of Knowledge〉의 '성 토마스와 십자가의 성 요한' 편
- 토마스 머튼의 〈The Way of Chuang Tzu〉에 대한 알렌 와츠 Allen Watts의 서평, 〈New York Times〉 Book Review, 1966년 4월 17일(토)
- 토마스 머튼 〈The Way of Chuang Tzu〉
- 《장자莊子》〈제물론齊物論〉
- 스즈키의 〈The Essentials of Zen Buddhism〉의 서문

제2장 처음 불 밝힌 사람들

- 《법보단경法寶壇經》중 〈결의문決疑門〉
- 《경덕전등록景德傳燈錄》 3권, 30권
- 스즈키의 〈Essays in Zen Buddhism〉 First Series
- 《지월록指月錄》 4권
- 노자老子의 《도덕경道德經》
- 승찬僧璨의 《신심명信心銘》

제3장 용이 용을 품고 봉황이 봉황을 낳다

- 《법보단경法寶壇經》〈자서품自序品〉
- 《지월록指月錄》 4권, 5권, 6권
- 《경덕전등록景德傳燈錄》 5권
- 호적胡適의 《신회화상어록神會和尙語錄》
- 《법보단경法寶壇經》〈부촉품付囑品〉

제4장 마음은 멈추지 않고 다만 흐를 뿐

- 《The Altar Sutra of the Sixth Patriarch》, Lu K'uen Yu, 런던 1962년
- 《The Platform Scripture : The Basic Classic of Zen Buddhism》, Wing-tsit Chan, 성 요한 대학 출판부, 1963년
- 《조정사완祖庭事宛》
- 《석문정통釋門正統》
- 《Studies in Lankavatara Sutra》, 스즈키, 1957, 런던

- 《법보단경法寶壇經》
- 《The Development of Noe-Confucian Thought》의 〈송·명대의 유교 철학에 선이 끼친 영향〉, Carsun Chang, 1959, 뉴욕.
- 《도덕경道德經》
- Man Lerner가 편집한 《The Mind and Faith of Justice Holmes : His Speeches, Essays, Letters and Judicial Opinions》(The Modern Library, 1953)

제5장 선禪의 불꽃을 잇다

- 《지월록指月錄》 5권, 8권, 9권, 10권, 12권, 13권, 14권, 15권, 16권, 17권, 20권, 22권
- 《경덕전등록景德傳燈錄》 6권, 14권, 16권, 19권, 24권
- 《장자莊子》 〈제물론齊物論〉
- 《선학대성禪學大成》 제3권, 제4권
- Chen 《History of Chinese Buddhism》, Princeton, 1964
- 《The Way of Chuang Tzu》, 토마스 머튼
- 《장자莊子》 〈추수秋水〉편
- 《전심법요傳心法要》
- 《장자莊子》 〈대종사大宗師〉편
- Wu, "The Interior Carmel", 1953
- 《장자莊子》 〈외물外物〉편
- 《The Wisdom of Desert》, 토마스 머튼
- Legge가 번역한 도가사상의 책에 붙인 스즈키의 서문
- 《오등회원五燈會元》 7권, 10권
- Ch'en 〈History of Chinese Buddhism〉

찾아보기

ㄱ

가브리엘 마르셀 391

가섭 14, 15, 130

감산憨山 덕청德淸 343

견성성불見性成佛 90

경산徑山 도흠道欽 177, 317

계성繼成 선사 311

공자孔子 17

곽상郭象 343

광덕의廣德義 332

교외별전敎外別傳 79

구마라습Kumarajive 282

구체제(Ancien Regime) 321

그레이엄(Aelred Graham) 308

《금강경金剛經》 52

ㄴ

나가르주나Nagarjuna 331

나봉螺峯 충오沖奧 333

나한羅漢 계침桂琛 286

낙포洛浦 185

남악南嶽 회양懷讓 33, 101

남양南陽 혜충慧忠 72

남전南泉 보원普願 33, 104, 107

《남화진경南華眞經》 342

노자老子 16, 25

논어論語 299, 395

능가경楞伽經 39, 78

ㄷ

다릉茶陵 307

단하丹霞 72

대매大梅 법상法常 106

대우大愚 236

대자代子 선사 173, 335

대주大珠 혜해慧海 111

대혜大慧 종고宗杲 343

덕산德山 선감宣鑒 181

덕산德山 연밀緣密 275

덕산德山 원명圓明 333

덴교(傳敎) 대사 331

《도덕경道德經》 17, 47

도부道副 46

도수道樹 314

도신道信 48, 177

도연명陶淵明 295, 318

동산洞山 양개良介 186, 209

두보杜甫 214, 293

ㅁ

마조馬祖 도일道一 33, 69, 100

맥파든(William Mcfadden) 27

맹자孟子 47

목주睦州 도명道明 235

《무문관無門關》 359

무설無洩 영묵靈默 353

무제보살無際菩薩 345

묵조선默照禪 343

문수보살文殊菩薩 185

문원文遠 160

문희文憙 338

ㄹ

레그(James Legge) 22

레온 블로이Leon Bloy 326

로이스Josiah Royce 321

루이스브뢰크Ruysbroeck 137

ㅂ

바쇼芭蕉 305

반야다라般若多羅 101

《반야심경般若心經》 209

방온龐蘊 104, 118

배휴裵休 139

백운白雲 수단守端 307

백장청규 107, 125

백장百丈 회해懷海 33, 107

《법구경法句經》 66
《법보단경法寶壇經》 52
법신法身 93, 232
법안法眼 문익文益 260, 282
법안종法眼宗 33
법운法雲 선사 311
《법화경法華經》 52
《벽암록碧巖錄》 343
보리달마 15, 36, 37, 38, 39, 44, 46, 47
보신報身 93, 355
보현보살普賢菩薩 185
복량의卜梁倚 24
복선覆船 선사 192
부대사傅大士 301
분양汾陽 선소善昭 257
분주汾州 무업無業 112
불립문자不立文字 82

人

사구게四句偈 78
사디Sadi 358
삼성三聖 191
삼신설三身說 92

삼현삼요三玄三要 257
상카라Shankara 91
서당西堂 지장智藏 107
석가모니釋迦牟尼 14
석공石鞏 혜장慧藏 114
석두石頭 희천希遷 33, 70
선능善能 306
《선생활禪生活》(Living by Zen) 320
선정善靜 선사 332
선혜善慧 보살 315
설봉雪峯 의존義存 157, 186
성 베네딕트(St. Benedict) 125
수료水潦 113
수유茱萸 154
스즈키 16
스트래치 29
습득拾得 347
승조僧肇 274, 282
승찬僧璨 48
《신심명信心銘》 49
신수神秀 56
십자가의 성 요한St. John of Cross 137

찾아보기 · 411

ㅇ

《아미타경阿彌陀經》 81
안회顔回 17, 19
암두巖頭 전활全豁 186
앙산仰山 혜적慧寂 194
약산藥山 유엄惟儼 33, 119
양기楊岐 307
양보楊黼 345
양산梁山 연관緣觀 342
에머슨Emerson 244
에크하르트(Meister Eckhart) 137
연수 297
《열반경涅槃經》 63, 64
염관鹽官 선사 138, 189
영가永嘉 현각玄覺 70
영명永明 도잠道潛 295
영명永明 연수延壽 297
영안永安 전등傳燈 353
오대五臺 은봉隱峯 116
오조五祖 법연法演 340, 341
와륜臥輪 86
왕유王維 295, 339
왕지환王之渙 340
요한23세 359

용담龍潭 숭신崇信 178, 327
우두선牛頭禪 331
우두牛頭 법융法融 177, 328
운문삼구雲門三句 275
운문雲門 문언文偃 176, 264
운문雲門 법구法球 334
운문종雲門宗 33
운암雲巖 담성曇晟 121, 211
원오圜悟 343
위거韋據 65
위산潙山 영우靈祐 194
위앙종潙仰宗 33
유마維摩 261
육관욱陸寬昱 256
육긍陸亘 258
육상산陸象山 82, 302
오대五臺 은봉隱峯 116
응원應圓 선사 318
의단義端 310
이경李璟 292, 293
이고李 181
인종법사印宗法師 63
임제臨濟 의현義玄 25, 234
임제종臨濟宗 33, 138

ㅈ

자일즈(Herbert Giles) 29
장경長慶 선사 288
장계張繼 347
장구성張九成 355
《장자莊子》 16, 17
《장자의 길》 230
쟈나Dhyana 15, 16
《전등록》 146
《전신법요傳心法要》 140
제임스(William James) 321
조동종曹洞宗 33, 399
조론肇 282
조산曹山 본적本寂 209
조주趙州 종심從諗 33, 335
《종경록宗鏡錄》 297
《중용中庸》 355
《증도가證道歌》 70
주희朱熹 298, 300
지성知聖 선사 267
지징율사志澄律師 264
직지인심直指人心 84
진관승陳觀勝 129
진혜명陳惠明 80

ㅊ

《참선하는 카톨릭》 318
창주彰州 회악懷岳 333
처휘處輝 진적眞寂 306
천태天台 덕수德韶 296
천황天皇 도오道悟 121, 176
청룡青龍 법사 181
청원青原 231
청원青原 행사行思 33, 69
취봉翠峯 명각明覺 309
취암翠巖 가진可眞 338

ㅌ

탐원耽源 72
토마스 머튼Thomas Merton 16, 143, 326
토마스 베리Thomas Berry 334
토마스 아퀴나스 184
토크빌Tocqueville 321

ㅍ

펑여우란(馮友蘭) 22
풍간豊干 선사 348

ㅎ

하택荷澤 신회神會 73
한백유韓伯俞 344
한산寒山 347
항주抗州 유정惟政 177, 299
향엄香嚴 지한智閑 196, 310
현사玄沙 176, 188
혜가慧可 45
혜능慧能 33, 282
혜림慧林 자수慈受 313, 314
혜안慧安 65, 68
호두초虎頭招 310
홈즈Holmes 대법관 97, 161
홍상洪祥 345
홍수洪壽 298, 302
홍인弘忍 53
화신化身 93
《화엄경華嚴經》 295

황룡黃龍 조심祖心 308
황벽黃檗 희운希運 33, 133
황산곡黃山谷 308
희각希覺 율사律師 286

THE GOLDEN AGE OF ZEN Copyright ⓒ 1996 by John C. H. Wu
Published by arrangement with Doubleday, a division of Random House, Inc.
All rights reserved
Korean translation copyright ⓒ 2003 by Hanmunwha Multimedia.
Korean translation rights arranged with Doubleday, a division of Random House, Inc.
through Eric Yang Agency, Seoul
이 책의 한국어판 저작권은 에릭양 에이전시를 통한 Doubleday, a division of Random House, Inc.사와의 독점계약으로 한국어 판권을 '한문화 멀티미디어'가 소유합니다. 저작권법에 의하여 한국 내에서 보호를 받는 저작물이므로 무단전재와 무단복제를 금합니다.

옮긴이 김연수
1970년 경북 김천에서 태어나 성균관대 영문과를 졸업했으며 소설가이자 번역가로 일하고 있다. 〈군 빠이, 이상〉, 〈내가 아직 아이였을 때〉, 〈나는 유령작가입니다〉, 〈청춘의 문장들〉 등을 펴내 대산문학상, 동인문학상 등을 수상했으며 《젠틀 매드니스》, 《플러그를 뽑은 사람들》 외 많은 책을 번역했다.

선의 황금시대

초판 1쇄 발행 2006년(단기 4339년) 2월 8일
초판 7쇄 발행 2022년(단기 4355년) 12월 1일

지은이 · 존 C. H. 우
옮긴이 · 김연수
펴낸이 · 심남숙
펴낸곳 · (주)한문화멀티미디어
등   록 · 1990. 11. 28. 제 21-209호
주   소 · 서울시 광진구 능동로 43길 3-5 동인빌딩 3층 (04915)
전   화 · 영업부 2016-3500 편집부 2016-3507
http://www.hanmunhwa.com

운영이사 · 이미향 ㅣ편집 · 강정화 최연실 ㅣ기획 홍보 · 진정근
디자인 제작 · 이정희 ㅣ경영 · 강윤정 조동희 ㅣ회계 · 김옥희 ㅣ영업 · 이광우

만든 사람들
책임편집 ㅣ 교정 · 강정화 ㅣ 디자인 · 이은경

ISBN 89-5699-159-7 03150

잘못된 책은 본사나 서점에서 바꾸어 드립니다.
저자와의 협의에 따라 인지를 생략합니다.
본사의 허락 없이 임의로 내용의 일부를 인용하거나 전재, 복사하는 행위를 금합니다.